本书受中南财经政法大学出版基金资助

中南财经政法大学
青年学术文库

高 飞 ○ 著

The Tension of "Ternalized Community"
Governance and Its Removal

"三元化社区"治理张力及其消解

中国社会科学出版社

图书在版编目（CIP）数据

"三元化社区"治理张力及其消解／高飞著．—北京：
中国社会科学出版社，2019.1
（中南财经政法大学青年学术文库）
ISBN 978 – 7 – 5203 – 3011 – 4

Ⅰ.①三…　Ⅱ.①高…　Ⅲ.①社区管理—研究—中国
Ⅳ.①D669.3

中国版本图书馆 CIP 数据核字（2018）第 186170 号

出 版 人	赵剑英
责任编辑	徐沐熙
特约编辑	何　红
责任校对	汪其成
责任印制	戴　宽

出　　版	中国社会科学出版社
社　　址	北京鼓楼西大街甲 158 号
邮　　编	100720
网　　址	http://www.csspw.cn
发 行 部	010 – 84083685
门 市 部	010 – 84029450
经　　销	新华书店及其他书店

印刷装订	北京君升印刷有限公司
版　　次	2019 年 1 月第 1 版
印　　次	2019 年 1 月第 1 次印刷

开　　本	710×1000　1/16
印　　张	16
插　　页	2
字　　数	201 千字
定　　价	48.00 元

凡购买中国社会科学出版社图书，如有质量问题请与本社营销中心联系调换
电话：010 – 84083683

序

党的十九大报告指出"加强社区治理体系建设，推动社会治理重心向基层下移"。社区治理是社会治理的基础，社区治理现代化是国家治理体系和治理能力现代化的重要组成部分。本书抓住了城乡一体化进程中值得研究的重要阶段，针对农村社区向城市社区转型过程中出现的过渡性社区类型做出了学理性的诠释和解读，具有重要的理论价值和实践意义。

第一，揭示了一种独特的社区型态。回望历史，受长期二元户籍制度影响，社区治理一直带有鲜明的"城乡分治"烙印。本书作者在掌握经验事实和爬梳文献的基础上，提出"三元化社区"这一富有解释力的概念。户籍制度改革之后，城乡一体化加快、社会融合加速。"城市社区"与"农村社区"不再泾渭分明，"市民群体"与"农民群体"也不再各自为阵，特别是在珠三角等集体经济发达地区，同一个社区中出现了"市民群体"、"农民群体"、"外来群体"三类区隔明显的群体，社区治理步入"三元化"时代。

第二，提出了关于过渡性社区型态的解释路径。从中西、古今两个维度梳理了社区治理的时序演变，总结出当今社区治理的四类关涉问题，验证了社区外部力量最终都是通过组织结构起作用这一假设，用"利益群体与组织结构"替换了"文化价值与制度手段"，弥补了"国家与社会"理论太过宏观、"制度与生活"框架难以操作的不足。在此基础上，将利益群体与组织结构在社区治理的场景中联通起来，并基于社会治理理论和社会结构紧张理论，以"三元化社区"为研究对象，以"利益群体与组织结构"为切入点，展现了"三元化社区"的过渡性、不稳定性和动态性特征以及城乡关系剧烈变化所引发的一系列冲突是如何形成的，提出了"利益群体和组织结构"可操作的微观分析框架，较为深入而系统地分析了外来群体、市民群体和农民群体这三个利益群体的结构性冲突，探讨了"三元化社区"的治理策略，具有较强的学术规范性和政策回应性。

第三，采用了一些非常接地气的、生动鲜活的本土说法。本书作者在 2011 年 10 月作为第一批驻地研究人员入驻全国首个"创新社会管理博士后研究基地"进行驻地研究，期间受南海区不同政府部门的委托，进行了数十项关于基层治理的课题研究，收集了大量文字材料，组织了多场座谈会，和不同人群进行了大量深度访谈，也见证了南海改革的艰辛、参与了一些政策的制定与最终的落地。对于南海区的情况可以说十分熟悉。著作中的一些提法既生动鲜活又能反映实际问题，如"有车有楼不如有个农村户口"、"古有康有为，今有外嫁女"、"发财靠自己，致富靠集体"等很接地气，经验材料新鲜丰富、运用恰当、把握细致具有很强的可信度。

第四，增进了对"南海模式"的理解和认知。广东省南海区历来是改革创新的热土，特别是改革开放以来，南海区敢为人先、创新创造，从一个传统农业大县蜕变成为现代化工业强区，开创了全国闻名的"南海模式"。早在 1987 年，南海区就被国务院批准为第一批国家级农村改革试验区。多年来，南海区围绕农村发展先行先试、大胆探索，在农村工业化、农村城镇化和土地股份合作制等领域进行了卓有成效的改革，为东部沿海地区乃至全国农村改革探索出许多宝贵经验。由于南海区地处改革开放前沿，社会矛盾和问题具有先发性，本书虽然着重写南海区，但意义决不仅限于南海区，南海区遇到的问题很多都具有普遍性，南海区改革经验对其他地方的改革同样具有借鉴意义。

总而言之，本书的研究不仅是生动有趣的也是系统规范的，其提出的"三元化社区"概念，构建的"利益群体与组织结构"分析框架，以及指出当前社区治理的瓶颈在于缺乏"三元化社区"思路，组织结构更新滞后于利益群体的分化等研究结论，富有启发意义。尽管本书仍有尚待完善之处，但这正好反映了一个青年学人的学术热情和勇于尝试的态度。希望作者以本书的出版为契机，继续刻苦钻研，在今后的学术道路中不忘初心，永葆激情。

是为序。

中国社会工作教育协会副会长

武汉大学社会学系教授

向德平

2017 年 10 月于武汉珞珈山

目　　录

第一章

导　论

　　"未来的后人对于 21 世纪最鲜明的记忆，除了气候的变化造成
的影响之外，大概就是人口最终阶段的大迁徙，彻底从乡间的农业
生活迁入到城市。"① 中国改革开放 40 年开创了许多人类历史的新
纪录，其中一项是和平时期的人口迁徙纪录。伴随着滚滚的城镇化
浪潮，田园牧歌式的生活正在离我们远去。40 年间，共有 3 亿多农
民——平均每天 2.7 万多农民从农村迁徙到城市，平均每天数以百
计的村庄被城镇化的空前速度所淹没。2011 年，中国的人口迁徙达
到一个高峰，城镇化率首次超过 50%，这意味着城市人口首次超过
了农村人口。截至 2012 年年底，中国城镇化人口达到 7.12 亿人，
人口城镇化率提高到 52.57%，达到世界平均水平。引发笔者好奇
并想从学术上一探究竟的直接原因是有悖于常规认识的现象：21
世纪以来，南海②区第三产业产值和就业份额均有所上升，城镇化

---

　　① 桑德斯认为，我们这个时代的历史，其实有一大部分是由漂泊的无根之人造就而成的。
从乡村到城市，全球 1/3 的人口正在进行最后的大迁移（上一次人类大迁移，用一个多世纪的城
镇化，为西方带来了法国大革命和工业革命，并直接造成了人类在思想、治理与科技领域的彻底
变革）。我们都是被城镇化的一员，我们回不去故乡，也离不开城市。这些落脚于城市的乡村移
民，正执着于他们想象中的城市中心，并在世界各地造就了极为相似的都会空间。桑德斯称其为
"落脚城市"。参见［加拿大］道格·桑德斯《落脚城市：最后人类大迁移与我们的未来》，陈
信宏译，上海译文出版社 2012 年版。

　　② 南海于 1950 年 3 月 1 日成立县人民政府。1992 年 9 月，撤销南海县，设立县级南海市。
2002 年 12 月 8 日，国务院批准（国函〔2002〕109 号）调整佛山市行政区划：撤销县级南海
市，设立佛山市南海区。以原县级南海市的行政区域（不含南庄镇）为南海区的行政区域。
2003 年 1 月 8 日，南海区正式挂牌成立。因此，文中在不同时段有不同称谓。

率从 2009 年的 96.29% 上升到 2013 年的 97.30%，但是，农村人口不降反升，从 2009 年的 74.85 万人上升到 2013 年的 77.81 万人。按照惯常的思维，随着城镇化率的不断提高，似乎农村居民的数量应该不断下降才合乎逻辑，为何南海区的农村居民却在不断增加（见表1—1）。此外，在 2014 年 7 月 30 日国务院印发了《关于进一步推进户籍制度改革的意见》，该意见规定：取消非农户口，统一城乡户口登记制度，切实保障农业转移人口的合法权益。在这一政策的刺激下，"到城市去" 的热潮持续不退，而在南海区人们却对农村情有独钟，甚至认为 "有车有楼不如有个农村户口"，出现了一种 "倒城乡"① 的 "回流" 现象。

表 1—1 　　　　　2009—2013 年南海区人口构成及城镇化率　　　单位（万人）

年份	农村户口	户籍人口	常住人口	城镇化率	
				南海区	中国
2009	74.85	117.51	246.02	96.29%	46.59%
2010	75.76	118.94	259.10	96.47%	47.50%
2011	76.41	120.87	260.78	96.51%	51.27%
2012	77.06	122.51	262.19	96.53%	52.57%
2013	77.81	124.48	263.90	97.30%	53.70%

---

① 本书中谈到的 "倒城乡" 与城市社会学中定义的 "逆城镇化" 具有本质的区别。按照发达国家城镇化的普遍规律，城镇化一般要经过 4 个不同的发展阶段，即人口向城镇集中、郊区城镇化、逆城镇化、再城镇化等不同发展阶段。逆城镇化并不是反城镇化，而是城镇化发展中继郊区城镇化之后的一个更高的发展阶段。"逆城镇化" 的核心特征是，城市中心人口为了规避交通拥堵、污染严重等问题而向远郊乃至乡村流动，乡村生活重新繁荣。而本书中的 "倒城乡" 是专门针对社会流动的方向而言的，南海区由于农村集体经济的高度发达，城镇化的发展方向是通过乡村的繁荣牵引城市的发展，这样一种自主城镇化的独特路径。

第一节 问题的提出

一 研究问题

"农民首先是一种卑贱的社会地位,一种不易摆脱的低下身份。"[1] 20世纪八九十年代,人们纷纷放弃农村户口,出生在村里的人只有通过上学、参军等有限的渠道离开村庄,才有可能"参加工作",农村人千方百计地要摆脱农村户口,不惜自己掏钱也要落户城市,而现在却纷纷要求"倒流"回村当农民,城里人"哭着喊着"要去农村的恋农倾向与全国一片叫喊"农民真苦,农村真穷,农业真危险"的声嘶力竭形成了鲜明的对比。[2] 南海区的农民对于自己的身份感到无比的自豪,让他们转变为市民真是一项不小的系统工程,这无异于给农村的城镇化套上了一条巨大的绳索。农村对城市社会的抵抗和农民对市民身份的拒绝,是中国甚至世界城镇化史上前所未有的现象,而这一现象的背后是南海区农村巨大的利益诱惑。如表1—2所示,2009年到2013年,南海区农村集体资产从2009年的2371195万元递增到2013年的3603000万元。集体

---

[1] 秦晖、苏文:《田园诗与狂想曲——关中模式与前近代社会的再认识》,中央编译出版社1996年版,第6页。中国尚农,自古以农立国。农民在中国悠久的历史长河中扮演着历史推动者的角色。在半殖民地半封建社会,农民阶级是受压迫的阶级,长期受到官僚地主的迫害,处于社会的最底层;1949年以后,农民扬眉吐气翻身做主,成为建设新中国的生力军,历史地位较之以往有了翻天覆地的变化。时隔不久,鉴于国内外的严峻形势,中国政府学习苏联"要实现工业化,必须牺牲农民的利益"农业支持工业的发展模式,采取了优先发展重工业的战略,而重工业有一种内生的"资本排斥劳动"的机制。为了限制农民自由流动,以免增加城市负担。1958年中国政府颁布了《中华人民共和国户口登记条例》及配套制度,为限制农村人口流入城市制定了详细的制度安排。1958年人民公社建立后,政府在公社一级建立财政和农业银行机构,用以全额提取农业剩余,并且形成了城乡分割的二元体制结构来保证这种内向型的资本积累,农业成为重工业所需资本的积累来源。在户籍制度之下,农民被人为地划分为"二等公民",社会地位及经济收入较之城市居民都有不小的差距。

[2] 李昌平:《我向总理说实话》,光明日报出版社2002年版。

经济可支配收入从 2009 年的 432659 万元上升到 2013 年的 627200 万元。

表 1—2 　　　　　2009—2013 年南海区农村集体经济情况 　　单位（万元）

年份	集体资产			集体经济可支配收入		
	小计	经联社	经济社	小计	经联社	经济社
2009	2371195	1070613	1300582	432659	161400	271259
2010	2584309	1191068	1393241	464390	171431	292959
2011	2678700	1222451	1456249	508607	180641	327966
2012	3058900	1447300	1611600	565200	195000	370100
2013	3603000	1612400	1990600	627200	208300	418900

从表 1—3 中，我们可以清楚地看到 2009 年到 2013 年南海区集体经济的分红情况，当地村民用"一路飘红"来形容。2009 年集体股份分红金额为 182470 万元，农村居民人均纯收入 12326 元，社员股东人均股份分红每人 2467 元。2013 年集体股份分红金额已经达到 307300 万元，农村居民人均纯收入 17202 元，社员股东人均股份分红 4005 元。

表 1—3 　　　　　2009—2013 年南海区农村集体经济分红情况 　　单位（万元）

年份	集体股份分红金额			农村居民人数（人）	社员股东人数（人）	农村居民人均纯收入（元）	社员股东人均股份分红（元）
	小计	经联社	经济社				
2009	182470	12360	170110	748494	739568	12326	2467
2010	208003	14287	193716	757645	743316	13448	2798
2011	233700	16628	217072	764109	752421	14574	3106
2012	266900	13600	253300	770600	759000	15691	3516
2013	307300	16300	291000	778100	767300	17202	4005

2013 年，南海区 767300 名社员股东人均分红 4005 元。大沥镇的六联社区在南海区夺得分红桂冠，人均分红 16667 元。而这仅仅是分红，村民还有其他收入，几乎每户村民都有一两栋出租屋在收租，出租屋楼高从 5 层到 10 层不等，租金收入相当可观。沥东社区的孩子被周边的社区笑称为"含着金钥匙"出生，沥东的孩子只要一出世，就被纳入了保障体制之下。村里拥有市一级的沥东幼儿园，村民每月仅需要支付 280 元的保育费和 100 多元的生活费即可，假如不是村民，则需要给孩子每月支付 700 多元的保育费。沥东的老人同样享受着高福利，在 2009 年推行大社保时，只要年龄超过 60 岁而不能购买社保的，村里每年派 5000 元"利是"；如果需要补交社保的，村里支付其 50% 的补交款，另外每年帮其缴纳一半社保费用；如果是退了休的村民，每年红利比年轻人多两个月。单位购保的村民，村民凭社保收据可报销其个人支付的一半。每年村集体还会组织两次村民旅游，甚至连年夜饭村集体也包了。"从摇篮到坟墓"的社会福利童话在南海区的一些村庄成为现实。[①]

集体经济收益的逐年提升和规模的日益壮大如同一块巨大的"吸铁石"。面对如此诱人的"经济蛋糕"，没有人可以无动于衷。巨量的外来人口来到南海区"淘金"，截至 2013 年底，南海区户籍人口 124.48 万人，常住人口 263.90 万人，意味着外来人口近 140 万人，已经远远超过户籍人口总数。具体到一些村庄，"倒挂"现象更为突出，如山南村，辖区内户籍人口 4917 人，而外来人口却有 1 万多人，是户籍人口的 2 倍有余。以加工翡翠著名的桂城街道平东村，村民 4800 余人，外来人口却达到 2.5 万人，是前者的 5 倍有余。面对想"分得一杯羹"的外来人口，本地人口的态度不言而喻。出乎意料的是，利益的锋刃不仅在本地人与外地人之间划开

---

① 舒泰峰等：《村治之变：中国基层治理南海启示》，北京大学出版社 2014 年版，第 11 页。

伤痕，即使在本地人之间也未能幸免。如果将一个地区的发展划分为"做蛋糕"与"分蛋糕"两个阶段的话，那么南海区当前更多的是处于一种"分蛋糕"的阶段。"做蛋糕"阶段人们倾向于向自然要资源、向市场要资源，利益指向是朝向外部的，是圈外之争。"三分天下"的利益指向是朝向内部的，可视为是圈内之争，利益诱惑较之以往更为突出。2011年南海区农村工作报告中就曾提到：

> 随着村（居）集体经济实力不断增强，股份分红、征地款等集体收益分配水平不断提高，加上"外嫁女"及其子女权益基本落实的影响，导致了许多自理口粮、回迁户、违计人员、离婚再婚、挂靠户、知青、退伍军人、铁路及高速公路征地等农村特殊群体觊觎集体分配及福利，该群体维权意识越来越浓，越级上访愈演愈烈，预计有5万—6万人，但总体可控。由于该群体权益落实无法律、法规规定，只能尊重股份章程规定或由集体经济组织成员大会表决，但表决根本通不过。面对集体分红及征地款分配的利益诱惑，农村特殊群体也纷纷要求享受与集体经济组织成员同等待遇的呼声越来越强烈。若不妥善处理，将会给社会带来极大隐忧。

据此，我们可以将南海区的常住人口大致分为三个部分：一是外来人口群体；二是没有钱分的本地人口群体；三是有钱分的本地人口群体，即当地人所称的社员股东。笔者将这种状况集中概括为"三元化社区"。"三元化社区"内所包含的三类群体，根据不同的划分依据，享有不同的称谓。比如以户籍制度为依据，可以划分为本地农村户籍群体、本地城市户籍群体、外来人群体；以村籍为划分依据，可划分为本村人、本地人与外地人三类群体；以集体经济组织为划分依据，又可划分为集体经济组织成员、集体经济组织非成员与外来人口三类群体；若以"持本类型"为依据，又可划分为持红本群体、持绿本群体与无本群体三类（见表1—4）。

表1—4　　　　　　　　"三元化社区"构成情况及分类标准

划分依据	详情		
户籍	本地农村户籍	本地城市户籍	外来人
村籍	本村人	本地人	外地人
集体经济组织	集体经济组织成员	集体经济组织非成员	外来人口
持本类型	红本	绿本	无本

集体经济利益的"吸铁石"效应使外来人口慕名而来，而社区公共生活的封闭性又将妄图分享利益的外来人口排除在外，在原居民与外来人之间形成裂痕。与140万外来人口同样遭遇的还有大约46.3万的城市户籍人口。这两个群体的共同点在于，他们都不是农村集体股份制的"体制人"，均属于"没钱分"之列，是不享有股份分红权利的两个群体。如此一来，农村集体股份合作制作为第二道分界线，在本地人当中划分出享有股份分红与不享有股份分红的两大利益群体。与户籍制度造成分界相比，农村集体股份制（也就是村籍制度）造成的沟壑更加难以逾越，因为涉及更大的利益和更深的权利待遇问题。至此，在户籍与村籍双重制度的强化下，在同一个社区中出现了区隔明显的三种利益群体：一是外地人群体，二是本地人群体，三是本村人群体（见图1—1）。这也意味着城乡二元结构的分析和治理框架难以适用，传统与现代、农民与市民、农村与城市、礼治与法治、熟人社会与陌生人社会，这些二元概念已无法套用，亟须发展出一套新的概念体系与之对应。

本书试图用"三元化社区"这一概念加以统摄。不同于以往城市社区、农村社区、城中村等以地域形态为标准划分的社区类型，"三元化社区"是以社区主体类型为标准进行分界的。所谓"三元化社区"，是指在户籍与村籍双重制度割裂下，在同一社区（村落或集镇）形成的具有明显区隔特征的本村人、本地人、外地人三个群体。这三个群体在地位、收入、福利、居住上形成不同的体系，以致在心理上互不认同，构成"三元化社区"。在下面的行文中，笔者将着力阐释清楚"三元化社区"是在怎样的背景下形成的，"三元化社区"的构成主体与组织结构是怎样的，"三元化社区"的内在张力是如何产生的，"三元化社区"的治理策略以及"三元化社区"所反映的与更大的社会结构、经济发展模式乃至社会治理过程的关联是怎样的。所回应的现实问题是："三元化社区"的过渡性、不稳定性和动态性特征以及城乡关系剧烈变化所引发的一系列冲突是如何形成的？理论关怀是：什么样的社区治理模式是适合"三元化社区"的？

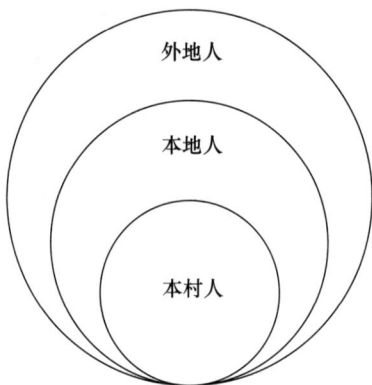

图1—1　"三元化社区"主体构成图

二　研究背景

有两个老友，一个是农民，一个是居民。他们经常一起喝茶，农民说："我家在城市，却生活在农村。"居民说："我生活在城市，但站在窗边看出去，看到的却是农村。哈哈，你中有我，我中有你。"① 这就是当今南海区的真实写照：似城非城，似乡非乡。走

---

① 《广东南海农村综合体制改革　城里人哭着喊着要去农村》，《中国青年报》2012 年 3 月 8 日。

在这个城市，会有一种恍惚感，你若说它是一座城市，在高楼的旁边会冷不丁冒出几栋三四层高的独立楼房，互相紧贴着，挤挤挨挨，有点像深圳的贴面楼和握手楼，那显然是农民自建的房子。可是你若说它是乡村，显然也不是，别说城区，连偏离城区较远一些的农村都没有耕地了。现代化的高楼也显示，这儿还是更像一座城市。住在这里的人到底是"城里人"，还是"村里人"呢？也没有那么容易分清楚。你说他是农民，他早已脱离了土地，住在现代化社区。你说他是市民，他还保留着村集体分红。

南海区这种"村村像城镇、镇镇像农村"的景观是由南海区独特的非农化路径决定的。在非农化的大背景下，村庄的变迁至少存在着两种完全不同的取向。一类村庄在非农化的过程中几近解体，大批村民外出谋生，村组织解体和大量青壮年外出务工，村中往往只剩下老人、妇女和儿童从事残存的农业，村庄变成了"空壳村"。这也是中国大多数农村地区的非农化所遵循的变迁之路，我们称为"外散型非农化"。但是，我们在调研地点却发现了与之完全相反的情形，向我们提供了另外一种情形和变迁模式——"内聚型非农化"。村庄作为整体参与宏观社会的互动，村庄经济边界的开放与社会边界的封闭同时并存。换言之，伴随着村庄内部和外部社会体系联系的加强，村庄的内向聚合力并没有被削弱，反而两者互为因果，相互补充，内向聚合力和自主性的加强同时并存；乡村工业化的发展并不是以村庄的萎缩和消亡为代价，而是代之以村社区结构的健全和完善，甚至成为边缘地带的经济和社会中心。[①] 因而，村庄成了事实上的"城乡社区"。城乡社区显现出来的过渡性、不稳定性和动态性特征以及城乡关系剧烈变化所引发的一系列冲突，客观上要求我们跳出原来的"城市—农村"二元论的研究理论框架和

[①] 折晓叶：《村庄边界的多元化：经济边界开放与社会边界封闭的冲突与共生》，《中国社会科学》1996 年第 3 期。

简单的城乡一体化概念，重新甄别和认识这种正在出现的新型社区类型。

学术界既有研究成果对于社区的探讨，基本上因循着"城市——乡村"这样一条路径展开，在分析框架上多用"城市社区""农村社区"类型学的划分来进行套用。这种二元的划分方法依据的是我国传统的户籍制度，具有典型的"社群区隔"特征，所关注的是社区所处地域形态的特征。但在笔者所调研的个案地区，除了户籍制度的区隔之外，又加入新的制度元素——村籍制度。这样一种特殊的社区形式，导致社区主体构成具有明显的"三元化"特征。本书尝试将社区研究的重点从社区所处的地域形态转换到社区的构成群体这样一种观察维度上。因此，"三元化社区"是本书的一个基础性概念。本书关注的"三元化社区"既不是城市社区，也不属于农村社区，而是从乡村社区向城市社区过渡的中间型社区。"三元化社区"兼有城市社区和农村社区的特征。这些"三元化社区"是在原有村域基础上由本地市民、本地农民和外来流动人口构成的社会生活共同体。或许，我们可以用"转型社区"来概括它的某些特征。但需要注意的是，本书中所说的"转型社区"与卡尔·波兰尼（Karl Polany）意义上的巨变不同，据他的分析，土地成为商品之后，将人和土地相分离，这是市场转型发生之后的必然结果，这样一来不仅破坏了人们居住的自然环境，同时也使失地小农流离失所；货币成为商品使生产组织的商业运行风险骤升；而人本身也成为随时可以买卖的、到处流动的商品。[①] 由于南海区独特的非农化路径，南海区的农民并没有进入市场随之流动，而是实现了当地城镇化。

"三元化社区"与一般性研究中的"城中村"也是不同的，城

---

① ［英］卡尔·波兰尼：《大转型：我们时代的政治与经济起源》，冯钢、刘阳译，浙江人民出版社 2007 年版，第 62 页。

中村的底色是城市，是桑德斯意义上的"落脚城市"，外来人口只是将其作为一个落脚的中转站和过渡带，有朝一日他们便会搬到城市里抑或回归乡下。人们选择城中村的目的，是因为其较低的生活成本。城中村的居民不会争取自己的利益，因此不容易触动制度。而"三元化社区"的底色是农村，外来人口的最终目的是能够获取村籍，享受村里的公共服务和分享村集体经济发展所带来的红利。对于利益的争夺势必会对原有的制度结构造成冲击和挑战。因此，"三元化社区"的治理更为艰难。"三元化社区"的主体包括社区中的三种区隔明显的利益群体，包括本地市民、本地农民与外来人口。对于南海区来说，是指外来人口、持红本的居民与持绿本的居民。①

传统的话语中，居于主流地位的有两种类型的"社区研究"，一种是城市社区（也叫城镇社区研究），另一种是农村社区（也叫乡村社区研究）。而第三种社区，"城乡社区"一直没有受到学术界的足够重视。归纳起来可以追寻到两方面的原因，其一是，认为村庄是经济发展和社会转型的边缘存在，工业化与城镇化将最终致使村庄的终结与社区的新生，因此没有必要对于这样的非主流社会经济结构给予过多的关注。21 世纪以来，中国的学术界和政论界也一直受这种现代主义思潮的影响，不同的论著中，往往可以找到相同的论点，即"封建残存"的"族权"和"神权"、家族传统及其意识形态、村落结构及文化、乡土传统人际关系和生活秩序等，

---

① 2004 年 7 月 1 日后，佛山市打破城乡户籍的标志，建立了一元的户籍制度。户籍制度改革之后，现在究竟是城市还是农村居民，没有标志了。以后的农民身份就会越来越模糊，用集体经济组织成员的证书代替农民的户口本，保障农民的利益。集体经济组织成员的范围是最大的，既有农民，也有城市、当兵的、自理粮的，这些都是集体经济组织的成员。固化后，股东娶媳妇，也是集体经济组织成员。另外是有股份分红的，就发的是红本。绿本相当于农民的户口本，集体经济组织成员证书，红本是享受股份分红的农民，股权证书。

它们是中国现代化的障碍。① 其二是，村庄被认为是一种缺乏价值的基本单位，它要么只是一个为市场而进行生产的基础单位，已被整合进了较大的、宏观的贸易体之中；要么易于被外来的政治手段所管控，进而被整合到上层的行政体系之中，并因此而不被视作独立的基本生活单位而受到重视。② 郭艳华、冯广俊试图通过"转制社区"③ 的新概念，分析当前中国"城乡二元"的特殊形态，认识到社区转轨过程中国家权力的向下渗透。这一概念具有一定的解释力，但却忽视了社区内部经济、文化和互动对人口要素、政治生态等方面的影响。再者，如若过分注重和强调"城乡二元"分割的社会结构，便会形成一种缺乏反思性的制度决定论，进而形成这样一种固化的认识："城乡二元"结构一旦改变，这类社区的发展前景就都会得以明晰。不仅如此，"转制社区"概念对于社区中的个体行动力与能动性也多有忽视。此外，有学者提出"转型社区"的概念，④"转型社区"较为偏重的是"转型"这一关键词，即过于强调社区空间型态的转变，而对于社区中社会关系网络、政治结构、乡村世界的文化与价值观等议题则相对忽视。⑤

事实上，村庄与城市并不是非此即彼、相互对立的两端。城乡关系之中，并不存在一个固化的结构模式，规定这种体制必须在城市适用，那种体制必须在农村施行，两者之间并没有一个泾渭分明的界限，特别是 2014 年户籍制度改革以后，这种差距将会越来越

---

① 王铭铭：《社区的历程——溪村汉人家族的个案研究》，天津人民出版社 1997 年版，第11 页。

② 黄宗智：《华北的小农经济与社会变迁》，中华书局 1986 年版，第 21 页。

③ 郭艳华、冯广俊：《转制社区城镇化、城市社区现代化——以广州市黄埔区为例》，《探求》2007 年第 3 期。

④ 李志刚、于涛方、魏立华等：《快速城镇化下"转型社区"的社区转型研究》，《城市发展研究》2007 年第 5 期。

⑤ 黄锐、文军：《从传统村落到新型都市共同体：转型社区的形成及其基本特质》，《学习与实践》2014 年第 4 期。

小。再者，城与乡之间界限突破与交融是在动态中进行的，不仅体现在城市对于乡村的吸纳与同化，同时也体现在农村对于城市制度的突破。因此，本书认为城乡一体化发展是未来的必然趋势，城乡合治也是未来基层社会的必由之路。在城与乡的融合过程中，并不是一个简单的城同化乡或者乡同化城的过程，在两者的交汇点上，衍生出汇合了既有"城"要素又有"乡"要素的"新社会空间"，这一空间便是社会治理的微观基础。无论是城市社区还是农村社区都不是一个独立的概念，都是在城乡关系的连续体中获得自身的规定性。"城"与"乡"原本就是发展系列中的环节，既具有时间序列的贯通性，也具有空间序列中的相融性，两者在契合面上又具有种种相融性特征。[①] 早在 1983 年联合国区域发展中心（URCND）专家小组就提出，将城市与农村作为一个连续体，要比城市与农村的二分法更合适。

本书的讨论是以"倒城乡"这一基本事实作为前提的。所谓"倒城乡"是指集体流动的主动选择，也是一种对城镇化过程的逆反和倒转。也就是说，在城镇化的过程中乡村社会始终作为行动的主体出现，而不是作为城市工业扩散的客体存在。"倒城乡"的外在表现是集体流动的主动选择，其根源则在于非货币化公共福利供给。调研地的农民以集体土地参与工业化的模式，决定了该地区工业化进程中不同于其他模式的土地利益分配规则、公共服务提供模式、农民分享工业化成果的方式，进而形成相对独特的城乡关系，即农村自我发展、自我服务和以农村繁荣基础的城乡发展。这也决定了相对特殊的社区存在形态（既有城市因素又有乡村因素）。要讲清楚南海区"倒城乡"的来由，首选需要了解南海区独特的非农化类型。

---

① 蓝蕴宇：《都市里的村庄——一个新"村社共同体"的实证研究》，生活·读书·新知三联书店 2005 年版，第 123 页。

　　以往关于非农化的研究，主要受西方经济学有关劳动力向非农业转化理论的影响。比如，配第（Petty）与李斯特（List）的"推拉理论"认为，农业耕地的有限性与人口压力是迫使非农转移的推力，而工农业之间的收入差异则成为劳动力非农化的拉力。刘易斯（Lewis）的"二元经济论"认为，发展中国家的经济可分为现代与传统两个宏观部门，在传统经济部门中，存在大量的剩余劳动力，现代经济部门的投资决定这些剩余劳动力被吸收的数量与程度，若从地域关系上讲，现代经济部门吸收传统部门剩余劳动力的过程，就是农业人口向城市转移的过程。舒尔茨（Schultz）的"人力资本理论"认为，在导致农业生产率增长的要素中，关键性是农民必须要有能力有效地获取并使用某些现代的"生产要素"。因而要改造传统农业，就一定要开发人力资本。托达罗（Todaro）的"期望收入论"则认为，发展中国家大量农村劳动力流向城市是必然发生的，其主要原因是：个人在城市中获得工作的可能性较大，城乡实际收入也存在着明显的差异。①

　　上述关于非农化的理论虽然对于中国大部分的农村"外散型非农化"是适用的，但显然不能解释南海区的"内聚型非农化"过程。南海区的农村已告别了纯粹的农业经济，实现了非农化，第二、第三产业已经升级成了村集体经济的主体。基础设施建设方面，村里的道路、供水、供电、通信网络光纤、公共交通网络、有线电视等一应俱全。村民居住着现代化的楼房，使用着现代化的生活设施，居住环境也基本实现了社区化。除了上述直接的经济收益之外，南海区的村民在教育、医疗、资产所有权、计划生育方面均享有"特权"，诸如教育，考上大学根据重点与否有一定金额的补贴；医疗，除了城乡合作医疗，还可以进行二次报销，有的村甚至

---

①　折晓叶：《村庄的再造——一个"超级村庄"的社会变迁》，中国社会科学出版社1997年版，第6页。

全部报销；资产所有权，村民享有所有权、经营权、发包权、收益权；……正是因为上述这么多看得见、摸得着的实际好处，农村的非农化倒转了过来，不是农村人跑到城里去，而是城里人和外地人跑到村子里来。

追寻这些变化，可以知道南海区为什么会藏富于村。学术界达成的共识是：沿海地区的农民在20世纪80年代初期引进香港的加工业，农民在村里办工业，不出村改变职业，实现了"离土不离乡，进厂不进城"的再组织与再合作。但是，如何实现再组织却众说纷纭，莫衷一是。

王颖对南海区进行深入调查后指出，导致南海区乡村逐渐走上现代化道路的，不是私有化，也不是私有制，而是包含了全新的社会意识、关系模式和组织结构的、以"公有制"为基础、以共同富裕为目标的新集体主义。新集体主义的精神内核简单归结起来就是：基于泛家族观念和集体观念而形成的组织内部的合作精神与团队精神。新集体主义强调的合作精神与团队精神在20世纪90年代中国迅速发展工业化和城镇化的过程中，发挥了巨大的作用。特别是珠三角地区宗族意识强烈，在泛家族观念的凝聚力下，城镇企业遍地开花，不断吸引外来人口源源不断地流入，从而形成了东南沿海一带独特的城市群和城市带模式。南海区正是通过新集体主义实现了乡村社会的再组织，在短短的时间内积累了大量的财富，迅速走上了现代化的道路。值得肯定的是，新集体主义克服了南海区经济发展初级阶段因为互相竞争而导致两败俱伤的弊端，助推了经济的快速起飞。[①]

折晓叶比较早地提出并研究了改革后农民的再合作问题，他通过对20世纪90年代以来中国农村出现的"超级村庄"这一现象的

---

① 王颖：《新集体主义：乡村社会的再组织》，经济管理出版社1996年版。

研究，提出了一些在小城镇研究之后迫切需要解决的问题，即如何将分散的农民再组织起来。围绕家庭联产承包责任制施行以后，珠三角的农民何以组织起来利用整个外部大环境去和市场对接，实现"村庄的再造"这一问题展开，提出了"自然城镇化"这一令人耳目一新的解释。通过对深圳宝安地区万丰村非农化过程中社会变迁中种种面相的描述，反映了工业化表现出的社区特征和非农化对农民再合作的要求，进而说明社区基础和社会资本是农民非农化的重要资源，解释了共有产权的多元结构对于激励全社区成员投资积极性的意义，以及村社区的特定人际关系和建立在其上的信任结构对于产生"模糊"产权的作用，阐述了村庄变迁的两条基线即内生结构中稳态要素的延伸和结构的不断重建与创新，是交织并行、共同发生作用的。探讨了村庄发生再组织时，新的外来经济动力与村庄内在结构和传统力量之间的互动关系，揭示出村庄的变迁是一个"再造"的社会过程。[①]

从时间段上来讲，上述研究都是在"前非农化"时期展开的，村民产生集体行动的目的，主要是"增进共同利益"，遇到的是"将蛋糕如何做大"的问题。在利益积聚的过程中人们总是希望参与的人越多越好，对于集团规模扩大也是持一种欢迎的姿态。但是，在这种合作的过程中，实现共同利益只是一种可能，它难以绕开集团成员"搭便车"的行为倾向，这就需要特殊的激励机制来解决集体与个人之间的利益关系问题。

在集体经济较为发达的村社区之中，利益关联型的社区治理方式实际上是一个相当普遍化的现象。在这些村庄里，一方面，集体经济是它们所具备的最优资源；另一方面，经济利益与经济理性又已经成为人们最为关注和最为敏感的事务之一。因此，集体经济利

---

① 折晓叶：《村庄的再造——一个"超级村庄"的社会变迁》，中国社会科学出版社 1997 年版。

益与人们的经济理性的结合就顺乎自然地成为村共同体最容易挥动的"权力之棒"。[①] 李江涛、吴重庆在华南地区发达村庄的调查发现，组织动员的最终手段是金钱的刺激与利益的驱动，而且还认为，金钱手段犹如一根磁铁棒，只有在它的搅动下，村落这盘散沙才会有聚集的行动，否则，便是"毗邻若天涯"。[②] 卢福营在对浙江的发达村庄调查的基础上指出，村社区权力的配置、社区公共权利的运作、村民的公共参与方式及效能在根本上来讲是由经济的发展决定的，这种经济发展的环境并不是单单指经济发展的水平和数量，而主要是经济资源的制度化配置方式。这也再一次验证了村庄治理与经济发展之间千丝万缕的关联和影响。[③] 郑杭生、杨敏、向德平在南海区经过调研后，指出利益分化与利益诉求多元化是当今南海区面临的最重要挑战，并提出社会身份、社会权利和社会待遇的"三元化"解释框架，南海区的纷争大多是围绕着利益相关的三方——本地农民、本地市民、外来人口进行着博弈与整合来进行。"三元化"利益格局的划分，为我们理解和解释南海区利益关系和利益结构变化提供了新的理论视角，该视角在纵向上划分出了三个利益群体，超越了以往"二元分析范式"。[④]

上述研究，为我们理解沿海发达地区基层社会变迁，提供了很有用的视角。折晓叶的研究主要将整体村庄作为分析单位，探讨外来力量与村庄内在社会结构的相互作用，实现社会变迁。王颖的研究关注重点在于农民如何实现再组织，实现工业化。二者一个从行动出发，提出理解产生集体行动的内在动因；一个以村庄为分析对

[①]　蓝蕴宇：《都市里的村庄——一个新"村社共同体"的实证研究》，生活·读书·新知三联书店 2005 年版，第 226 页。

[②]　李江涛、吴重庆：《村委会选举与乡村社会的自组织资源》，中国社会科学出版社 2002 年版，第 159 页。

[③]　卢福营：《两种村域经济发展模式下的村治方式比较》，《浙江社会科学》2000 年第 6 期。

[④]　郑杭生、杨敏、向德平：《多元利益诉求的统筹兼顾——来自南海的"中国经验"》，华中科技出版社 2013 年版，第 23 页。

象，从结构上进行分析。然而，时过境迁，进入新千年的"后非农化"时期，合作行动产生的主要是为了"保护既存利益"而相聚的利益集团，碰到的则是"分蛋糕"的问题，既有内部成员谁分大、谁分小或如何公平分配的问题，以及"希望分利者越少越好，分利集团越小越好"的问题，因此这类集团总是排斥他人进入。①在这种情形下，则需要特殊的制度和机制来调整小利益群体与大利益群体、"内利益群体"与"外利益群体"之间的关系。郑杭生的"三元化"利益格局，为当今南海区利益群体之多、纠纷之复杂多样提供了一个解释框架。可以进一步深入的地方在于横断面的研究，笔者认为三个利益群体不仅是界域性的分割与排斥，也是内在的连带与包容。

"天下攘攘皆为利往，天下熙熙皆为利来"，毋庸置疑，在南海区复杂纷繁的纠葛矛盾中，利益关系的形成、维持和争取是举足轻重的。但是，利益的逻辑虽然较好地总结了多元利益群体的塑造和维持，却仍然无法更好地解释制度层面的变革与调整。其中，最具分量的就是对于本土性资源的依附和利用。譬如说，组织结构从原来的"三位一体"到现在的政经分离，如此重大的组织转型，却没有发生人们预想中的颠覆性社会变迁的并发症，原因就在于对原有组织资源的再利用。这种转型并没有涉及根本意义上的组织重组，而是本土条件下的组织与职能再生，没有涉及大范围的人际关系重组，保证了大规模组织转型在平稳顺畅中实现。

综上所述，既有研究成果为本书的开展提供了宝贵的理论和方法资源，但有待发展之处也是显而易见的。背景上：既有研究多是以城市社会对农村社会牵引为背景，村庄被认为是宏观社会体系的"边缘"结构，它的发展往往遵循的是从城市"中心"到农村"边

---

① ［美］曼瑟尔·奥尔森：《集体行动的逻辑》，陈郁等译，上海人民出版社1995年版。

缘"逐级扩散的模式，并且作为边缘最末一端的村庄，在工业化和城镇化的进程中将走向灭亡。而"倒城乡"背景下表现出是一种对城镇化过程的逆反和倒转，当前学界对于"倒城乡"结构缺乏广泛的关注和深入的研究。指向上：既有研究多以农村作为区域指代，事实上农村还是一种代表着利益所在的福利场域，农民也不仅是一种称谓，更是一种身份。理论上：既有研究多以行动理论或者结构理论为指导，虽然取得了一些很有价值的讨论，但令人满意的综合性解释并不多见。关键在于未能在行动与结构之间架起一座沟通的桥梁。框架上：既有成果多为单纯地诉诸类型化的制度形态，缺乏对于动态变迁的深入研讨。而这些类型学概括出来的模式，对于时刻处于社会结构复杂转型时期的中国来讲，解释力是非常值得商榷的。经验上：既有成果多是城市与乡村各自为政，分散性研究居多，多为泛泛而谈，又没有把基层社会作为整体，将城乡统筹起来，而统筹城乡发展必然是未来的发展趋势 。另外，既有成果多为矛盾分化，又较少涉及整合建构，无论是对于当前的学术界还是实践界这都是重要且需要的。

三 概念澄清

概念是研究的砖石和基本材料，在研究中起着至关重要的作用，它可以提供一种观察或勾画那些无法直接观察到的事物的方式。[①] 如果概念不清楚就无法把被研究的现象与其他现象区别开来，因此，清楚定义每一个概念是进行科学研究的首要条件。[②] 界定概念是每项研究的前提性工作，只有将概念内涵和外延给予合理的规范，研究的开展才会在既定框架下有序进行，下面将本书中的出现

---

① 风笑天：《社会学研究方法》，中国人民大学出版社 2005 年版，第 25 页。
② 王绍光：《多元与统一——第三部门国际比较研究》，浙江人民出版社 1999 年版，第 5页。

的核心概念界定如下：

（一）"倒城乡"

本书中提到的"倒城乡"是针对社会流动而言的。一般来讲，劳动力的社会流动是从乡村流动到城市，因为在人们的预设中总是认为城市比乡村更为发达，对于劳动力有着天然的吸引优势。事实上中国大部分地区也是这样的，城市的发展形塑着农村的结构。而个案地区却是农村的发展牵引着城市的更新，劳动力从城市流动到乡村，这是集体流动的主动选择，也是一种对城镇化过程的逆反和倒转。也就是说，在城镇化的过程中乡村社会始终作为行动的主体出现，而不是作为城市工业扩散的客体存在。"倒城乡"的外在表现是集体流动的主动选择，其根源在于，非货币化公共福利供给。个案地区农民以集体土地参与工业化的模式，决定了该地区工业化进程中不同于其他模式的土地利益分配规则、公共服务提供模式、农民分享工业化成果的方式，进而形成相对独特的城乡关系：农村自我发展、自我服务和以农村繁荣为基础的城乡发展。

（二）利益群体

利益群体较为经典的定义是"在物质利益上地位相近的人或有一致的利益要求的人所构成的群体"。本书将利益群体更加具体化，就是指物质利益或者是经济利益相近的人所构成的群体。具体来讲就是三类，即"外地人""本地人"与"本村人"。外来人口为当地的发展贡献了自己的力量，当然希望获取集体经济发展所带来的福利，但现实中本地人往往加以排斥。此外，本地人中享有股份分红的群体即社员股东与不享有股份分红的两大利益群体也隐藏着深层次的矛盾。外来人群体、本地人中有钱分群体、本地人中无钱分群体构成了个案地区的三类利益群体。在行文中，常用"三元化利益"来进行统摄，"三元化利益"体现了小利益群体与大利益群体、"内利益群体"与"外利益群体"之间博弈与抗争。

（三）组织结构

组织是指人们为了实现特定的社会目标，相互间采取协作结合的方式而形成的集体或团体；结构则是组成整体的各部分的搭配和安排。总而言之，组织结构就是指为实现一定的组织目标，组织之间及组织内部是如何互动的。本书中，组织主要是指自治组织、党组织与集体经济组织三类基层社区中主要组织，结构是指三类组织之间的相互关系。

（四）"三元化社区"

"三元化社区"是本书的一个基本概念。与城乡社区相比，"三元化社区"更加突出其作为一个具有自身运作逻辑的社会性存在状态。城乡社区是一种实体性的存在，而"三元社区"即是一种实体性的存在，也是一种逻辑性的存在。之所以提出"三元化社区"这一概念是因为，调研地点已经发展到同城化的阶段，即同一座城市、同一个社区呈现出三种群体，这也意味着城乡二元结构的分析和治理框架难以适用于南海区基层。传统与现代、农民与市民、农村与城市、礼治与法治、熟人社会与陌生人社会，这些二元概念在南海区都无法套用。因而需要发展出一套新的概念体系与之对应，用"三元化社区"这一概念在逻辑形态上加以统摄，对于村庄来讲，可以尽快享受城市延伸出来的公共服务，提高基层的社会治理水平，促进城乡经济社会协调发展；对于城市来讲，可以借鉴村治中的优势，规避现阶段传统城市居委会存在的不足和缺陷。

（五）治理张力

张力一词，一般意义上有正反两种指代。从正面意义上理解，张力一般是指复合、修复的自我复原能力，类似弹性之意，从负面意义上理解是一种内在的紧张关系，形容此消彼长的不平衡态势。本书中谈到的"治理张力"，是指社区作为整体系统在运行和变迁过程中，由于组织失调或群体的无序互动导致的紧张状态以及由此产生的结构性不平衡，但是这种不平衡并不是一成不变的，而是处于一种不断的变动之中。一般来讲，张力增大会增加社会控制的成本。

第二节　研究回顾

"社区研究"是中国社会学、人类学最为重要的学术资源之一。特别是在中国大陆的社会学、人类学学科重建之后，受费孝通先生的影响，新一代学者一度将"社区研究"作为考察中国社会现状以及中国转型状况的主要范式与途径。[①] 中国的社区研究肇始于20世纪30年代，奠基人是吴文藻。吴文藻在翻译帕克（Packer）的著作时，首次将英文的"community"翻译为中文的"社区"，并对社区进行了定义，"社会是描述集合生活的抽象概念，是一切复杂的社会关系全部之和。而社区乃是一地人民生活的具体表词，他有物质基础，是可以观察得到的"[②]。此为社区概念传入中国之始。同一时期，费孝通也在制度层面对社区内涵进行了界定，所谓社区就是"联系着各个社会制度的是人们的生活，人们的生活有时空的坐落。每一个社区都有它的一套社会结构，各制度配合的方式"[③]。吴文藻和费孝通等学界前辈在与欧美学术的互动中开启了中国社区研究的传统，以致社区成为中国社会学的重要研究单位，通过对社区的整体性描述、分析和解释，以达到对某一社会类型和某一社会通则的

---

① 齐群：《社区与文化——吴文藻"社区研究"的再回顾》，《浙江社会科学》2014年第3期。

② 吴文藻：《吴文藻人类学社会学研究文集》，民族出版社1990年版，第144页。

③ 费孝通：《乡土中国生育制度》，北京大学出版社1998年版，第92页。

理解，这正是社区研究的全部意义之所在。① 在其后的研究中，社区研究逐渐分为两类，一类为实体内容的社区研究，一类作为方法论的社区研究。社区不仅是社会的细胞，更是社会的缩影。社会中各种复杂的关系和种种问题都会通过社区这个窗口反映出来。② 关于社区治理研究的文献纷繁众多，本书仅就与本书主题密切相关的文献进行回顾，试图在已有的研究中确定自己研究的位置，以此作为本书研究的起点。

一　传统社会的社区治理

无论对从"社区"走向"社会"的原因做何种解释，由于基层社会自身固有的逻辑性，回顾传统中国的治理状况几乎是难以回避的理论问题。

传统中国的社会秩序建立在血缘家庭—家族的亲情友爱和长幼尊卑的伦理道德基础之上，寄希望于宽仁无为的朝廷。③ 中国传统社会，由于国家的干预能力所限，基层社会的运行往往采用类似于斐迪南·滕尼斯（Ferdinand Tönnies）所言的"共同体"的价值与规范的维持运行，采取自我管理、自我组织、自我服务的形式。学界主流的观点认为传统中国的治理结构至少包括上下两个不同的部分，上层是中央性自上而下的官制体系；下层则是地方性的管制组织，地方权威并不靠"官"来授权，而是由族长、士绅进行掌握，所依仗的支持系统主要来自地方共同体，并通过一套相互支持的乡土制度来规制。地方精英（族长、乡绅、地方名流）在地方权威结构体系中承担着对传统中国乡村社会日常生活管理的重要职责。在

---

① 丁元竹、江汛清：《社会学和人类学对"社区"的界定》，《社会学研究》1991 年第 3 期。

② 费孝通、王同慧：《花篮瑶社会组织》，江苏人民出版社 1988 年版，第 7 页。

③ 秦晖：《传统中华帝国的乡村基层控制：汉唐间的乡村组织》，载黄宗智主编《中国乡村研究》（第一辑），商务印书馆 2003 年版，第 1 页。

明清时期，家族社区并非是受自上而下的法令来管理社会生活的，而多是由村里的"族贤"来订立适应本土社会的"乡约"来控制人们的日常生活，另外家族组织本身的控制力也是相当强的，而中央政府控制力并没有下达到家族社区，甚至家族势力的壮大有时还会对本来就很微弱的中央权力予以进一步的消解。① 安东尼·吉登斯（Anthony Giddens）认为，在传统国家中，国家对于村落社区的控制并未深入，而一旦进入现代的民族—国家阶段，国家对基层社会的控制便极为严格；传统社会中的社会生活与文化的自治格局被打破，民族—国家通过行政力量的层层控制来监视村落社区的公共和私人生活。② 就像秦晖所言，中国传统乡村治理的基本模式是"国权不下县，县下唯宗族，宗族皆自治，自治靠伦理，伦理造乡绅"，这种治理模式被学者称为"无根的统治"。③ 马克斯·韦伯（Max Weber）将中国的传统治理称为"有限官僚制"，他认为，"正式的皇权统辖只施行于都市地区和次都市地区。……除了城墙之外，统辖权威的有效性便大大地减弱，乃至消失"④。黄仁宇在《中国大历史》中也提到，在朱元璋时代，所有官员除非特准，否则不许下乡，如有擅自下乡的，可以以"扰民"论罪，判处死刑。⑤ 萧公权认为，中国乡村社会正是中央政府鞭长莫及的世界，虽然上位者每每希望将影响力延伸到每个角落，但其地方统治能力往往就像"强弩之末"。这未必意味着地方一定是反抗中央的，一般农民只希望能过上好日子，但"好日子"往往取决于乡绅、保甲和宗族与地方官员之间错综复杂的关系，而乡绅、良民、莠民等阶

---

① 王铭铭：《社区的历程：溪村汉人家族的个案研究》，天津人民出版社 1997 年版。

② Anthony Giddens, *The Nation – State and violence Polity Press.* 1988.

③ 秦晖：《传统中华帝国的乡村基层控制：汉唐间的乡村组织》，载黄宗智主编《中国乡村研究》（第一辑），商务印书馆 2003 年版，第 1—3 页。

④ ［德］马克斯·韦伯：《经济与社会》（上卷），林荣远译，商务印书馆 2004 年版，第 110 页。

⑤ 黄仁宇：《中国大历史》，生活·读书·新知三联书店 1997 年版，第 192 页。

层的角色又不是固定不变的。① 无独有偶，传统社会问题在现代也得到了验证，王沪宁就曾指出，在中国目前的发展水平下，社会体制要将9亿农民吸纳到自身的资源体系中是不现实的，目前的生产力水平尚不足以提供充足的社会体制的资源总量，遑论体制资源有效、平衡地渗入到基层社会，抵达到基层社会中的每个家族共同体与乡民。② 杨懋春等的研究结果告诉我们，以前清代中国乡村主要靠官方委任的乡村头人和非正式领袖进行统治，后者通常是一些因名望、德行而在日常生活中获得乡民非正式承认的人物。③

"国家—社会"二元对立的西方政治社会学框架在古代中国具体化为"国家—宗族"或"皇权—绅权"的二元对立模式。正如吉尔伯特·罗兹曼（Gilbert Rozman）所说，血亲基础关系和中央政府是一段光谱的两端，在这之间看不到有什么中介组织具有重要的政治输入功能。④ 总之，在传统社会，地方政治制度的基本事实是：在可见的成文制度中，国家行政权力的边际被界定到"县"一级，县级以下因为皇权缺失代表而实行保甲制，进而通过族权和绅权来达到乡村自治；形成这一现象的主要原因在于此种体制能够满足封建王朝对乡村资源的汲取。⑤ 上述治理模式，被费孝通先生概括为"双轨政治"下的社区自治模式。⑥ 之所以采取这种治理模式，一是因为明清帝国时期，中国幅员辽阔，皇权统治的权威资源相对广袤的地域来讲，显得捉襟见肘。二是当时盛行的儒家理念在

---

① 萧公权，张皓、张升译：《中国乡村：论19世纪的帝国控制》，联经出版事业（股）公司2014年版。

② 王沪宁：《当代中国村落家族文化——对中国社会现代化的一项探索》，上海人民出版社1991年版。

③ 杨懋春：《一个中国村庄——山东台头》，江苏人民出版社2012年版。

④ ［美］吉尔伯特·罗兹曼：《中国的现代化》，国家社会科学基金比价现代化课题组译，江苏人民出版社2010年版，第63页。

⑤ 于建嵘：《岳村整治：转型期中国乡村政治结构的变迁》，商务印书馆2001年版，第41—42页。

⑥ 费孝通：《费孝通选集》，天津人民出版社1988年版，第127页。

文化上进行了约束。儒家主张"无为而治"与"止争息讼"的礼治模式，在一定程度上影响了统治者的治理决策，所以，基本上基层社区大都采取高度自治的模式，或者借助于基层代理人通过传统文化进行简约治理。

二 现代化转变过程中传统社区治理的消弭

晚清已降，在西方文明的冲击下，中国面临着"总体性的社会危机"①，中国社会开始着手回应西方文明的挑战，由此开启了现代化的"长征"②。这种"冲击—回应"理论在当时甚嚣尘上，一度占据海外中国研究的中心地位。19世纪中叶，面对西方列强的坚船利炮，中国传统社会发生全面危机，政治解体的同时，出现了严重的社会解组，就像日本学者富永健一所言，农业社会向现代产业的社会转型过程中，最基本的变动就是地域社会所形成的农业共同体的解体。③ 以伦理为本位的传统社会，宗族被摆上了显著的位置，个人自出生之日始，便被镶嵌在一个等级森严的宗族共同体之中，成长于伦理关系浓厚的"祖荫"庇护之下。④ 但是当越多的异族因素进入，社区共同体就越会失去其血缘关系的特征。⑤

杜赞奇（Prasenjit Duara）在《文化、权力与国家》一书中开宗明义地提道："20世纪前半期的乡村中国，经历着两个巨大的历史进程。一是受西方入侵的影响，经济方面发生了一系列的变化；

---

① 总体性社会危机区别于历代改朝换代的战乱局面，在传统中国的进程中，虽然历程兴衰治乱、改朝换代，但是随着新的王朝的诞生社会的基本运行又能回到先前较为稳定的状态。孙立平指出，这其中的原因在于"朝廷、贵族—绅士、民众三者之间基本关系的稳定以及在此基础上形成的国家—社会关系模式"并没有发生改变。

② ［美］费正清等：《传统与变迁》，陈仲丹等译，江苏人民出版社1996年版。

③ ［日］富永健一：《社会学原理》，严立贤等译，社会科学文献出版社1992年版。

④ Francis Hsu, under the Ancestors' shadow: Kinship, personality, and Sicial Mobility in Village China, New York: Columbia University Press, 1984.

⑤ ［英］齐格蒙特·鲍曼：《共同体》，欧阳景根译，江苏人民出版社2007年版，第2页。

二是国家竭尽全力，企图加深并加强对乡村社会的控制。"① 伴随民国时期国家政权建设的基层延伸，农村基层社区的礼治秩序模式被政府的基层代理人所压迫和剥削，农村社会秩序逐步瓦解。

黄宗智认为，中国传统农村存在着国家、士绅与村庄的三角结构，但实际上把持村庄事务的并非官员，而是一些基于乡土的权力人物，诸如士绅、族长和村长等。② 对于乡村精英也存在明显对立的两种看法：一方面，萧凤霞（Helen F. Siu）认为地方干部通过国家法律和行政系统的承认而获取权力，他们并非村民利益的代言人，相反却成为党和国家在农村地区治理的代理人③；另一方面，许慧文（Vivienne Shue）却认为，基层干部主要是忠实于自己所在的社区，绝不完全是党—国家机器的组成部分，相反，他们还充当了农民抵抗国家权力入侵的防护层。④ 在此基础上，戴慕珍（Jean C. Oi）则认为地方干部"既是国家的代理人，又是当地利益的代表"。⑤ 孔飞力（Philip A. Kuhn）认为，在分崩离析的晚清帝国时期，地方绅权并未受到根本动摇，反倒是"新政策"的使用，破坏了旧制度的基础，为新社会秩序提供了可能性。这造成两个后果：一是地方主义的兴起，绅权上升，地方出现离心倾向，这是后来晚清后期民国初期地方自治的开始；另一方面是地方名流的劣质化，军事化过程中低级士绅采取各种包揽和弄权的方式压迫底层民众，失去了官府限制，这些压迫愈演愈烈，这也是后来社会矛盾的根源

---

① ［美］杜赞奇：《文化、权力与国家：1900—1942 年的华北农村》，王福明译，江苏人民出版社 2003 年版，第 1 页。

② ［美］黄宗智：《华北的小农经济与社会变迁》，中华书局 2000 年版。

③ Helen F·Sin：*Agents and Victims in South China：the era of rural revolution*，Yale University Press. 1989.

④ Vivienne Shue：state power and social organization in China，in *State Power and Social Forces*，pp. 65—88.

⑤ Jean C. Oi：*State and Peasant in Contemporary China：The Political Economy of Village Government. Berkerly*，University of California Press，1989.

之一。① 伴随着 20 世纪中国政府对 "新政" 推行力度的逐步加大，地方行政事务的处理变得日趋复杂，中央政府很想通过保甲制度等行政机构提高 "新政" 实施的效率，结果把原来属于上层轨道的权力直接向下层输送，突破了双轨制各守其职的传统界限。比如，现代保甲制度不但在区位上摧毁了原有的乡村社区，使得许多民生事务无法得到 "就地" 解决，而且在政治结构上也制约了乡土传统对专制形式的 "抵抗"，进而扼杀了基层治理的 "合法性" 并将村庄逼入政治死角；同时，"被发明" 出来的新机构其实并不能有效地去接收原有的自治单位所释放出来的乡村事务。② 旧的设置丧失了合法地位，新的机构也无法获取足够的权威，乡村的治理便陷入了无序之中。

综而述之，国家通过权力下渗控制基层不仅没有起到相应的效果，反而使基层社会的秩序不断恶化，国家政权建设的 "内卷化" 现象越来越严重，国家机构不是靠提高旧有机构的治理 "存量" 和开发新型机构的治理 "增量"，而是靠复制和扩大以往的 "国家—社会关系" 来迫使行政职能 "增生"，进而促使了乡村精英发生变异，从原来的 "保护型经纪" 转变为 "营利型经纪"，破坏了 "权力的文化网络"，使乡村社会更加混乱、凋敝。③ 从国家层面看，"20 世纪国家政权抛开，甚至毁坏文化网络以深入乡村社会的企图注定是要遭到失败的"④。总之，由于国家权力的深入彻底破坏了传统家族组织与宗族势力，因此想再建立整合能力如此强大的组织谈

① [美] 孔飞力：《中华帝国晚期的叛乱及其敌人：1796—1864 年的军事化与社会结构》，谢亮中等译，中国社会科学出版社 1990 年版。

② 杨念群：《中层理论——东西方思想会通下的中国史研究》，江西教育出版社 2001 年版，第 148 页。

③ 主要表现为：一方面，国家对普通民众的控制和榨取的功能不断增强；另一方面，是国家对各级政府机构、各类组织及其成员的约束能力不断减弱。

④ [美] 杜赞奇：《文化、权力与国家——1900—1942 年的华北农村》，王福明译，江苏人民出版社 2010 年版，第 4 页。

何容易？国家与个体的中间连接机制，在失去了士绅这一中间链条之后，变得困难重重。国家政权建设的"内卷化"现象之所以越来越严重，国家机构靠复制或扩大旧有的国家与社会关系来扩大其行政职能是一方面原因；另一方面，充当社会中间层的士绅阶层的没落也是一个十分重要的原因。基层社会的再组织不是短时间段内可以解决的，必然是一个十分漫长的过程。从社会自身层面上来讲，地方自治体的乡绅发生了分化，一部分退出了参与国家治理的舞台，一部分发生了变异，从原来的"保护型经纪"转变为"营利型经纪"。从国家与社会的关系层面上来看，国家权力的一元独大也压制了社会的成长空间。费孝通的结论是，基层行政的僵化是因为我们一方面加强了中央的职能，另一方面又堵塞了自上而下的政治轨道，传统的中央和地方的集权和分权协调关系破坏了，但却没有创制新的办法。①

三　新中国成立后的社区治理重构

作为总体性危机的解决方案，"单位中国"应运而生。农村实行人民公社体制，城镇实行街居体制。这两类体制都不是像城镇单位制那样的高度制度化的管理单位，而是一种结合了群众组织形态的群众组织路线，延续到社会主义建设时期的组织化治理模式。

新中国成立以后，乡村社会秩序失去作用，乡村政治有了新的面貌。国家通过对土地等经济制度的改造，建立起高度行政化的人民公社体制。通过集体化、人民公社大锅饭等高度集体化的社会运动和集体动员，基本上完全消解了传统意义上的乡村治理体系，进而使农民的忠诚对象从家庭位移到集体，最终落脚到国家，将农民

---

① 费孝通：《基层政权的僵化》，《费孝通文集》第 4 卷，群言出版社 1999 年版，第 347 页。

从家庭成员"脱嵌"出来成为原子化的公民。① 人民公社以"三级所有，队为基础"的全能管理模式将乡村人民"组织起来"应对中国社会的"一盘散沙"的整合危机。生产队是乡村最为基层的生产单位和核算单位，是一种生活空间和生产空间叠加和重合，具有社会生活共同体的特征。生产队及农村社区是以集体产权为边界，共同体的地域边界、经济活动边界以及人员构成边界基本上是同一的，具有强烈的封闭性和排他性，只有拥有生产队集体产权的人们才可能享有相应的权利。②

人民公社体制和街居体制体现了当时党的政治动员的特征，一方面传统的庇护体系模式得以重构③，另一方面国家通过群众运动来打击传统庇护模式。④ 1949 年以后直至农村改革以前，新政权虽然渗入了乡土场域之中，实现了对乡村的全面管控，但却彻底切断了与乡土传统文化网络的联系，更没有真正达到对乡土的"善治"和最大限度地激发基层的活力。⑤

概言之，20 世纪下半叶，国家政权在乡土社会中扎根生存，但依然面临着一系列需要进一步解决的新问题，如基层官员自我利益扩张造成政治阻隔等。⑥ 随着村干部自主性的增强，并没有出现预料之中的社区保护力量和国家与民众间中介力量的增强，而是代之以村干部自身利益的凸显，在日益市场化的过程中村干部的角色定位发生了变化，逐步由传统意义上的村干部转变为现代的"经济

---

① ［美］阎云翔：《私人生活的变革：一个中国村庄里的爱情、家庭与亲密关系 1949—1999》，龚晓夏译，上海出版社 2006 年版，第 257 页。

② 项继权：《农村社区建设：社会融合与治理转型》，《社会主义研究》2008 年第 2 期。

③ Jean C. Oi, *State and Peasant in Contemporary China: The Political Economy of Village Government.* Berkerly, University of California Press, 1989.

④ 周雪光：《多重逻辑下的制度变迁：一个分析框架》，《中国社会科学》2010 年第 4 期。

⑤ 朱新山：《乡村社会结构变动与组织重构》，上海大学出版社 2004 年版。

⑥ 徐勇：《政权下乡：现代国家对乡土社会的整合》，《贵州社会科学》2007 年第 11 期。

人"。① 在完全相同的结构限制中，不同的行动主体都具有选择的空间；而对某一行动主体的选择做出回应时，其他行动主体也有选择空间。即使在最封闭的结构约束之下，都不能泯灭人主动选择的天性，而这正是社会变迁的内在动力所在。②

四　改革开放后的社区治理演进

改革开放后，为了激活乡村社会的活力，国家实行了一系列政策，在城市进行了国有企业改制，打破了"铁饭碗"，将众多的单位人推向社会。在农村，诸如"撤乡并社""合乡并镇"等，农民逐步从人民公社的集体束缚中脱离出来，从而令个体在中国历史上第一次成为了独立的社会再生产单位。③

伴随着人民公社制度的消解和单位制的没落，个体获得了经济上的自主性。个体的流动性与日俱增，以往依赖集体进行生产生活的共同体难以维系，居（村）委会作为新型的社区组织，不管是其社会控制能力还是组织能力都和人民公社、单位相去甚远，社区内聚力的大大弱化，使中国社会出现了原子化的倾向。

总体上来说，几乎没有人否认 20 多年以来中国传统社区的凋敝。④ 这种凋敝，不仅表现在聚落的疏离、散化，更重要的是社会联结机制的中间组织解体或缺失而产生的个体孤独的无序状态。阎云翔通过对中国农村私人生活的长期观察后发现，国家通过出台一系列的政策，促成了私人生活的转换，不仅改造了农民的道德世界以及家庭关系，还摧毁了传统的家庭和私人生活结构，至此，村庄

---

① 申静、陈静：《村庄的"弱监护人"：对村干部角色的大众视角分析——以鲁南地区农村实地调查为例》，《中国农村观察》2001 年第 5 期。

② 伊莎白、麦港：《分歧与协议：分析社会规范变迁的一种研究路径》，《清华社会学评论》（特辑），鹭江出版社 2000 年版。

③ ［美］阎云翔：《中国社会的个体化》，陆洋等译，上海译文出版社 2012 年版。

④ 黄平、王晓毅：《公共性的重建：社区建设的实践与思考（上）》，社会科学文献出版社 2013 年版，第 29 页。

的公共生活已经被瓦解了。① 他认为，农民的个体化是接受了国家所施加的种种限制之后，内化了国家设定的社会主义框架下的个体发展方向，也就是说，农民的个体化是国家制度变迁所引致的结果，是被迫的强制脱嵌。有学者将此现象概括为乡村社会关系的"个体化"或者"原子化"问题，即：社会激变时期中个人之间、群己之间关系的疏离与破败，由此也诱发了人情冷漠、信任滑坡和社会解组。弗里德里希（Carl J. Friedrich）在《极权主义社会的独特特征》一文中对原子化现象进行了较为详细的描述，他认为"原子化"突出的特征是，个人之间的联系很少，而且这种联系主要通过与一个共同的权威的联系才得以建立，而非发生直接的联系。② 孙立平将"原子化"的含义确定为两个方面："一是说个人间社会联系的薄弱；二是说在追逐自己的利益时，是以个人而不是以群体的形式行动的"③。田毅鹏认为，社会关系原子化的表现有三：其一是人际关系疏离化、社会纽带松弛、初级社会群体开始走向衰落。其二是个人与公共世界的疏离。其三是规范失灵，社会道德水准下降。④

中国的乡村正面临着公共体解体所带来的种种困境，面对日益"原子化"的个人，乡村固有的传统联结已然失效，而新的利益联系还没有建立起来，市场经济的逐利大潮侵蚀了传统社会的情感底线，乡村个体在追逐个人利益的同时，不经意间却遗落了村落共同体的精神实质。经济富裕了，人心却散了。随之而来的是，不可遏制的"搭便车"行为和集体认同感的不断弱化。"人类需要社区"，

---

① ［美］阎云翔：《私人生活的变革：一个中国村庄里的爱情、家庭与亲密关系：1949—1999》，龚小夏译，上海书店出版社 2006 年版。

② Walder, Andrew. G: *Communist Neo-tra-ditionalism: Work and Authority in Chinese Industry.* Berkeley: University of California Press, 1986.

③ 孙立平：《关系、社会关系与社会结构》，《社会学研究》1996 年第 5 期。

④ 田毅鹏：《转型时期中国社会原子化的动向及其对社会工作的挑战》，《社会科学》2009 年第 7 期。

"回归社区"在一定程度上成为一种共识。在政府层面上，面对中国乡村共同体趋于解体的现实，进行了"社会主义新农村建设"。在理论体悟上，学者们发出了乡村"社区重建"的呼声，"没有秩序的农村是不能忍受的"①，如何重建是个难题，因为中国农民向来是"善分不善合"。② "公共性"成为这个阶段讨论最多的话题。黄平等指出，村落经历了一段村内分化和衰落的过程，大多经历了两个困境，即集体经济被分割下乡村社区公共财政的困境和人民公社体制退出村落后，村内的社会分化与组织机制的衰退困境。而这两个困境的核心问题都是社区公共性的缺失。③ 李友梅等将公共性上升到社会建设的高度，认为"公共性"是当下中国社会建设面临的主要瓶颈。除部分的制度性因素之外，社会心理、共识缺失以及管理的技术化也是阻滞公共性发展的重要原因。④ 其实，公共性并不是一个新颖的话题，埃米尔·涂尔干（Emile Durkheim）在其传世之作《社会分工论》就曾提道，"如果人们相互结成一个共同体，并在其中感受到了某种信念或感情，那么这种信念和感情会给我们带来多么大的力量啊"。⑤

第三节　个案介绍

广东省南海区位于珠江三角洲的腹地，处于北纬 22°50′—

① 贺雪峰：《乡村秩序与县乡村体制——兼论农民的合作能力问题》，《江苏行政学院学报》2003 年第 4 期。

② 曹锦清：《黄河岸边的中国》，上海文艺出版社 2000 年版。

③ 黄平、王晓毅：《公共性的重建：社区建设的实践与思考（上）》，社会科学文献出版社 2013 年版，第 255 页。

④ 李友梅、肖瑛、黄晓春：《当代中国社会建设的公共性困境及其超越》，《中国社会科学》2012 年第 4 期。

⑤ ［法］埃米尔·涂尔干：《社会分工论》，渠东译，生活·读书·新知三联书店 2000 年版。

23°19′，东经 112°51′—113°15′。北距北回归线 48 公里，为土壤肥沃的西、北江冲积平原。古为广州与中原来往水道必经之地，现今仍是广州与粤西、粤西南水陆交通要冲。东连广州市区，并与番禺市隔江相望；西与三水、高明交界；南临顺德，并与鹤山、新会两市隔江相望；北与花都、三水相交；中部与佛山市环形接壤（见图1—2）。南海区地处珠江三角洲河网区，首先，地貌类型以平原为主，占全区总面积的近八成；其次为丘陵台地，约占总面积的13%，总的地势是中北部稍高，渐向东南倾斜。境内河网纵横交错，主要河流有西江干流和北江干流，水资源相当丰富。气候属南亚热带季风气候，温暖多雨，年平均气温 21.8℃，年平均降水量1600 毫米。自然灾害以洪涝为最，间有旱灾、风（台风）灾和会使农作物遭受冻害的霜冻或低温阴雨天气。地震震中发生在境内的，历史上只有清康熙年间和"民国"二十九年（1940）发生过两次，分别为五级和四级。震源南北距离最大为 56.92 公里，东西距离最大为 43.64 公里，总面积 1083.6 平方公里。具有毗邻港澳的地理优势，是珠三角经济发展的区域典型。全区面积 1073 平方公里，辖桂城、狮山、西樵、九江、丹灶、大沥、里水 7 个镇街，共 67 个村委会、184 个社区居委会。2013 年统计，常住人口262.19 万人，其中户籍人口 122.51 万人，海外侨胞约 40 万人。南海区历史悠久，名人荟萃，秦朝（公元前 214 年）设郡，隋朝（公元 590 年）置县，曾涌现出康有为、陈启沅、黄飞鸿、詹天佑等一大批杰出人物。

改革开放以来，南海县充分利用区位优势、人缘优势、政策优势，经济建设有了突飞猛进的发展，建立了比较完善的工业体系，三高农业有长足发展，第三产业兴旺。尤其是南海县农村，发生了巨大而深刻的变化。变化主要来自以工业为主体的乡镇企业新的崛起和壮大。在改革开放之初，县对农村经济提出"一个主体（粮

食）两个翅膀（工副业、多种经营）"的发展方针；后来又提出
"三匹马（公社、大队、生产队）拉车"；进而再提出"三大产业
齐发展，五个层次（县、区、乡、经济社、个体，后增加联合体，
改提为六个层次）一齐上"的方针。在这些方针的指引下，1978
年，全县公社、大队两级共有企业919家，从业人数8.13万人，
总收入1.94亿元。至1990年，农村工业总产值达37.1271亿元。
1990年以来，南海县国内生产总值年均增长率达20%以上，1996
年全市国内生产总值为214.87亿元（当年价），工农业总产值为
408.84亿元（1990年不变价），人均主要经济指标居全省前列，在
1995年全国综合实力百强县（市）中居第三。

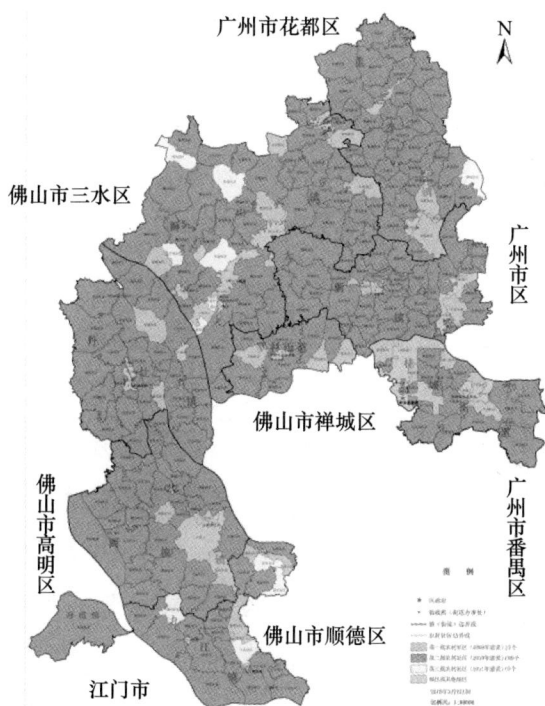

图1—2 南海区位图

一 "此南海区非彼南海区"

提起南海区，人们的惯性思维中总是会想到蔚蓝而辽阔的南海中国海域。事实上，作为中国市场经济发育最充分的地区，靠全民经商起家的南海区，早已成为中国的一个经济要地。

在六七千年前的新石器时代，南海区境内的西樵山一带已经有先民在此繁衍生息。秦始皇三十三年（公元前214年）置南海郡，郡治番禺（今广州市），下辖番禺、龙川、博罗、揭阳、四会5个县。隋开皇十年（公元591年）以原南海郡治所在地番禺县改置南海县，南海县政区建置自此始。① 武德四年（公元621年）废南海郡置广州，天宝元年（公元742年）改广州为南海郡，乾元元年（公元758年）复改南海郡为广州，或州或郡，南海县均为其属县。② 开宝四年（公元971年）灭南汉，废兴王府，设广南路广州，五年，撤销常康、咸宁和永丰、重合二场，复置南海县，属广州。祥兴元年（公元1278年）升广州为翔龙府，南海县属翔龙府。至元十五年，改翔龙府为广东道广州路，南海县属广州路。洪武元年（公元1368年）改广州路为广州府，南海县属于广州府。清时，南海县建制及其隶属关系无改变。1912年府级建制被裁撤，南海县直接隶属于广东省。1913年，在省与县之间增加道建制，南海县被划归粤海道。1914年，道级建制被废除，南海县复又直接隶属于广东省。1917年，广东省设立善后管理委员会分别管理各县，南海县属于西区善后管理委员会管辖范围。1921年，善后管理委员会被废止，重新设置绥靖公署，南海县直属于绥靖公署。1925年，绥靖公署改称为行政督察专员公署，南海县隶属于第一区行政督察专员公署（1929—1934年因抗日战争的需要，隶属于第三区行政督察专

① 《元和郡县志》。
② 《太平寰宇记》。

员公署）。1949 年，南海县直隶于省，省分区设派出机关以管理各县。"文化大革命"结束后，1980 年 1 月—1983 年 6 月为佛山地区行政公署。1983 年 6 月，广东省实行市管县制，省、县间增设一级行政区划；地、市合并后佛山市为地级市，南海县隶属于佛山市。1992 年 9 月 23 日，南海市人民政府挂牌，全市分 3 个街道、15 个镇。2002 年 12 月 8 日，经国务院批注，撤销南海市，设立佛山市南海区。2003 年 1 月，南海市行政区域调整后成南海区。2005 年 1 月 10 日，经省民政厅和市政府同意，将南海原有的 17 个镇、街道调整为 2 个街道办事处和 6 个镇。2013 年 3 月 19 日，大沥镇西部和整个罗村街道并入狮山镇。自此，南海区辖 6 个镇、1 个街道。

南海区有着悠久的历史，明中期以后，南海县成为全国率先突破自给自足的自然经济，走上以盈利为目的的商品经济的县份之一，外贸急剧发展，农业生产结构优化，冶炼、陶瓷、缫丝、丝织业手工业相继勃兴，圩市大增，商业繁荣，文化发达，教育兴盛，名人辈出。我国近代第一位敢于面对统治者大声疾呼变法、后来成为戊戌变法运动首领的康有为、我国铁路工程先驱詹天佑，我国第一个近代民族工业实业家、爱国华侨、南海继昌隆机器缫丝厂创始人陈启沅，首制我国第一部"摄影之器"的科学家邹伯奇等一大批名人出自南海。繁荣的经济生活、频繁的对外交流，盛极一时的书院开设，使南海人得海内外风气之先。改革开放初期，南海区作为广东"四小虎"之一，是广东改革开放先行一步的象征。改革开放30 多年来，南海区承载着广东的自豪与骄傲，保持 GDP 年均21.9% 的高增长。南海区快速崛起，经济发展一日千里，形成了"三大产业齐发展，五个轮子一起转"的南海区经济发展模式，迈开了发财致富的新步伐。早在 1981 年 8 月 28 日，在《人民日报》头版头条，以《南海县生产上得快，社员生活富起来》为标题报道了南海县的致富经验，南海县便成了全国各地家喻户晓、争相效仿的"标杆县"，时任中共中央总书记胡耀邦亲笔批示，"南海县有很好的一面……"。1987 年，南海区已经是国务院批准的农村改革试验区之一。据国家统计局公布的数据资料显示，在全国农村百强县排名中，南海在 1991 年排名第四；1992 年、1993 年连续两年排名第三，均为广东之冠；2002 年跃升为第二名。2005 年达到了国际公认的人均 GDP 5000 美元至 9000 美元的发展门槛。到 2009 年，经济总量达到 1542.22 亿元，城镇居民人均可支配收入和农民人均纯收入分别达到 28309 元和 12326 元，率先迈入国际划定的中等收入水平线。2011 年，农村经济总值为 5300 多亿元，村组两级可支配收入近 51 亿元，其中有 54 个村账上超千万元。2013 年，南海正式跨入 2000 亿俱乐部，在全球经济遭遇转型压力、步入震荡盘整的低潮时期，南海区逆势增长。①

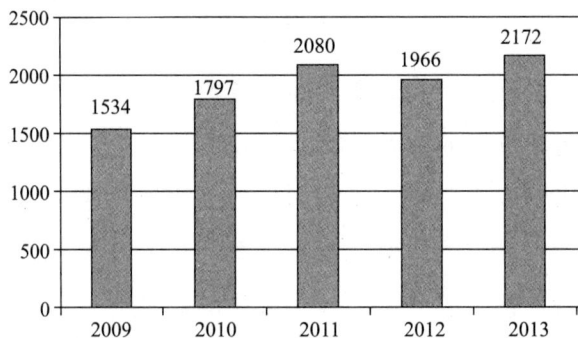

图 1—3　2009—2013 年南海区 GDP 对比图（单位：亿元）

———————————

① 从珠三角的整体情况来看，一般来说，外资占的比重非常大，这在深圳、东莞、惠州等地表现得非常明显。南海区界于广州和佛山之间，属于珠江三角洲的腹地，是一个地处改革开放前沿的经济区域。与珠江三角洲的其他地方如东莞和顺德等地不同，南海区的外资企业虽然也得到了迅速的发展，但是，总体情况来看，占的比重还不是非常大。民营企业是当地经济的主力军。这也是南海区受 2008 年全球金融危机的影响较小的根本原因所在。

二　从"种庄稼"到"种工厂"

改革开放以后，凭借有利的政策支持和区位优势，南海区着重发展农村集体经济，其集体经济实力在整个佛山市乃至广东省都首屈一指。

20世纪90年代初以来，改革开放的春潮拍打着珠三角，港澳台同胞纷纷回南海区办厂，因此对土地和厂房的需求量激增，南海区农村整片的土地逐渐满足不了老板们的需求，各个村民都在盘算着自家的一亩三分地能否结束"种庄稼"的天然命运，一起走向"种工厂"时代。1992年南海市农民变股东，村民从"种庄稼"走向"种工厂"时代。这一年南海市居民的财富冲动变为现实，大家的农田以股份的形式交给村里的经济社或经联社，统一整合对外出租办厂，不用耕田每年就能拿到分红，肇始于这一年的南海县土地股份制，被誉为继家庭联产承包责任制之后的"第二次土地改革"。从1991年南海县农村综合实力百强县评价指标与前三名对比表中可以看出，当时南海县的农村经济已经相当发达，农村经济纯收入达到238204万元，在百强县前中排名第四，农民人均纯收入达到1976元，位列百强县第一（见表1—5）。

表1—5　1991年南海县农村综合实力百强县评价指标与前三名对比表

类别	江苏无锡	江苏武进	江苏江阴	广东南海
"劳均"农业机械总动力（瓦特）	850.4	851.4	691.3	1194.1
本项在百强县中排序名次	12	11	16	4
"劳均"农村用电量（千瓦时）	1504.5	856.1	1156.1	1532.1
本项在百强县中排序名次	5	15	8	4
非农产业劳动力占农村劳动力比重（%）	77.2	57.1	75.8	53.2
本项在百强县中排序名次	4	12	5	15

类别	江苏无锡	江苏武进	江苏江阴	广东南海
非农产业总产值占农村社会总产值（％）	94.2	87.9	92.6	84.2
本项在百强县中排序名次	1	11	3	15
"劳均"创造农村社会总产值（元）	29544.4	17886.5	20324.0	22498.0
本项在百强县中排序名次	2	12	9	8
农村经济总收入中出售产品收入所占比重（％）	78.6	66.9	75.5	88.0
本项在百强县中排序名次	9	17	11	2
百元费用提收的农村经济总收入（元）	115.2	124.0	121.3	133.6
本项在百强县中的排序名次	19	15	17	7
每百万人中中学在校学生数（人）	19870	296110	19310	40910
本项在百强县中的排序名次	18	10	19	8
每百万人中乡卫生技术员数（人）	1450	1550	1610	2280
本项在百强县中的排序名次	13	11	10	5
农民人均纯收入（元）	1059.5	1004.6	1062.4	1976.0
本项在百强县中的排序名次	18	19	17	1
农村社会总产值（万元）	164857	1228800	1184887	913417.7
本项在百强县中的排序名次	1	2	3	7
农村经济纯收入（万元）	188368	210826	206964	238204
本项在百强县中的排序名次	9	4	5	3

此后，南海以县、镇、乡、村、组"五个轮子一起转、三大产业齐发展"的"南海模式"闻名全国，利用脚下的土地招商引资，短短十多年时间，这片以"桑基鱼塘"闻名的土地就变成了全球知名的"工业带"。也被其他区、县纷纷效仿，"轮子学说"的实质是坚持以公有制为主体、多成分、多层次、多形式并存，共同发展。"五个轮子一起转"的经济发展模式，一方面兼顾了各个层次的发展积极性，使集体经济不断得到发展，巩固了公有

制经济的主体地位；另一方面又使一部分农民在发展家庭经济和合作经济中先富起来，在改革中直接受益，体现了社会主义初级阶段的分配原则，并产生了积极的"示范效应"。在此基础上，强化了对各种经济资源的动员，充分利用了各种生产力要素，创造了市场竞争的社会氛围。各种经济形式之间的竞争，打破了集体和国有经济一统天下的局面，使社会经济充满活力。南海区作为一个具有悠久历史传统、处在特殊地理位置并走在改革开放前沿的特定区域，其非公有制经济的发展具有历史的必然性。第一，历史传统优势。以南海区等为代表的珠江三角洲地区在历史上是商品经济较为发达的地区，人们的商品意识较强。改革开放后的南海地区，非公有制经济繁荣发展，是历史传统优势的扩展和延伸。第二，经济结构的优势。南海地区是公有制经济特别是国有经济相对薄弱的区域。改革开放初期，乡镇企业蓬勃兴起，乡镇企业与个体私营企业有着天然的联系，在发展乡镇企业的同时，个体私营等非公有制经济也获得飞速发展。第三，地缘优势。南海毗邻港澳。改革开放后，珠三角与香港之间在产业合作上形成了"前店后厂"的合作模式。[①] 香港80%制造业向珠三角转移，珠三角成了中国内地最主要的轻工产品制造中心和出口基地之一。南海区以其优越的地理位置和完善的基础设施吸引了大量外资，外向型经济占据了较大比重。第四，实践的优势。南海区是改

---

① 这种前店后厂的形式，费孝通将其概括为"珠江模式"。"珠江模式"的特点是"它和香港密切相连构成前店后厂新形式"。"前店后厂"的提法是费孝通用来突出"三来一补"企业在珠江三角洲经济中的独特地位。"三来一补"具体是指来料加工、来料装配、来样加工、补偿贸易。珠江三角洲这些加工企业几乎都是从香港来的，其中大部分是原来在香港的"蜂窝"工厂，港商把这些企业中的订货、定样、备料、核算、运销等业务留在香港的"店"里，而把进行加工、制作、装配等工作的"厂"搬到珠江三角洲各市、县的镇村里，把厂里制成的产品，运回香港，推向市场。结果是店厂分离，前店在港，后厂在珠。20世纪80年代初期，采取这种经营方式的乡镇企业在珠江三角洲相当发达，而在全国其他地方还是少有的，所以费孝通将其概括为"珠江模式"的特点。参见费孝通《珠江模式再认识》，《瞭望周刊》1992年第27期。

革开放先行一步的地区。20 世纪 90 年代初就提出了"打破所有制界限，大力发展股份制、混合型和集约型企业"，并在全市范围内推行农村股份合作制，从而形成了非公有制经济发展的优势。第五，政府的职能优势。政府在引导非公有制经济发展方面的主要作用是：鼓励群众大胆致富，制定"五个轮子一起转"的政策思路，并为公有制的发展提供了良好的政治环境；在政策上确认、鼓励和制定优惠措施扶持非公有制经济发展；加大改善投资环境的力度，眼光超前地推进了基础设施建设；借助海外同胞的力量，如通过授予"荣誉市民"等活动，形成联谊网络，推动外资经济的发展。①

"五个轮子一起转"的经济发展模式，既不同于苏南地区集体比重大，个体比重小的正三角形经济结构，也不同于温州地区个体比重大，集体比重小的倒三角形经济结构，而是层次分明的梯形经济结构模式。这种经济模式使南海区经济增长呈现"小河有水大河满""百花齐放春满园"的局面，也是构成南海区国民经济增长的主动因。② 南海区经济的实质其实是一种郊区经济，是以民营经济为特色的内生型经济发展模式。③ 始于 20 世纪 90 年代的农村股份合作制使农地再集体化，农民自发成为股东把土地经营权交给集体，实现了农业的规模化、土地资产化，降低了农村社区工业化的交易成本，极大化了土地收益，解放了非农化的农民。

---

① 李尚旗、刘娟：《求索中的演进：佛山夏西村的变迁》，广州人民出版社 2008 年版，第 117 页。

② 周大鸣：《告别乡土社会——广东农村发展 30 年》，广东人民出版社 2008 年版，第 76 页。

③ 袁奇峰、易晓峰、王雪、彭涛、刘云亚：《从"城乡一体化"到"真正城市化"——南海东部地区发展的反思和对策》，《城市规划学刊》2005 年第 1 期。

三 "富比穷更麻烦"

现代社会学的重要奠基人马克斯·韦伯提出了著名的"理性化铁笼"的悲观预言，他预言随着科层制走向完善，人们的行动越来越遵循法理权威和理性规制，而与人性、情感、生活世界越行越远。现代性的发展，将使得人不可避免地一步步走进人类自己创造的"理性化铁笼"。① 马克斯·韦伯已降，理性化和功利主义逐渐成为一种最常见的解释框架，并对实际生活发挥了显著的建构作用。利益博弈成为日常生活中的常态，而共同体的破裂、解体，也就在所难免。

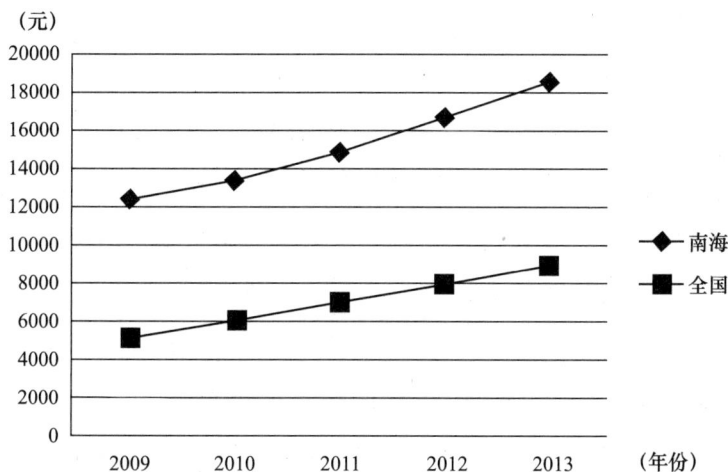

图1—4　南海区农村居民人均纯收入与全国农村居民纯收入对比图

从图1—4可以看出，南海区农村居民人均纯收入的起点数据一直在12000元以上，而同时期的全国农村居民人均纯收入的起点

---

① 〔德〕马克斯·韦伯，《经济与社会》（下卷），林荣远译，商务印书馆2004年版，第206页。

数据只维持在 4000 元以上，仅仅是南海区农村居民人均纯收入的 1/3。南海区农村居民人均纯收入提高迅速，其速度远远超过同时期的全国水平，且差距有越拉越大的趋势。2009—2013 年的 5 年间，南海区农村居民的人均纯收入分别是 12326 元、13285 元、14805 元、16673 元、18516 元，全国农村居民人均纯收入分别是 5153 元、5919 元、6977 元、7917 元、8896 元。无论是从基础数据，还是增长幅度来讲，南海区的农村居民收入都远远高于全国人均水平。

早在 20 世纪 90 年代，改革开放的总设计师邓小平就明确指出，"发展起来以后的问题并不比不发展少"[1]。多年来，南海区经济持续增长，农村居民人均纯收入高于邻省。2008—2010 年，南海区农村经济总收入分别达到 3930.11 亿元、4435.33 亿元和 4884.15 亿元，年平均增长率为 13%；农村居民人均纯收入分别为 11158 元、12326 元和 13448 元，年平均增长率为 9%。2008—2010 年，江苏省农村居民人均纯收入分别为 6561 元、8004 元和 9118 元，浙江省农村居民人均纯收入分别为 9258 元、10007 元和 11303 元，福建省农村居民人均纯收入分别为 6180 元、6680 元和 7427 元；而据广西壮族自治区、江西省、湖南省和湖北省人民政府 2010 年工作报告所述，2010 年上述 4 个省农村居民纯收入分别为 4543 元、5789 元、5622 元和 5831 元；上述经济相对发达省份及靠近广东邻省其农村居民人均纯收入都低于南海区人均农民收入水平。[2] 从表 1—6 可以看出，2009—2013 年南海区的主要经济社会指标都稳步提高，均保持在很高的基数发展水平上。

---

[1] 参见中共中央文献研究室编《邓小平年谱（1975—1997）》（下册），中央文献出版社 2004 年版，第 1364 页。

[2] 佛山市南海区委城乡统筹部：《深化农村综合改革促进城乡协调发展》，2011 年 8 月 17 日。

表1—6 2009—2013年南海区主要经济社会指标

指标名称 \ 年份	2009 年	2010 年	2011 年	2012 年	2013 年
地区生产总值（亿元）	1534	1797	2080	1966	2172
工业总产值（亿元）	3670	4407	4905	4423	5398
地方财政一般预算收入（亿元）	86	103	115	129	146
固定资产投资（亿元）	475	541	584	631	713
金融机构本外币存款余额（亿元）	2287	2664	2799	3209	3850
城镇居民人均可支配收入（元）	28309	29978	32295	36348	39843
农村居民人均纯收入（元）	12326	13285	14574	16673	18516

与此同时，南海区也没有摆脱整个广东省社会发展过程中出现的"综合征"，社会矛盾积弊已深，不可能企望这些矛盾会自然消解。正如时任广东省委书记汪洋所言："你以牺牲群众利益为代价是发展了，但是农民说，你把我的地征去了，补偿又不足，我们的生活就没着落了。""从整个广东来讲，考验我们的不是经济发展问题，而是社会矛盾问题"，"过去老是觉得有些问题可以缓一缓、放一放，甚至认为一旦经济发展起来这些问题就会迎刃而解，事实上，矛盾积累到一定程度就屡屡爆发"。[①]

南海区的社会问题呈现出面广量大、触发点多、突发性强、升级快、主体多元化、内容复杂化、形式多样化的态势。一是财务问题。通过发展村组集体经济和土地征用等途径，南海区不少集体经济组织积累数以万计，集体资产和收入甚至上亿元，但由于长期以来村组缺乏有效的组织监管，有些村组干部随意配置集体资金，导致财务管理账目不清、资金用途不明；有些村组的村务公开不规范、不彻底，因此与村民要求"阳光工程"和利益分配公平的愿望

---

① 参见广东省委书记汪洋《当前社会矛盾最考验广东》，《信息时报》2012年1月17日。

有很大的差距。2006—2007 年因村政村务问题上访案件达 130 件，其中到省、市、区三级越级上访共有 28 批 235 人次。二是村级选举问题。主要是村级选举民主化进程的不断推进与实际操作中的不规范现象（如拉票）等，为一部分别有用心的人创造了机会，甚至还发生了煽动不明就里的村民围攻村组干部、擅自废除村干部等过激事件。三是分配问题。由于农村集体资产不需要投资，又不需要承担经营风险就可以享受农村集体经济成果分配，特别是经济实力雄厚的村组集体经济组织，分红金额越来越高，利益的驱动诱导农村股权争议激烈。农村股权争议上访总量仍在高位徘徊。2006—2007 年仅农村"外嫁女"问题引发的上访事件有 253 件，其中省、市、区三级越级上访共有 89 批 1330 人次，越级上访呈高发态势。四是土地征用问题。首先，由于过去征地制度存在缺陷，征用土地的补偿费用较低，土地进入市场后，土地级差收益大幅度上升，不少农民单纯认为政府在土地交易中赚取大量差额，忽视了政府基础设施等方面的投入，其结果表现为征地拆迁难。其次，是过去政府的大量圈地，出现了部分征而未用的土地，政府为了避免土地丢荒，采取了无偿或低价有偿的方式给农民耕种，现在需要该土地进行开发时，部分既得利益者不愿交地，出现了收地难。最后，是政府过去采取协议征地，征地补偿款未能足额支付，近年来征地补偿费不断攀升，部分农民被利益驱动，无理要求按现在的市场价格结算，不达目的，誓不罢休。2006—2007 年土地征用问题引发的上访事件有 170 件，其中省、市、区三级越级上访共有 110 批 1569 人次。五是拆迁安置问题。城市基础设施建设、节能减排、"三旧"改造等工作的推进均涉及群众利益，一些拆迁户出于对自身利益的考量，在传统习俗的巨大影响之下，对拆迁持有十分强烈的抵触和愤怒情绪。加上双方强调各自利益最大化，对于经济利益的追逐引发不稳定因素。六是环境问题。由于村组土地资源、规划建设、集体资金、领导能力等因素的制约，加上发展起步早、招商引资饥不择食，导致了经济规模小、耗能大、污染重、效益低的传统产业集聚在村庄周围，因此中小企业的污水、噪声、废气、治安等在一定程度上影响了村民的生活质量。当村民多次投诉得不到稳妥解决时，便集结多数村民，堵塞企业门口，有的甚至冲击党政机关。由于环境污染问题导致的群体性事件日益增多，且强度越发激烈，因此这成了影响农村社区和谐稳定的主要因素。七是其他问题。劳资纠纷、安全事故、"农转非"回迁农村、敌对势力等对社会稳定的影响不可低估，尤其是敌对分子围绕热点敏感问题的大肆造谣、煽动，企图将个别问题普遍化、经济问题政治化、局部问题全局化从而操纵网上舆论，制造思想混乱。①

总之，"物"的世界，一片繁荣；"人"的世界，趋于"异化"。从南海区当前多元化的社会利益格局，以及社会利益秩序的形成期和过渡期的现实可以看出，利益诉求的异质性和多样性，利益诉求行动的动态性和不确定性，利益诉求方式的竞争和博弈（一般博弈、话语博弈、文本博弈、组织化文本博弈），以及缺乏基本的社会共识和一致性的公共意愿，也促使利益分歧尖锐化和博弈冲突化，这些现象又进一步给过渡期的社会利益秩序添加了不稳定因素。②

第四节　研究设计

社区研究的单位历经变迁，基本上是沿着"以小见大"这样一

---

① 由于涉及政府部门的维稳考评绩效，近几年的资料不方便透露，只能将较早时段的数据予以说明。

② 郑杭生、杨敏、向德平：《多元利益诉求统筹兼顾与社会管理创新——来自南海的"中国经验"》，华中科技大学出版社 2013 年版，第 23 页。

种轨迹来发展。中国传统乡村社会的社区研究，总是会把研究者的视野引到超越该社区范围的社会空间内，研究者虽然以小社区为研究对象，目光总是从小社区出发，投向从国家模式到市场体系，从权力架构到文化网络的视野。研究者相信，社区历史必须置于广阔的社会脉络中才能够解读；而没有小社区的研究，也很难对传统中的国家整合机制和社会变迁模式有深入的理解。[1] 将一个村落作为社区研究的单位进行研究，是一开始吴文藻先生比较推崇的做法，以后费孝通等人沿用了这一路径。如费孝通的《江村经济》、杨懋春的《一个中国村庄》、林耀华的《金翼》等优秀作品都是将村社区作为研究对象。吴毅的《小镇喧嚣》将基本的分析单元从"村"层面提升到"镇"的层面，并尝试性地提出了将"乡域"作为农村政治研究的新视点。[2] 而杨雪冬认为"县"才具有重新认识和分析中国的基础性地位，由此提出了"县域"研究的基本框架。[3]

一 分析单位

本书采用"县域"作为分析单位，理由如下：目前，中国正处于一个探寻新型城镇化模式的过程中，其中"县域"组织和制度建设无疑成为关键所在。[4] 其一，改革开放 30 多年来，中国经济持续增长，创造了令世人瞩目的中国奇迹。在对形成这一"奇迹"的诸多因素探讨中，"县际竞争"曾被看作促进增长的一大动力机制。[5] 其二，从历史上来看，封建王朝时期，县为最低一级的行政区划，

---

① 刘志伟：《边缘的中心——"沙田—民田"格局下的沙湾社区》，载黄宗智著《中国乡村研究》（第一辑），商务印书馆 1995 年版，第 32 页。

② 吴毅：《小镇喧嚣——一个乡镇政治运作的演绎与阐释》，生活·读书·新知三联书店 2007 年版。

③ 杨雪冬：《市场发育、社会生长和公共权力构建——以县为微观分析单位》，河南人民出版社 2002 年版。

④ 折晓叶：《县域政府治理模式的新变化》，《中国社会科学》2014 年第 1 期。

⑤ 张五常：《平生没有见过这么好的制度》，《南方周末》2008 年 9 月 11 日。

下设的行政单位不再命官，由有关分管官员选择民间"年高公正可任事者"或丁粮多者分别掌管。民国时期，县仍是最低一级行政区划，初沿清制；实行自治制度后，以县为自治单位，下设区、乡公所。换言之，"县域"才能被作为一个"地方"来看待，"地方自治体"一般而言都是指代"县域"的区域。其三，就分析单位的比较优势而言，将县作为分析单位，可以规避以社区、乡镇作为分析单位的一些弊端。将社区作为分析单位往往会受到宗族或家族关系的影响，"县域"的范围稀释了宗族势力的影响，可以在"县域"的范围内观察国家、社会与市场是如何互动的。其四，县是政治体系中"政治应力"最脆弱的部位，因为它是连接上层与基层、中央与地方、城市与乡村的"接点"。[①] 其五，县属于一种中观性单位。将县置于政治体制的整体性视角来看，它并不是整个体制的最低端，因此县不属于微观制度；县也不是宏观制度，因为其影响不是跨越区域的。这种中观性体现为两个方面：一是县拥有完整的政治行政功能，具有一定的人口和地理规模，可以完整反映出国家行为的一致性和制度的整体性；二是县处于国家与社会的交接面上，与市、省等其他更高层次的政治单位相比，县和微观社会组织的联系更为直接和密切，运行也更具有多样性。[②]

二　研究方法

本书作为"个案研究"，就不可避免面临"如何走出个案"的诘难。但是，"个案研究"并不是追求一种对于总体的认识，而是想通过对某个（或几个）案例的研究来达到对某一类现象的认识。由于研究对象的边界具有模糊性，没有办法从中抽离样本，因此也

---

① 徐勇：《县域治理研究述评》，《接点政治：农村群体性事件的县域分析——一个分析框架及以若干个案为例》，《华中师范大学学报》（人文社科版）2009 年第 6 期。

② 杨雪冬：《论县：对一个中观分析单位的分析》，《复旦政治学评论》2006 年 00 期。

就不存在统计性的代表性问题。① 卢晖临、李雷指出了4种"走出个案"的方法，即"超越个案的概括、个案中的概括、分析性概括以及扩展个案方法"4种主要处理方式。② 具体到本书，笔者拟用扩展个案法尝试走出"个案研究"局限性。扩展个案法是"一种个案研究中联结微观个案和外部制度结构、联结静态描述和动态过程的经典方法"；扩展个案法展现的是一种规范性描述与日常实践之间的矛盾，并在追溯这些矛盾时，不仅考虑内在的冲突，同时把宏观的权力结构、国家、世界历史背景等因素考虑进去。③ 与传统"个案研究"站在微观个案的基础上理解宏观因素对微观生活的影响的努力不同，扩展个案法是将社会处境当作经验考察的对象，从有关国家、经济、法律秩序等已有的一般概念和法则开始，去理解那些微观处境如何被宏大的结构所形塑，其逻辑是说明一般性的社会力量如何形塑和产生特定环境中的结果。扩展个案法所追求的并不是站在微观层面对于微观样态的细致入微的深入考察，而是站在宏观场景，居高临下地观察具体的日常生活。借助具体个案反映宏观因素，从而实现理论的重构与反思。当然，扩展个案法的运用首先需要在尊重个案本身的独特逻辑基础上，对其进行分析性概括，以此跳出个案本身，走向宏大场景。

将南海区作为本书的案例，除了它的先进性、典型性，矛盾与问题的先发性之外，还考虑到个案的稀有性。在笔者目力所及范围内，大多数的基层社区治理较为集中在中西部落后地区，而对于发达地区基层社区的关注则较少。据刘祖云的分析主要原因有两点：一是近年来研究村治问题的学者集中于华中地区，他们的理论志趣

---

① 王宁：《代表性还是典型性？——个案的属性与个案研究方法的逻辑基础》，《社会学研究》2002 年第 5 期。

② 卢晖临、李雪：《如何走出个案——从个案研究到扩展个案研究》，《中国社会科学》2007 年第 1 期。

③ 同上。

就会不自觉地投射到以华中地区为核心的中西部地区；二是经济欠发达地区所表现出的乡村社会的特征更为明显，而经济发达地区的乡村社会则往往带有一些现代城市社会的新特征。[①]此外，还源于研究开展的方便性。2011年7月，佛山市南海区区委区政府与华中师范大学共建"创新社会管理博士后研究基地"，华中师范大学负责选派优秀的博士生和硕士生进行驻地研究，对当地的社会建设与社会管理开展系统调研，提出政策建议。2011年10月14日，笔者有幸作为第一批驻地研究人员入驻南海区，从此以后，南海区便成了笔者的研究对象，前前后后3年时间，往返于南海与武汉两地，有时常驻、有时是短期调研，但关注的目光始终没有离开过南海区这片改革的热土。在此期间，受南海区不同政府部门的委托，进行了几十项关于社会建设方面的课题研究，收集了大量的文字材料，组织了不同层面的多场座谈会，也和不同人群进行了大量的深度访谈。也见证了南海区改革的艰辛、参与了一些政策的制定与最终的落地。对于南海区的社会建设有着较为深入的了解和思考。在资料收集方面，本书采用了参与式观察法和文献法相结合的方式。

此外，访谈法也是本书所主要使用的研究方法。访谈法的使用可以使双方围绕同一个问题，进行深入和广泛的讨论和交流，在这种交谈和讨论中，被访问者就有关的问题、事件、现象、历史、原因、结果，动机、行为、个人、他人及重大的社会环境等进行深入交流，可以为访问者提供许多不曾料到的想法，使之找到研究的新思路或提出新的研究问题。[②]

三　表述框架及行文思路

本书是一个关于基层社区治理的研究，"三元化社区"是表达

---

① 刘祖云：《关注发达地区的"乡村治理"》，《淮阴工学院学报》2014年第6期。
② 袁方、王汉生：《社会研究方法教程》，北京大学出版社1997年版，第272页。

的载体，利益群体与组织结构的关系是论证的视角，"倒城乡"是治理实践的场域。所回应的问题是：城乡关系剧烈变化所引发的一系列冲突是如何形成的，什么样的社区治理模式是适合"三元化社区"的。大体而言，本书着重想突出的是四个基本主题。

第一个主题是南海区独特的治理情境是如何形成的。20世纪90年代，南海区就以"土地入股"的方式进行投资，有力地解决了家庭联产责任承包制下的分散经营问题，促使南海区集体经济迸发出惊人的能量，吸引了大量的外来人口，颠覆了以往乡城流动方向，出现了由城到乡的逆向流动。

第二个主题是人民公社时期高度同质化的社员群体是如何一步步走向"三元化社区"治理阶段的。由人民公社的集体化向利益多元个体化过渡进程中群体的分化与策略性行动，并在户籍与村籍双重制度强化下，形成了"双重割裂""三分天下"的局面。

第三个主题是组织结构几经变迁为何总是落入路径依赖的窠臼。土地股份合作制解决了如何把收益保持在集体内部的问题，但是对集体体制的内核并没有做任何改造，致使产权不清。

第四个主题是利益群体与组织结构的张力如何产生，怎样消解。从人民公社时期到当今社区治理阶段群体与组织的不同关系及其内在机制，"三元化社区"治理张力的消解需要以多元化的组织方式应对多元化的社会结构和利益诉求。

本书共分为八章，其中第一章是提出问题和研究背景介绍等；第二章是理论基础及其分析框架；第三章、第四章、第五章、第六章、第七章是主体部分；第八章是结论部分。

第一章：导论。通过参与式观察发现经验与事实之间的悖论，提出了"三元化社区"这一研究问题，并对相关研究进行了回顾。介绍了个案的概况与选题意义，交代了本书的分析单位与研究方法。

第二章：理论基础及研究框架。通过在对现代化进程中社区治理模式的时序演变的文献梳理基础上，质疑了传统的"国家与社会"二元分析框架，在继承和批判"制度与生活"框架的基础上，尝试性地提出了"利益群体与组织结构"这一具有较强操作性的微观分析视野。

第三章："三元化社区"的治理情境。由于南海区独特的非农化路径，导致为南海藏富于村的现实情境。发达的村庄集体经济，为当地村民带来了可观的股份分红与丰厚的隐性福利，不仅使当地村民过上了"不劳而获"的富足生活，同时还吸引了大量的外来人口。大规模的人口流动颠覆了以往传统的"乡→城"流动趋向，出现"城→乡"的流动倾向。

第四章："三元化"利益群体形成。独特的"倒城乡"背景下，在户籍与村籍双重制度的强化下，个案地社区呈现出明显的"三元化"特征，即本地人一元、外地人一元、本村人一元。具体体现在分配制度、职业分布、利益诉求、消费观念、聚居方式、社会心理上，而"社区本位""集体特征"与"法出多门"等非正式制度的客观存在又强化和维系了"三元化社区"的存在和发展，从而也引发了一系列"三元化社区"的治理难题。

第五章："三元化社区"的外部紧张。来源于人民公社时期的制度遗存投射到当今南海区基层社区中，表现为政经不分的运行模式与政经混合的管理体制，引发了一系列问题。

第六章："三元化社区"的内在张力。"三元化社区"的内在张力在于利益群体分化与组织结构集中的内在矛盾，具体来讲，就是组织结构的更新滞后于利益群体的分化。

第七章："三元化社区"的治理策略。详细介绍了个案地区的探索与实践，为利益群体与组织结构分析框架提供了实践经验支持。从"政经混合"到"政经分离"的权利重塑是个案地区社区改革的核心思路，从个体对组织的依附逐渐过渡到组织为群体服务是个案地区未来社区发展的根本出路。

第八章：结论与讨论。传统的混合型社区治理模式不能够适应"三元化社区"的发展需求，需要重构分离型社区治理模式。（见图1—5）

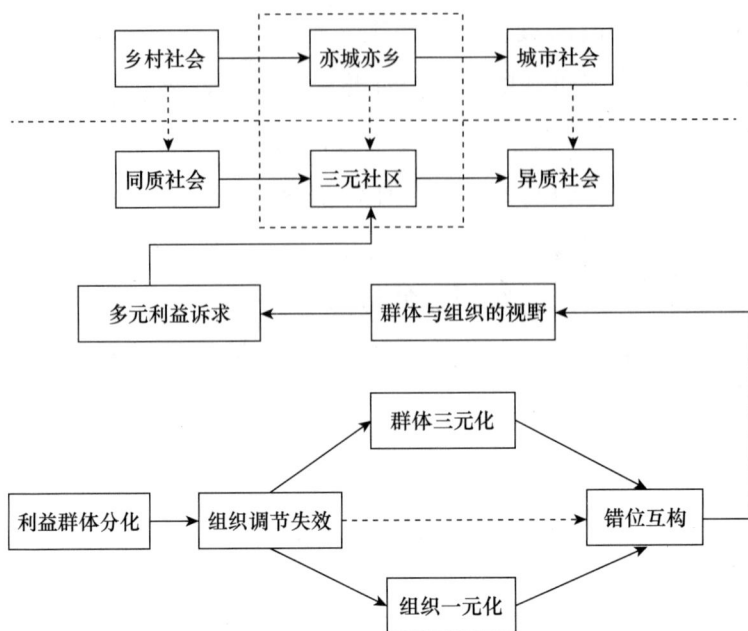

图1—5　行文思路图

第 二 章

理论基础及研究框架

如何借助现有理论，整合已有的分析框架，在此基础上提出本书的研究框架是本章需要回应的问题。在本章中，笔者系统梳理了当今社区治理的四类关涉问题，从而肯定了社区内部存在利益群体的判断；笔者还总结了导致社区变化的三种力量，验证了外部力量最终都是通过组织结构起作用这一假设。受社会结构紧张理论的启发，笔者用"利益群体与组织结构"替换了"文化价值与制度手段"，弥补了"国家与社会"太过宏观、"制度与生活"难以操作的不足。在此基础上，笔者又借鉴了治理理论中的"持续互动"的理念，将利益群体与组织结构在社区治理的场景中联通起来。

第一节　理论基础

一　社区治理理论

英语中的"治理"（governance）一词源于拉丁文与古希腊语，意指"操舵、驾驶、领路"之意。1989年世界银行在概括当时非洲的情形时，使用了"治理危机"一词，此后，"治理"迅速蔓延，特别是近20年，"治理"理论可以说是时下最为流行的政治思潮之一，被频繁地使用到各种语境中，甚至成为政策用语，在世界各国及联合国都广为使用和流传，对各国的社会科学界和政府的实践产生了巨大的影响。

（一）治理源流与兴起

"治理"概念的兴起则可以追溯到 20 世纪下半叶的西方国家。进入 20 世纪上半期，道格拉斯·诺斯（Douglass C. North）提出"国家悖论"，意指国家既是经济发展的动力，又是人为阻碍经济发展的根源。20 世纪 70 年代以来各国政府面临的管理危机事实上承认了过去由国家作为绝对力量进行各种事物协调的失败。西方发达国家推行的福利体制导致了国家权力的无限膨胀，政府成了超级保姆，广泛的社会保障制度使人们产生了普遍依赖，政府机构臃肿，效率低下。日益强盛的官僚机构垄断了公共事业，成为利益集团谋取利益的合法工具，从而破坏了国家主权，减弱了政府权威；此时，发展中国家正游离在两种极端之中，一种是社会解体，国家职能瘫痪，权威坍塌，新的合法性必须通过自上而下的彻底重建才能获得。另一种是独裁专政，依靠政治精英的铁腕来实行意识形态控制。20 世纪 80 年代，"里根—撒切尔新自由主义"施行的终结又宣告了市场调节的失败，使人们认识到市场在社会资源的配置中的无能为力，如果仅仅依靠市场的手段远远达不到经济学所推崇的"帕累托最优"。市场在限制垄断、提供公共物品、约束个人的极端自私行为、克服生产的无政府状态、统计成本等方面存在着天然的缺陷，单纯的市场手段并不能实现社会资源的最佳配置。① 无论是发达国家还是发展中国家都产生了深深的治理危机，在此背景下，越来越多的人尝试引入治理理念回应市场和国家协调的失败。② 一种寻求集权与分权结合、政府与市场合作、上下衔接的治理观在不

---

① 俞可平：《治理与善治》，中国社会科学文献出版社 2000 年版，第 7 页。

② ［英］鲍勃·杰索普：《治理的兴起及其失败的风险：以经济发展为例的论述》，《国际社会科学》（中文版）1999 年第 2 期。

断的酝酿中逐渐形成。随着市场经济迅速发展，科学技术日新月异，利益格局趋向多元，个体化意识日益增强。面对突如其来的经济社会"大转型"，各个国家出现了不同程度的"政府失灵"与"市场失灵"，并直接导致了现代国家的"合法性危机"① 作为应对现时社会问题和风险的重要方式——"治理"随之应运而生。

20 世纪 80 年代，国内学术界有关治理的讨论并不频繁，真正的讨论开始于 20 世纪初，近年来，国内学术界也开始使用"治理"概念。"治理"本身是一个具有延展性的名词，从"公司治理"到"公共领域治理"的拓展就充分说明了这一点。关于"治理"的定义，可谓仁者见仁，智者见智。在关于"治理"的若干定义中，现在普遍比较认可的是全球治理委员会的定义，该委员会于 1995 年发表了题为《天涯若比邻》（*Our Global Neighorhood*）的研究报告，并在该报告中对"治理"做出如下界定："治理是公共机构和私人机构共同管理事务诸多方式的总和，他们对于相互冲突和利益矛盾更倾向于采取持续的互动协商方式进行调和，这一过程既包括强制性的正式制度和规则，亦包括非正式的同意权力制度安排。'治理'具有鲜明的特征，即'治理'并不是一整套文本规则，也不是一种运动型的治理活动，而是一个不间断的协调过程；治理过程的基础不是通过自上而下所实现的控制，而是自上而下与自下而上双向互动式的协调；'治理'并不是政府和私人单一主体的独有事务，而是涉及公共部门和私人部门的共同事务。"②

（二）治理理论主要内容

治理理论的主要创始人之一詹姆斯·罗西瑙（James N. Rosenau）认为，"治理不仅是一种管理机制，也是一种管理活

---

① 由德国学者哈贝马斯提出，指晚期资本主义的价值危机。这种危机因为没有触及资本主义的经济制度，因而是一种合法性危机，不具有阶级斗争性质，不会导致资本主义制度崩溃，也称作正当性危机。

② 俞可平：《治理与善治》，社会科学文献出版社 2000 年版，第 33 页。

动。这些活动的开展并不需要国家主体的正式授权，也不依靠国家的强制力量达成目的。① 这既包括有权迫使人们服从的正式制度和规则，也包括各种人们同意或以为符合其利益的非正式的制度安排。治理作为一种理论，主要包含 5 种观点。这 5 种观点分别是：①权力多中心。治理意味着政府并不是国家唯一的权力中心，无论是公共的还是私人的机构只要获得了公众的认可和承认，都可以成为各自不同层面的权力中心。②边界模糊。在这个框架下，国家正在把原先由政府承担的责任转移到社会，而这一过程将会持续较长一段时间，因此，国家与社会、公共部门与私人部门之间的界限和责任将变得越来越模糊。③权力依赖。所谓权力依赖就是指，治理目的的达成需要不同类型的组织之间交换资源、谈判共同的目标，交换的结果不仅取决于各个参与者的资源多寡，同时也取决于游戏规则以及进行交换的环境。④自主自治。每一个治理主体在各自的特定领域中都有自主决断的权威和能力，它与政府进行合作，分担政府的行政管理责任。⑤政府新职责。治理理论认定，办好事情不在于政府下命令或运用其权威。政府可以动用新的工具和技术来控制和指引，赋予其他主体以权威，而政府的职能和责任均在于此，这也是政府在治理背景下新的职能所在。② 综上可以看出，"当代中国的社会治理，就是要在承认个性化、多元化的基础上，通过互动和调和——沟通、对话、谈判、协商、妥协、让步——整合起各社会阶层、各社会群体都能接受的社会整体利益，最终形成各方都必须遵守的社会契约"③。

（三）治理理论启示及其缺憾

治理理论的主要价值在于发现了市场和政府之外的"第三只

---

① 全球治理委员会：《我们的全球伙伴关系》，牛津大学出版社 1995 年版，第 23 页。

② ［英］格里·斯托克、华夏风：《作为理论的治理：五个论点》，《国际社会科学》（中文版）1999 年第 1 期。

③ 唐钧：《社会治理的四个特征》，《北京日报》2015 年 3 月 3 日。

手"，将社会重新带回到公共决策的过程中。同时，治理对于国家与社会互动的强调，也决定了各种代理者尽量采取协商的方式制定政策。相比较传统的治理模式而言，这种治理模式更加适应社会的发展环境，既肯定了政策制定中的纵横协调，也没有排斥多元统一。① 然而，治理并不是万能的，治理强调横向协调及伙伴关系、协商、规范，但对于局部政策管辖之外的问题则缺乏周全的考虑，换言之，治理理论只能将研究对象集中于小规模的公共池塘资源，对于命题成立的制度环境却爱莫能助。此外，治理的核心之点在于过程的协调性，过度依赖谈判与反思加以调整，这更是治理理论自身无法克服的致命缺陷，因为组织治理存在着不可逾越的连接问题，随着加入组织的人越来越多，信任就成为一个尖锐的问题。"各个组织要做到内部既有凝聚力又有适应性已经不易，又要使各自的运作保持统一和独立，同时又要与其他组织在物质、社会和时空多方面互相依赖、和谐共存，就更加困难。跨越体制边界建立的合伙组织还要遇到另外的困难，因为不同体制各有其独特运作逻辑，而不同逻辑的体制难以相互协调。"② 此外，还需要清醒地意识到，西方话语与中国本土的契合问题，治理理论是在西方发达国家遭遇到"政府失灵"和"市场失灵"时兴起的，而在中国面对的却是市场机制不健全、法律法规不完善等。治理在西方更多强调的是多元治理主体的平等问题，政府与其他治理主体是平等的，甚至是弱势的，这一点在中国也是不现实的，政府仍然是社区治理中最重要的主体。

（四）社区治理：治理理论的社区实践

党的十八届三中全会明确提出，"推进国家治理体系和治理能

---

① 吴志成、潘超：《全球化视阈中的治理理论分析》，《理论探讨》2006 年第 1 期。

② ［英］鲍勃·杰索普：《治理的兴起及其失败的风险：以经济发展为例的论述》，《国际社会科学杂志》（中文版）1999 年第 1 期。

力现代化",作为国家治理体系的重要组成部分,社会治理是国家治理能力的在社会领域的重要体现。社会治理概念的提出,首先反映了一种新的理念,它强调政府、市场与社会三者的良性互动;其次,"社会治理"要求通过社会组织化实现一种新的社会权力分布格局;最后,社会治理还要求以社会系统组织整合理论看待问题,改变片面强调整体利益而漠视公民个人利益的偏差。社区治理是治理理论在社区层面的实践,治理理论至少在以下方面对社区治理进行了启发:从权力配置的角度看,"根据国际环境的发展和各国政府改革的效果,通过对社会管理过程中权力格局的分析与判断,对社会管理过程和模式进行的创新"①。从治理过程与目标而言,"合理分配社会财富、维护社会公正、化解社会矛盾、保证社会秩序和社会稳定"②。"治理理论已经遍布全球,正在逐步形成一个蔚为壮观的治理理论体系和实践系统,但是,社区治理在整个治理理论中所得到的关注还很小,相应的论述并不多,社区治理与全球、国家治理一样,都是十分重要的工作。"③ 胡钦森(Mike Richardson)将社区治理视为治理的灵魂工作,是地方与全球区域联系的纽带,正是由于社区治理的缺失带来越来越缺少安全性并导致碎裂化。④ 库依曼(Jan Kooiman)同样指出,社区治理为政府、私人部门、志愿者组织和社区关系的改进提供了智力支持,以应对越来越复杂、不断变化和多样化的世界。⑤ 按照夏建中的定义,"社区治理就是在接近居民生活的多层次复合的社区内,依托于政府组织、民营组织、社会组织和居民自治组织以及个人等各种网络体系,应对社区

---

① 孙晓莉:《西方国家政府社会治理的理念及其启示》,《社会科学研究》2005 年第 2 期。

② 卢汉龙:《中国城市社区的治理模式》,《上海行政学院学报》2004 年第 1 期。

③ 夏建中:《治理理论的特点与社区治理研究》,《黑龙江社会科学》2010 年第 2 期。

④ Mike Richardson:community governance:resource kit, Christchurch city council paper, 1999 (12).

⑤ Helen Sullivan. Modernization, democratization community governance, local government studies, 2001 (27).

内的公共问题，共同完成和实现社区社会事务管理和公共服务的过程"。① 社区治理的主体在国外主要是居民自治组织、私人机构、公司与个人等民间性质的组织或个人；在我们国家，社区治理仍然离不开政府的派出机构，具体包括党组织、政府在社区的派驻组织——居委会、专业社团、物业服务公司、个人等；社区治理的目的是为社区居民提供公共产品，既包括物质的公共产品，也包括非物质的公共产品。非物质的公共产品主要是指社区社会资本的建构；社区治理的方式是通过建立更多的横向结构，鼓励社区居民合作、自治、参与社区治理当中来。

二 社会结构紧张理论

20 世纪中期以后，美国社会学家默顿（R. K. Robert King Merton）在汲取埃米尔·涂尔干"失范社会学"理论营养的前提下，提出了"社会结构紧张理论"。紧张理论从更大的社会结构上解释犯罪，认为犯罪率受社会结构的影响，之所以选择犯罪是因为行为人无法通过合法手段取得社会规范所定立的成功目标从而产生沮丧和气氛情绪（紧张的产物）。他试图用"结构紧张"解释"社会结构是怎样对社会中的某些人产生明确的压力，使其产生非遵从行为"②。并在这一概念的基础上建构了"文化目标"与"制度手段"分析框架，文化目标是指任何社会的文化都会确立符合社会规范的价值目标，引导、鼓励其社会成员为之奋斗；制度手段是指为了达到文化目标，采取的行动必须是社会结构所认可的合法行动。默顿认为，当社会结构下认定的合理目标在正规的制度化手段下无法取得时，社会群体之间的关系就会处于张力之中，这也预示着社会的冲突状态形成，社会问题和社会危机的形成多源于此。文化目标的

---

① 夏建中：《治理理论的特点与社区治理研究》，《黑龙江社会科学》2010 年第 2 期。

② ［美］默顿：《社会理论和社会结构》，唐少杰等译，译林出版社 2008 年版，第 224 页。

确立和社会认为合法，对于社会结构来讲是至关重要的，而获取目标的手段、方法的选择范围则受到制度化规范的限制。[1] 在默顿看来，涂尔干所言的价值目标并不是与生俱来的，而是后天逐渐养成的，主要来源于社会主流文化对社会个体的灌输和塑造。不同的国家和地区，对于文化目标的趋向是不同的，甚至是相左的，比如美国把追求金钱的成功视为美国文化的一个重要主题，该文化主题认为每个人不论其地位如何都有可能取得金钱上的成功，为成功而奋斗是每个人义不容辞的责任。正是在此文化背景下，在很多情况下，来自失败的威胁促使人们采取那些违反法律、不合习俗但能带来"成功"的手段。[2]

紧张理论预设了社会结构决定社会资源，更为具体的解释是社会结构中特定位置的处境决定了某些特定的制度性手段，一旦脱离了这个位置，则不具有这种资源性手段。因此，社会结构规定和制约这些处于社会结构特定位置中个人或群体价值目标的实现，对于特定位置中的个体和群体具有决定性的作用。[3] 因此，社会结构是首要的，制度性手段是次要的，社会结构对制度性手段具有决定性，对价值目标具有根本性。基于此，我们可以认为在一个平稳和固化的社会里，结构与目标一定是相互匹配的，即社会结构支撑价值目标，价值目标则合理化制度性手段和社会结构。

第二节 理论基础拓展

社区作为一个类型学的概念由德国著名社会学家斐迪南·滕尼

---

[1] 谢立中：《西方社会学名著提要》，江西人民出版社 2008 年版，第 183 页。

[2] ［美］默顿：《社会理论和社会结构》，唐少杰等译，译林出版社 2008 年版，第 234 页。

[3] 杨华：《"结构—价值"变动的错位互构：理解南方农村自杀潮的一个框架》，《开放时代》2013 年第 6 期。

斯（Ferdinand Tönnies）在其成名作《共同体与社会》中首次提出，不同于建立在理性之上的社会，血缘、地缘、情感和自然意志这些富有人情味和认同感的特质包含在社区之中。① 作为"社区"概念的开拓者，滕尼斯（Ferdinand Tönnies）对于社区的论述影响深远，直至今日。在《共同体与社会》一书中，滕尼斯将"社区"与"社会"并列，应用二分法的分析范式，对于社区这一"共同体"进行了深刻而系统的阐释。滕尼斯认为"社区是一种持久和真正的共同生活，而社会只不过是一种暂时的和表面的共同生活"。

一 国外社区变化的两种对峙观点

就学术脉络而言，社区变化具有两条理论脉系。其一，是"社区消溃论"。具体而言，西方社会在工业化和城镇化的进程中，带有理想主义情怀和浪漫主义色彩的社区共同体逐步沦陷，社会生活方式的急剧变化会导致社区存在基础的消解。其二，是"社区存续说"。不同于滕尼斯在19世纪80年代提出的"社区消亡"一说，芝加哥学派于20世纪30年代在新兴的大城市中发现了新的社区，认为城镇化并没有导致城市社区的衰败或消失，而是社区意识培育和社区精神的重塑才是当务之急。当然，芝加哥学派的所谓社区已经脱离了滕尼斯提出的社区本意，从而开启了社区研究的新阶段。

（一）社区消溃论

社区消溃论观点的理论渊源可以追溯到滕尼斯（Ferdinand Tönnies）、迪尔凯姆（Émile Durkheim,）、格奥尔格·齐美尔（Georg Simmel）和马克斯·韦伯（Max Weber）等古典社会学家。尽管他们的思想存在许多重要差异，但是我们仍然可以透过表面纷杂的论述来归纳出明显的相同点，即前工业社会中，同质性较强的

---

① 向德平、高飞：《社区参与的困境与出路——以社区参事会的制度化尝试为例》，《北京社会科学》2013年第6期。

人群，他们的思想和行为趋于一致，容易认同和获取共同的社会群体。恰恰相反，城市社会因为社会分异，导致了人们生活方式、价值和抱负的不同，因此不容易获取像家庭、朋友那样亲密的首属关系，社会认同感将因此而遭到削弱，其结果是使社区的存在失去应有的基础。① 在滕尼斯的笔下充满着对社区生活的憧憬和向往，也充斥着对社会生活的厌恶和鄙弃。人们从出生之时就与共同体里的伙伴休戚与共，同甘共苦。人们走进社会就如同走进他乡异国。② 秦晖对于滕尼斯所提倡的社区"共同体"有过精当的概括，"共同体"就是与生俱来，以整体为出发点自然形成的，而"社会"则是有目的的人群的聚集，是以个人为出发点联合而成的。相比于小范围的"共同体"，"社会"的整合范围要大得多。"共同体"是一种古老的、传统的象征，而"社会"则是新兴的、现代的代名词。③ 虽然滕尼斯的"共同体"着重强调人们结成的亲密关系及其相互认同模式，未对共同体的组织结构及其制度因素进行分析，但是不失为一个分析社区变迁的重要范式，为后人提供了有用的思想资源。

在滕尼斯提出社会与社区二元并列范式之后，美国学者沃斯（Wirth Louis）对此进行了系统研究，同时产生了较为深远的影响。沃斯认为"城市的本质是由异质性的个人组成的、较大规模、较高密度和永久性的聚落"④。他第一次明确了人口异质性增加、人口规模扩大和人口密度是城市化导致的最终结果。这些因素的影响直接体现在个人与社会两个层面上。就个人来讲，大规模、高密度和多

---

① 程玉申、周敏：《国外有关城市社区的研究述评》，《社会学研究》1998 年第 4 期。

② ［德］斐迪南·滕尼斯：《共同体与社会——纯粹社会学的基本概念》，林荣远译，商务印书馆 1999 年版，第 52 页。

③ 秦晖：《共同体、社会大共同体：评滕尼斯的〈共同体与社会〉》，《书屋》2002 年第 2 期。

④ Wirth, L., Urbanism as a Way of Life, in Hatt, P. & Reiss, A. J. Jr.（eds.）（1957），Cities and Society, Glen-coe: The Free Press, 1938. p. 46.

样化的城市环境决定了人们选择的唯一性，个体的主观能动性被各种社会规范所压抑，在适应行为过程中出现人际关系的淡化、相处境遇的冷淡、粗暴和不讲人情。沃斯的城镇化理论与上述几位古典学者暗合，他们的共同之处是：城镇化引起的城市社会生活方式的变革将会动摇甚至摧毁城市社区的存在基础。美好的东西往往是难以实现的，滕尼斯憧憬中的社区共同体注定是要消亡的。据此，这种观点被一些西方学者称为"社区消溃论"。①

（二）社区存续论

不同于滕尼斯在 19 世纪 80 年代提出的"社区消溃"一说，芝加哥学派于 20 世纪 30 年代在新兴的大城市中发现了新的社区，开启了城市研究的新阶段。20 世纪 60 年代以来，对"社区消溃论"的批判性评价已经成为许多研究非常热衷的一个趋向，"社区消溃论"已逐渐被社区存续论所取代。这方面的主要代表人物包括艾米尔·费歇尔（Fischer，C. S.）、斯塔塞（Stacey，M.）、帕克（Robert Ezra Park）、甘斯（Gans，H. J.）等。

作为芝加哥学派的领军人物，帕克明确了社区的概念，社区就是一定地域上人群的聚集，当然也是组织制度的汇集，社区与其他社会集群最终的决定性区别是组织制度，而非人群。② 芝加哥学派的社区与滕尼斯时代的社区相比，增加了地域性的特征，更加强调组织制度对于社区的重要性，降低了对于社区同质性的要求。这实际上，就是开阔了社区研究的视野，将现代社会组织、制度要素等纳入了社区的研究和理解。甘斯通过个案研究，发现了"都市村庄"这种特殊的聚落形态。这种聚落形态中的许多组织间的互动并非沃斯所称的首属关系，而是"准首属关系"，甘斯认为这种形态

---

① Wellman，B.，The Community Question，American Journal of Sociology，1979. Vol. 84，1201 – 1231.

② ［美］帕克：《城市社会学：芝加哥学派城市研究》，宋俊玲、郑也夫译，商务印书馆 2012 年版，第 104 页。

十分普遍，内聚性和认同感的"都市村庄"并不是以地域来划分的，而是发达国家和发展中国家的城市中所共有的。[①] 萨脱斯（Suttles）等人的研究也为甘斯的论断提供了坚实的论据。他们认为大范围的社会变迁并没有造成城市社区的衰落，因为城市社区可以通过"住户缓冲大规模力量的影响并使自己成为提供相互帮助和居民介入外部世界的安全基地"。[②] 斯塔塞和艾米尔·费歇尔的研究，在此基础上向前推进了一步，通过对比工人阶级和郊区社区，发现不同类型社区在成因上的显著差异。工人阶级类型社区稳定性和持久性是其形成的重要因素，相对稳态的工人阶级社区，较少的流动性有助于强化亲属间的垂直联系和朋友间的水平联系，持久的共同经历可以在情感上产生共鸣，在目的上趋于一致。[③] 对郊区社区而言，远离城市中心位置的距离阻隔了郊区与城市区的交往，迫使人们开始进行地方性接触。而郊区社区的人口大多来自不同地域，在新的社区中具有结交新朋友的渴望，由于郊区社区的均质性较强，又为郊区居民对社会和闲暇活动具有类似的偏好奠定了基础。[④]

虽然城镇化一般会导致社区人际关系及社会支持网络的自然外移，"互动角色片面化和社会网络扩大化倾向已经在一定程度上制约着城市特别是郊区社区联系的强度和覆盖面"。[⑤] 虽然出现某种程度上国外所谓的"社区消溃"现象，但是我国的社区具备发达国家的社区从未具备的三种功能：一是我国社区目前已经成为居民社会事务的办理中心；二是我国的社区在实践中充当联结居民、政府、社会三者的中介角色；三是我国的社区正在成为居民的生活交往中

---

① Gans, H. J, *The Urban Villagers*, New York: Free Press, 1962.
② 程玉申、周敏：《国外有关城市社区的研究述评》，《社会学研究》1998 年第 4 期。
③ Stacey, The Myth of Community Studies, *British Journal of Sociology*, 1969. Vol. 20, p. 134.
④ Fischer, C. S, *The Urban Experience*, New York: Harcourt. 1976.
⑤ 程玉申、周敏：《国外有关城市社区的研究述评》，《社会学研究》1998 年第 4 期。

心，老旧居民区、村改居社区内部更是具有很强的人际关系，新型商住型社区也有建设社会生活共同体的居民需求。[①] 芝加哥学派的社区存续与滕尼斯、沃斯的社区消溃形成了鲜明的对比，尽管芝加哥学派的几位学者通过大量研究，证明了城镇化引起的社会变迁并没有导致社区的衰败或消失，但这并不意味着对沃斯理论的全盘否定。事实上，芝加哥学派在借鉴沃斯理论资源的同时，对于滕尼斯意义上的社区进行了再发现与再界定，将滕尼斯使用的"genein-schaft"译为"community"，因此逐渐开始脱离滕尼斯社区的本意。事实上，人们更渴望认同而排斥个体化和社会原子化。如曼纽尔·卡斯特（Manuel Castells）在其《认同的力量》一书中描述的那样，拒绝个体化和原子化的人们总是在文化认同的共同体中聚集到一起。这种情况也表明，与其说社区消溃或社区存续，毋宁说是社区的转变，即从传统社区或俗民社会向"有限责任社区"转变。在这种情况下，重塑社区精神、培育社区意识成为促进社区持续运行的当务之急。

二　当今社区治理的四类关涉问题

由于中国社会的利益结构正处于加速分化期，各利益群体之间的关系不断疏离，多元利益诉求的需求性与刚性制度的回应性矛盾愈演愈烈。很难像以往一样用一种或者几种模式将其囊括，概言之，当今社区治理中的核心问题包括以下几类：

（一）经典社会学意义上的社区共同体开始消解

经典社会学意义上的中国社区研究滥觞于费孝通的经典性概念"差序格局"以及对于中国社会性质的"熟人社会"判定。熟人社会是讲求"礼治"与"无法"的社会，"我们大家是熟人，打个招

---

① 毛丹：《英语世界中的乡村转型研究》，《社会学研究》2014 年第 1 期。

呼就是了，还用得着多说吗?"此后的相关研究，大多没有脱离费孝通提出的"熟人社会"中的"差序格局"的概念范围或是直接借用后再解释或是加以衍生与扩展。如，李沛良通过对香港社会的观察，衍生出"工具性差序格局"概念,[①] 孙立平从资源配置的视角出发对"差序格局"进行了新构，认为"差序格局"事实上是一种资源配置的格局或者模式。[②] 社会原子化危机的实质是当个体直接面对组织化的权力时表现出的精神上的无助以及思想上的混乱，还有个体之间缺乏共识的集体行动的资源和能力。[③] 细究其原因是，转型期的中国社会在单位制走向消解的背景下，出现了人际关系疏松化、社会纽带松弛、个人与公共世界疏离等现象。

当下的中国乡村正经历着剧烈的社会变迁，原有的城乡二元结构正在弱化，甚至一定程度上可以说正在趋于瓦解。特别是在户籍制度已经改革的今天，个体流动性不断增强，也"呈现出生活方式城镇化、人际关系理性化、社会关联'非共同体化'和村庄公共权威衰弱化等诸多特征。乡村社会的一切正在被重塑，它或被迫或自发地向现代社会迈进"[④]。"熟人社会"也因为个体的原子化、社会关系的去伦理化而成为"半熟人社会"。[⑤] 面对发生了巨大变迁的乡村社会现实，学者们对"差序格局"概念进行了大量的修补，出现了"差序格局理性化趋势"。[⑥]

（二）社区出现阶层化趋势

所谓社区阶层化就是指社区居民向单一社会阶层集中的过程，

① 李沛良：《香港的社会发展与社会学研究》，《社会学研究》1994 年第 4 期。
② 孙立平：《"关系"、社会关系与结构》，《社会学研究》1996 年第 5 期。
③ 田毅鹏、吕方：《社会原子化：理论谱系及其问题表达》，《天津社会科学》2010 年第 5期。
④ 陈柏峰：《熟人社会：村庄秩序机制的理想型探究》，《社会》2011 年第 1 期。
⑤ 贺雪峰：《半熟人社会》，《开放时代》2002 年第 1 期。
⑥ 杨善华、侯红蕊：《血缘、姻缘、亲情与利益——现阶段中国农村社会中"差序格局"的"理性化"趋势》，《宁夏社会科学》1999 年第 6 期。

社区居住分异产生了社会距离，又逐步成为一种区隔。随着城镇化进程的不断加速，阶层分化已经从全国范围逐渐进入一个城市甚至一个社区当中。不同的经济收入决定了不同的收入阶层，而不同的收入阶层自然会选择不同价位的住宅。社会流动的增加与住房的商品化助力，使阶层型社区不断涌现。徐晓军通过对两类不同类型的社区调研发现，随着社会转型的快速推进，无论是新型的商品房住宅区还是自然型社区，都呈现出社区阶层化的雏形。[①]

　　城市社区的阶层化成为较多学者的共识性问题，相对而言，农村社区的阶层化问题并没有得到足够的重视。中国 30 多年的市场经济转型的实践，带动了城镇化的发展。在城镇化的过程中，城市的外延不断扩大，农村的面貌被彻底改变。城市发展将农村的土地纳入了建设规划的蓝图，这种因城镇扩张而纳入都市行政体系的农村，学者们称之为"城中村"，或人类学家称之为"农村隔离区"。[②] 在"城中村"社区中，阶层分化表现得更为强烈与明显。一方面，城中村的农民因为失去土地，缺乏专业技术与其他谋生技能，难以在城市中就业。另一方面，村民在失去土地的同时，得到了一笔可观的补偿款与安置房，还可以将多余房间或原有的农村宅基地老旧房舍出租给外来人口，转变为房东，依赖房租而活。随着都市的扩张，土地供应不足造成地价暴涨，农村作为集体土地所有者，趁此机会发展租赁事业获取暴利，成为农村财政收入的主要来源，不仅支付村的行政开支，还可以以红利形式给村民生活津贴、医疗保健、养老津贴以及其他社会福利与救助。显然，城中村农民除个人房租收入外，同时享有村集体资产衍生的集体租金。城中村村民在经济转型中俨然从身份标识群体变成农民收租阶级，不仅寻

[①]　徐晓军：《论我国社区的阶层化趋势》，《社会科学》2000 年第 2 期。

[②]　Siu, Helen F: Grounding Displacement: Uncivil Urban Spaces in Post-reformSouth China. *American Ethnologist*, 2007. 34（2）.

求租金最大化，而且在强大阶级意识下组织集体行动，维护阶级共同利益。①

（三）社区成员的空间认同减弱，横向网络联系增强

随着现代社会流动性的与日俱增，社区成员在一个地方生活终老的可能性越来越小。以往对于"家园""故土"的认同开始逐渐衰减，虽然衣锦还乡、回馈桑梓仍然是大多数社区成员背井离乡的原初动力，但是不得不承认对于"家乡"这一空间的认同正在慢慢减弱，与此同时，社区成员之间更加注重横向的网络联系。

谭同学分析了湖南新化的数码快印因何席卷全国，所依靠的不是高超的技术和现代化的管理，而是将亲缘与地缘关系嵌入市场，从而证伪了"市场的发育一定需要完全自由的、具有'新教伦理'的个人"。在面对社会经济在何种条件下变得可能这一更深层次的追问时，谭同学认为，只有亲缘和地缘关系网络密度超越了纯粹"私"的目标，建立起以公共性为主的社会目标之时，方可能具备克服纯粹市场逻辑的条件与意义。② 归根结底，纯粹市场与公共性社会目标契合的可能性，正是转型社会普遍面临的困局。"他们构成的张力、悖论，与其说是经济发展模式选择上的，或者说是儒家文化（文明）与现代市场之间的，不如说是转型时代社会内部本身的张力、悖论。"③ 一言以蔽之，想要变革市场，就必先重建社会。夏循祥用人类学的叙事方式讲述了湖北省监利县毛市镇馒头的故事，"两湖两广东北浙江，毛市馒头名震八方"。夏循祥发现，毛市镇馒头产业做大做强的背后并不是各种各样的制度、框架的设计，而是被他称为"酵母"的社会关系，馒头经济网络实际上是一种原

---

① 刘雅灵：《中国都市化过程中新兴的"农民收租阶级"——温州与无锡"城中村"的转型路径、集体抗争与福利政策》，《台湾社会学》2009 年第 18 期。

② 谭同学：《亲缘、地缘与市场的互嵌——社会经济视角下的新化数码快印业研究》，《开放时代》2012 年第 6 期。

③ 同上。

始的"斯密型"动力，社会关系成为社会经济的一个主要"酵母"。① 郑莉描述了马来西亚芙蓉坡兴化人的故事，同乡同业使兴化人在海外结伴生存。她认为，"芙蓉坡兴化人的移民过程和聚居形态，始终受到原籍村社和家族关系的制约，而他们的生计模式和经营策略，也是尽可能利用同乡、同族、姻亲和师徒关系，建构以分工协作为基础的商业网络"。同乡同业这种独特的商业网络，必须建立在可靠的私人企业之间，这时候私人企业之间的信用关系就显得特别重要，而这种信用关系主要依托于乡土社会文化网络。② 吴重庆总结沿海偏僻的乡村——孙村兴起遍及全国的金银首饰加工业的成功之道，他认为依托乡土社会网络，以"同乡同业"形式，实现了行业生产要素的在地集结，是孙村成功的关键。孙村打金业的兴盛体现出经济与社会互嵌的"社会经济"特征。③

上述个案印证了农民积极运用本土社会网络在远离家乡的广大城镇可以取得经商成功的观点。同乡关系的形成可以凭借快捷的行业信息沟通及融资，击败竞争者。应该说，农民离土离乡，社会资本与社区共同体不见得就会流失和衰落，相反，"可能因为在同乡同业间互动机会及互惠需求的增加而加速了社会资本的运作，并使乡土社会资本增量"④。

（四）国家政治动员能力减弱，社区出现群体身份分化和抗争

杜赞奇在《文化、权力与国家——1900—1942 年的华北农村》一书中提到的"国家政权建设"和"文化的权力网络"这两个贯穿全书的核心概念，主要探讨了"国家政权内卷化"和国家与乡村

---

① 夏循祥：《作为酵母的社会关系——一个被馒头改变的乡镇》，《开放时代》2012 年第 2 期。

② 郑莉：《东南亚华人的同乡同业传统——以马来西亚芙蓉坡兴化人为例》，《开放时代》2014 年第 1 期。

③ 吴重庆：《"界外"：中国乡村"空心化"的反向运动》，《开放时代》2014 年第 1 期。

④ 吴重庆：《农村空心化背景下的儒学"下乡"》，《文化纵横》2012 年第 2 期。

连接机制的变异问题，杜赞奇称这种变异为"保护型经纪"向"赢利型经纪"的变化。①

赵文词（R. Madsen）认为，除了国家本身也深受中国社会尤其是传统中国社会中的文化影响之外，社会也会被国家所改造。②许慧文（S. Vivienne）认为国家与农村社会并不是一个单向的同化和倾轧过程，而是一个逐渐重塑对方的过程，这一过程的发生当然是在中国乡村社会结构的演变中实现和完成的。③戴慕珍（Jean. C. Oi）认为与其过度关注国家社会之间的力量消长，倒不如更多讨论二者之间的互动方式。弗里曼（Edward Friedman）、毕克伟、赛尔登所著的《中国乡村——社会主义国家》，揭示了集体化时期农村干部的权力基础并不是国家赋予的，而是来自传统的文化观念、亲戚与个人关系网、宗族等地方因素构成的农村权力基础。④

萧楼和王小军通过对杜西村和杜东村两个村落的研究，认为国家在不断地塑造着村庄，一如村庄在不断地塑造着国家，两者之间是一种互构的关系。国家仍试图改造农民传统的生活理念却无力安排村民的一切政治、经济生活，各路精英均设法援引国家权力证明自己行为的合法性，国家权力和村治精英在体制外仍进行着利益博弈。⑤正如斯科特（James C. Scott）在分析东南亚农民的行为时，指出他们往往会尽量避免直接的、象征性的反抗，以偷懒、怠工、装糊涂、"开小差"、假装顺从、装傻卖呆等非正式的方式和手段来

---

① 吴毅：《村治变迁中的权威与秩序》，中国社会科学出版社 2002 年版。

② R. Madsen，*Morality and Power in a Chinese Village.* CA：University of California Press，1984.

③ S. Vivienne，The Reach of the State：Sketches of the chinese Boby Politics. Stanford University Press，1988.

④ ［美］弗里曼、毕克伟、赛尔登：《中国乡村——社会主义国家》，陶鹤山译，社会科学文献出版社 2002 年版。

⑤ 萧楼、王小军：《互构村庄：权力转换机制与村庄治理结构——一个农村政治学研究的分析性框架》，《开放时代》2001 年第 3 期。

对抗权威，通常表现为"心照不宣的理解"和"个体的自助形式"，而这样的方式恰恰是长期以来最有意义、最有效果的"弱者的武器"。[①] 贺雪峰、仝志辉指出，乡村干部的短期行为是导致当前农村严峻局面的重要原因，在村民因为缺乏一致行动不能阻止乡村干部不合理的行为时，乡村组织就会以牺牲乡村社会的未来发展换取自己的短期利益。[②]

三　导致社区变化的三种力量

就学术脉络而言，社区变化具有两条理论脉系。其一，是"由外而内"论。具体而言，国家权力通过基层妄图实现对个体的有效控制，结果适得其反，破坏了"地方自治体"，乡村社会的"地方性知识"也相继失去了约束的效力，乡村精英产生变异。其二，是"自内向外"说。在西方现代性进程中和市场经济的冲击下，乡村社区的传统共同体开始解体，旧有的秩序纽带开始松动，而利益纽带尚未建立，乡村社会关系产生了"原子化"倾向，而国家、市场和社会，他们之间存在相互分工、相互依存、相互支撑的关系，他们三者之间的力量对比的强弱直接决定了基层社会的治理形态。

（一）国家重回基层

在《中国文化要义》中，梁漱溟提到一个观点：中国近代以前的"国"只是一个文化共同体而不是一个真正意义上的民族国家。建立现代国家也是中国近代以来最重要的任务。[③] 人民公社制度解

---

① ［美］詹姆斯·C. 斯科特：《农民的道义经济学：东南亚的反叛与生存》，程立显、刘建等译，译林出版社 2001 年版。

② 贺雪峰、仝志辉：《论村庄社会关联——兼论村庄秩序的社会基础》，《中国社会科学》2002 年第 3 期。

③ ［美］杜赞奇：《文化、权力与国家：1900—1942 年华北农村》，王福明译，江苏人民出版社 1994 年版。

体之后，家庭联产承包责任制松动了国家对于基层社区的控制，正所谓"天高皇帝远"，即使国家权力以"法治"的名义或方式进入乡土社会也很困难。1978 年党的十一届三中全会之后，全国开始改革开放，取得了伟大的成就。在后税费时代，国家政权给予了基层社会更多的空间。国家权力退出之后，市场的活力展现出来，以"经济建设为中心"的战略解决了财富增长的问题，却带来了贫富分化、分配不公的社会问题。资本的逻辑并非是中国特有的，也是"世界性难题"。如何避免市场化与全球化带来的挑战？戴维·布雷（David Bray）认为，应该把社区摆在解决问题的中心位置，将社区扩展为国家治理的领域。安东尼·吉登斯（Anthony Giddens）鼓励企业向社区提供资源，以解决城市衰落和犯罪问题，这些被誉为"新的第三条道路"。①

在这方面世界各地有较为普遍的共识，通过国家权力重回基层来规避市场经济的弊端。国家权力重回基层并不是如先前对基层的控制，而是试图强化权威，确立国家权力在基层的主体性地位。改革开放后，以国家行政权力和乡村自治权力相分离为基础的"乡政村治"体制成为乡村社会最为基本的社会组织方式。

（二）社会嵌入市场

20 世纪最后 20 年，在中国历史上具有重要的意义。两个巨大的历史进程均在此期间发生，第一个进程是国家权力的撤退，人民公社制度被以联产承包责任制为基础的村民自治所取代。第二个进程是社会围绕着市场进行了"经济体制改革"，市场开始了对于基层社会的渗透，甚至是在某些地区的占领。这两个历史进程的最大影响是，个体（或家庭）对财富的追求正在成为生活的最重要或最根本的目标。为达成此目标，不惜将市场制度凌驾于社会之上，社

---

① 吕增奎：《海外学者论中国政治发展：民主的长征》，中央编译局出版社 2011 年版，第254—259 页。

会围绕着市场开始组织，深深地嵌入市场之中。

施坚雅（G. William Skinner）通过研究中国农村的市场体系，提出了"基层市场共同体"的概念。费正清（John King Fairbank）将其称为"集市社会"，认为它"既是一个经济单元，又是一个社交世界"。[①] 孔飞力在《中华帝国晚期的叛乱及其敌人》中便力图强调市场共同体与团练组织之间的关联性，认为"施坚雅的中国集市研究的杰出成就，将社会层次和非正式农村组织等复杂情况与人民在他们的日常生活中勾画出的活动范围联系了起来"[②]。30 余年的变迁，中国从计划经济体制下的"熟人社会"转变为市场经济体制下的"陌生人世界"，"以义务为本位的制度被以权利为本位的制度所取代"。[③] 在"熟人社会"中出现了一个"陌生人世界"，特别是在经济较为发达的地区，大规模流动人口的涌入，引发当地居民对于自身本属身份的重新辨识（户籍、身份、权利以及心理和认同），"使得两个世界既高度依存、难以分离，又相互冲突、彼此排斥"[④]。进入 21 世纪的中国乡村社区可以称为"半熟人社会"，这个"半熟人社会"具有村庄社会多元化、异质性增加、村庄内生秩序能力丧失、村民对村庄的主体感逐步丧失等特点。[⑤] 如何将"一盘散沙"的乡村社会聚合起来，使孤立分散的乡村社会组织成为具有广泛社会联系和社会组织的有机体。[⑥] 农村社会治理尤其以结构

---

① ［美］费正清：《美国与中国》，张理京译，世界知识出版社 1999 年版。

② ［美］孔飞力：《中华帝国晚期的叛乱及其敌人：1796—1864 年的军事化与社会结构》，谢亮生等译，中国社会科学出版社 1990 年版。

③ 贺雪峰：《新时期中国农村社会的性质散论》，《云南师范大学学报》（哲学社会科学版）2013 年第 3 期。

④ 杨敏：《当代社会变革中的"国家—社会"新型关系——社会学中国化视野下的社会建设与社会管理》，《华中师范大学》（人文社会科学版）2012 年第 5 期。

⑤ 贺雪峰：《新时期中国农村社会的性质散论》，《云南师范大学学报》（哲学社会科学版）2013 年第 3 期。

⑥ 徐勇：《阶级、集体、社区：国家对乡村的社会整合》，《社会科学战线》2012 年第 2 期。

性的碎片化问题最为突出，农村社区建设的共同体取向所面对的重大挑战是社区认同渐行渐远。① 众多学者的一个基本共识是：同质性减弱而异质性增强，即"传统的社会关系正在解体，现代的社会关系尚未建立，构成了当前农村社会危机和村庄失序的重要原因"②。

（三）社会自主性发展

此处的社会自主性，类似于埃文斯等提出的"国家自主性"。上述文献，都建立在一个基本的理论假设上，即经济发展造成了人们的逐利倾向，消解了村庄的公共性，社会的撕裂随之发生，共同体开始衰落，社会关系出现原子化。一个逻辑隐含其中，现代市场与传统的亲缘、血缘关系是格格不入、相互排斥的。事实是这样的吗？社会经济概念的提出革新了传统观念的固有认识。社会经济的起源可追溯至 19 世纪上半叶，当时卡尔·波兰尼指出，社会经济具有公有、合作、公平分配的理论内核。卡尔·波兰尼的概念带有明显的理想主义色彩，与当时将资本主义奉为圭臬的制度经济思想形成鲜明对照。之后，查尔斯（Charles Gide）试图以社会经济替代新古典模型的经济范式，并抵制凯恩斯主义。从此以后，社会经济被置于合作、社区公有、政治参与等显著位置，"立足社会目标的集体制企业和社团，并与提供服务产品的合作社、互助组织、社团等联系在一起"③。因为社会经济与社区的显著关联性，也被称为"社区经济"。20 世纪 90 年代，社区经济的理论与实践逐步为中国内地所了解。潘毅将社区经济的内涵进一步推广，提出社会经济的概念。社会经济的核心主张

---

① 吴新叶：《农村社会治理何去何从：整体性治理视角的尝试性解读》，《理论探讨》2013年第2期。

② 贺雪峰、仝志辉：《论村庄社会关联——兼论村庄秩序的社会基础》，《中国社会科学》2002年第3期。

③ 曹云：《社会经济：一种超越主流经济的另类实践》，《人文杂志》2014年第6期。

是：社会经济是经济发展嵌入社会关系的一种新型模式而不是服务于资本的积累。① 社会经济为我们当下的社区建设提供了一个反思的机会。按照社会经济的指向，经济的发展并不必然产生共同体的衰落和个体原子化，反而生产了公共性。

经济发展嵌入社会关系之中，并非是一种新鲜事物。只是近年来经济彻底从社会中脱嵌了出来，经济的分量大到足以让我们淡忘了社会的存在。早在费孝通写作其传世之作《江村经济》时，费孝通就敏锐地发现中国农村的乡村丝织工业之所以闻名遐迩，正是在于这种丝织工业形态建立在中国东南农村的家庭亲属制度的基础之上。② 林耀华在《金翼》中以张、黄两大家族的纠葛为线索，展现了 20 世纪 30 年代前后中国农业社会的复杂情境，两个家族的兴衰与荣辱兼系于家族社会下的文化与经济，从而凸显了家族制度在中国社会中所发挥的重要作用。③ 瞿同祖所著《中国法律与中国社会》④ 一书开创了中国法律社会学研究之先河，在书中作者将中国的家庭结构与制度、儒家的伦理思想以及中国法律的演变有机地结合在一起，开创了理解中国社会的新路径。

及至 20 世纪 80 年代，社会学重建之后，费孝通与其追随者所开创的重视社区文化与社会传统在社会学的研究中仍然具有相当的影响力。时至今日，目力所及之处，许多优秀的经验研究成果也在向经典致敬。应星在《大河移民上访的故事》中呈现出一幅完全不同的画面：国家与社会的关系不是凝固在有关的正式规则和程式上，而是存在于有关各方的持续不断的互动之中。⑤ 项飚的《跨越

---

① 潘毅：《走向以社会经济为目标的城镇化》，《南方都市报》2001 年 4 月 3 日。
② 费孝通：《江村经济——中国农民的生活》，商务印书馆 2001 年版。
③ 林耀华：《金翼——中国家族制度的社会学研究》，庄孔韶、林余成译，生活·读书·新知三联书店 1989 年版。
④ 瞿同祖：《中国法律与中国社会》，商务印书馆 2010 年版。
⑤ 应星：《大河移民上访的故事——从"讨个说法"到"摆平理顺"》，生活·读书·新知三联书店 2001 年版。

边界的社区——北京"浙江村"的生活史》，让我们全面深入地了解了位于北京城乡接合部的"浙江村"，讨论他们之间的结构、运作和变迁模式，分析了在深刻而巨大的社会变迁中，"浙江村"面对经济大潮的危机和挑战以及他们的对策。① 总而言之，社会经济对于我们重新理解共同体的当代命运具有深刻的启示。有学者提出通过实现小范围的公共产品供给，建立"社会主义社会经济"，扶助弱势失业者的社区就业，这种福利性经济不仅能够缓解困难群体就业压力，而且对我国经济社会和谐发展具有重要意义。② 也有学者认为，中国社会经济的发展有利于处境不利的边缘群体，因为他们可以通过互助合作的组合方式重新融入市场经济并改善自身处境。同时，何增科也富有创见性地用社会经济的范畴将形式多样的合作型经济整合起来。③

第三节　利益群体与组织结构：一个可操作的微观分析框架

在上述文献资源的基础上，我们可以看出既有成果基本达成了一个普遍的共识：社区内部不同利益群体的冲突日趋集聚和尖锐化。对此，学术界给出了不同的解释，如"国家政权建设说""社会嵌入市场说""社会自主性困境说"。这几种解释共有一个逻辑：外部力量导致了社区共同体内部的变化，使社区内部出现分化甚至分层、利益博弈。但是这几种理论并不能直接解释为什么社区内部

---

① 项飚：《跨越边界的社区——北京"浙江村"的生活史》，生活·读书·新知三联书店2000年版。

② 首都社会经济发展研究所课题组：《国外发展"社会经济"的启示》，《前线》2006年第3期。

③ 何增科：《社会创新的十大理论问题》，《马克思主义与现实》2010年第5期。

不同利益群体的冲突日趋密集和尖锐化，因为还有一些中间性的因素没有表现出来。收入和地位在任何国家和社会以及任何时代都会存在不平等，为何单单在这一时期表现得异常集中？作者认为是因为"单一的组织结构模式对多元利益群体的不适应"所导致的。因此，需要摆脱"国家与社会"的宏观框架，借鉴"制度与生活"的中观框架，提出一个指向更加明确，更具有实际操作性的分析框架。既有成果关于基层社区研究中存在着不同的学术取向与关注点，在研究视角的选择和研究范式的设计上也各有差别，如"公民社会"理论、"国家政权建设"理论①、"第三领域"理论②，但基本上是基于"国家与社会"分析框架进行讨论的。

一　再思国家与社会宏观分析范式

在西方关于国家与社会的关系有两种界说。一种"强社会—弱国家"的主张。该主张认为社会先于国家，国家应当充当"守夜人"的角色。"强社会—弱国家"范式贯穿了整个西方政治学说史，从以约翰·洛克（John Locke）、亚当·斯密（Adam Smith）等人为代表的自由主义，到以蒲鲁东（Proudhon）、巴枯宁（Bakunin）、克鲁泡特金（Kropotkin）等人为代表的"无政府主义"，到以罗伯特·达尔（Robert Dahl）等人为代表的"多元主义"，再到詹姆斯·布坎南（James M. Buchanan, Jr.）等人的"公共选择"学派、当今流行于世的"新自由主义"等，在国家与社会关系的主张上都是持这种社会中心论观点的。和"强社会—弱国家"相对立的是"强国家—弱社会"的主张，该主张强调增强国家对社会的控制，提高国家的自主性。这种国家主义或称国家中心主义的理论范

---

① ［美］查尔斯·蒂利：《身份、边界与社会联系》，谢岳译，上海人民出版社 2008 年版。

② Rankin, marybackus：Elite Activism and Political Transformation in China：Zhejiang Province, 1865 – 1911. Stanford：Stanford Univ. Press, 1986.

式在克服社会中心主义所带来的经济和社会危机方面取得过比较好的效果，但是从 20 世纪六七十年代起也陷入了全面的危机。①

自 20 世纪 90 年代"市民社会"理论被引入国内学术界以来，国家与社会的视角被广泛应用于中国社会的变迁研究。从最初以傅高义（Ezra Feivel Vogel）和弗朗茨·舒曼（Franz Schurmann）为代表的"国家控制社会"，到怀默霆（Martin King Whyte）和白威廉（William Parish）为代表的"国家与社会相互妥协"，再到赵文词和许慧文的"国家与社会相互渗透"，再到"公民社会改造国家"，以及近来的"全球秩序中的后自由主义与后社会主义世界"影响下更为复杂的国家与社会关系，研究视域从简单的"国家与社会"的二元对立，转向更为复杂的行动主体之间的社会实践过程。如"社会中的国家"（State in Society），"嵌入型自主"（Embedded Autonomy）和"国家与社会共治"（State-Society Synergy）等概念都不同程度地描述了国家与社会的互动关系的不同形态。但是，无论研究关注点如何变化，始终没有脱离"国家与社会"的基本分析范式。"国家与社会"理论框架下对于中国社区经验的观察与反思，提供了一个不同学科经验研究又可兹对话的平台，既然目前中国社会是"国家中的社会"，那么就必须要"保卫社会"②，甚至"重建社会"③。而无论是"保卫社会"还是"重建社会"，其理论预设都是将国家与社会看成是二元对立的结构性实体，任何试图消除国家与社会之间张力的努力，其结果要么导致"总体性社会"，要么进入"无政府状态"。两种极端的后果，都是在现实中很难有经验关照的。就像米格代尔（Joel S. Migdal）所言"国家和社会都不是固定的实体，在相互作用的过程中，它们的结构、目标、支持者、规则

---

① 参见郑杭生主编《中国特色和谐社区建设——"上城经验"的一种社会学分析》，世界图书出版公司 2010 年版，第 108 页。

② 郑永年：《保卫社会》，浙江人民出版社 2011 年版。

③ 孙立平：《重建社会：转型社会的秩序再造》，社会科学文献出版社 2009 年版。

和社会控制都会发生变化，它们在不断地适应当中，互相转化和互相构造"。① 就像其他学术主张一样，"国家与社会"的范式也受到来自不同领域学者的责难。潘维结合基层政权现实状况，批判了学界流行的基层政权"代理说"，他提出中国当下农村基层政权既要代表国家又要代表社会，具有双重代表性质的"代表说"。② 吴重庆指出，国家与社会的对立并不是一贯的，比如"后公社时期"国家政权与基层社会的关系就是一种利益权衡的关系，而非对立关系。③

　　综上，大多数学者对于"国家与社会"二元研究框架质疑的主要原因是基于本土的实际情况，他们大多立足于本土检验西方理论的真实性与适用性。"国家与社会"分析范式的天然缺陷在于国家通常被默认为一个价值、利益和权力高度统一的科层体制，社会则被认为是一个井然有序的整体。这种预设决定了它无法解释日趋复杂多元的现代社会。比如对于政府自身的改革、市场主体独立运行的判断。还有政府改革的路径是怎样的？政府如何变小？社会如何变大？市场如何独立？显然，这些实践中的过程与事实，上述理论是很难关照到的。就本质而言，"国家"与"社会"二元对立及"结构互动"的理论基础决定了其对于微观审视的不足，难以对日趋开放、复杂多元的现代社区生活做出贴切回应。

二　重整制度与生活中观分析范式

　　在洞察了"国家与社会"分析范式不足和不满足于"国家与社会"分析框架的有限解释力之后，李友梅等人提出了"制度与生

---

① Joel S. Migdal, *State in society*: *studying how states and societies transform and constitute one another*, *Cambridge*, New York: Cambridge University Press, 2001. p. 57.

② 潘维：《农民与市场：中国基层政权与乡镇企业》，商务印书馆 2003 年版，第 31 页。

③ 吴重庆：《孙村的路——"国家—社会"关系格局中的民间权威》，《开放时代》2000 年第 11 期。

活"分析范式。和传统"国家与社会"范式所强调的"国家与社会"之间不可消解的紧张及不可沟通性相区别，"制度与生活"范式并没有否定和排斥制度领域与社会生活领域的共生、可沟通性，国家层面与日常社会生活的远距离并不必然造成制度和生活的相互隔绝。"制度"和"生活"之间的相互渗透性自然离不开不受生活影响而完全独立运作的制度，同样也离不开不受制度制约而纯粹自发的生活，非正式制度在生活领域的形成并不局限于生活领域本身，而是在某些时候会转化为正式制度的内容。所谓"制度"是指正式制定并被各个层级和部门代理人认可的；所谓"生活"是指社会人的日常活动，"既包括各种权宜性生产的利益、权力和权利诉求及生活策略和技术，又指涉相对例行化的民情和习惯法"①。"制度与生活视角的建构和运用，旨在通过对制度实践中正式制度代理人与生活主体互动的复杂机制的洞察，一方面分析我国正式制度变迁的实际逻辑和方向，另一方面找寻民情变动的机理，以期把握我国现代国家建设的总体性脉络。"② 在"制度与生活"范式下，"制度"是多样化的，以区别于作为一个单一整体的"国家"，"生活"是高度弥散和地方性的，既涵括传统又包容现代公民意识；"既包括最为日常化的生活方式，又指涉组织化的社会空间；既是例行性的和非逻辑的，又包含理想的因素；在具体的社会背景下，制度与生活之间存在着既相互渗透、相互建构又相互矛盾的动态关系，而不是绝对的二元论关系"。③

"制度与生活"的分析范式借鉴了哈贝马斯（Habermas）的"交往行动"理论，"制度"与"生活"之间可以通过持续的理性

①　肖瑛：《中国社会研究的视角转换》，《中国社会科学报》2014 年 12 月 26 日。

②　肖瑛：《从"国家与社会"到"制度与生活"：中国社会变迁研究的视角转换》，《中国社会科学》2014 年第 9 期。

③　李友梅、童潇：《关于中国社会学及其成长的一些体会——访著名社会学家、上海大学李友梅教授》，《甘肃社会科学》2012 年第 6 期。

沟通、抗衡，在一种反身性的互动实践中，不断实现生产和再生产。就像其提出者所宣称的一样，"消除了把制度与生活截然对立的理性主义传统"[①]。

三 利益群体与组织结构微观分析视野的提出

历经传统社会的简约治理，新中国成立后传统治理模式的消弭，土地革命后人民公社一体化体制确立，再到改革后多种组织体制并存，组织体系的建构一直是基层现代化进程中绕不开的问题。这也是基层社会快速变动对国家单一整合能力的挑战。在分析现代化进程中在社区治理时序演变的基础上，从认识论角度廓清群体与组织在社区的重要意义，是构建社区治理分析框架的重要前提。

（一）利益群体与组织结构范式与内涵

"国家与社会"分析范式宏观上呈现了"国家"与"社会"关系的变化趋势，但是却难以摆脱系统论、二元论以及结构主义的预设。将国家与社会置于此消彼长的两个极端，用化约论的逻辑简化了它们之间的复杂关系，从结果来倒推其形成的逻辑，因而往往陷入目的论和化约论的困境。"制度与生活"分析范式，试图沟通"国家"与"社会"之间的二元对立，对于主体和客体的二元论关系进行了修正，经过历史的积淀已经形成了稳固的、适合于自身需求的社会协调机制。当外来的制度把自身的逻辑强加于地方性生活上，并企图改变其运行逻辑时，必然引起后者的激烈反抗，改变甚至消解这些制度[②]。"制度与生活"范式相比"国家与社会"分析范式，将理论维度降低了一个分析层次，强

---

① 李友梅等：《从弥散到秩序："制度与生活"视野下的中国社会变迁（1921—2011）》，中国大百科全书出版社 2011 年版，第 15 页。

② 同上书，第 13 页。

调"制度"与"生活"二者之间的持续互动，也即制度的主体与生活的主体之间都相互承认合理的利益追求和各自的行动逻辑，在一种相互协商、适度妥协的权力关系中实现双方的行动目标。这也是"制度与生活"范式超越"国家与社会"范式的地方，有助于研究者更好地理解国家自身变革与社会内部互动的复杂关系。但是，就如"国家与社会"的分析范式一样，"制度与生活"的分析范式同样在操作层面上面临着挑战，落入了"国家与社会"分析范式的窠臼。换言之，"制度与生活"的分析范式是一个比较好的理解范式，却并不是一个可操作的分析框架。因此，笔者在承认"制度与生活"范式所强调的制度与生活二者之间持续互动的基础上，尝试引入组织结构与利益群体分析的视角来理解基层社区治理。"组织结构与利益群体"框架，较之"制度与生活"范式再次下降了一个分析层次，但更加具体直接和便于操作。该视角认为，"组织结构"的更新严重滞后于"利益群体"的分化是基层社区治理乱局的根源性因素，当务之急要转变传统治理群体是为组织所管理的思维定式，事实上，组织是为群体提供服务的，以此重构基层社区治理模式，以多元化的组织方式应对多元化的社会结构和利益诉求。组织结构与利益群体内部含分化、整合、对应、更新4个重要的分析性概念。"分化"是指组织结构需要随着利益群体的分化而分化；整合是指组织结构需要整合利益群体的多元利益诉求；"对应"是指组织的性质与群体的目标相一致；"更新"是指组织结构需要不断更新去适应不断出现的利益群体。

（二）利益群体与组织结构范式对于基层社区治理的适用性

南海区的基层社区已经出现区隔明显的"三元化趋势"，而组织结构却一直延续人民公社时期的治理惯性（见图2—1）。党组织和自治组织混合，党组织与经济组织不分，群体快速分化远远超过了组织结构的整合范围。从历史上看，我国的社区治理过程可以简单归纳为：传统社会的社区自治型治理、现代社会的政府主导型治理和如今的混合型治理。与此相适应的是，治理手段也从简约治理过渡到复合治理的新阶段。基层社区不断涌现出新矛盾与新问题，客观上要求治理技术和治理手段的现代化。通过组织结构的创生将行政资源、传统资源和专业资源进行整合，充分利用市场、社会、政府三种力量，应对利益群体不断分化是未来社区治理的发展方向。这个转型阶段是十分重要的阶段，但并非是一种自然而然的过程，需要我们在理论上予以回应。

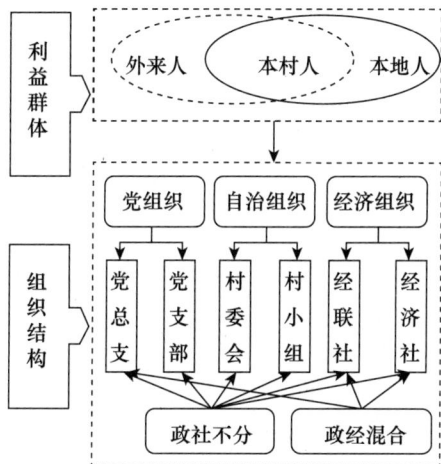

图 2—1　南海区利益群体与组织结构图

第 三 章

"三元化社区" 的治理情境

改革开放后，珠三角凭借快速的城镇化和工业化，成为"世界工厂"，一度成为全国吸引外来工最多最快的地区，各种工厂企业如雨后春笋般纷纷落户珠三角，因此土地价格一路飙升。南海区作为珠三角的典型代表，自然也不例外。当地村民依靠自己的土地资本不仅有可观的股份分红，还可以享受集体经济丰厚的隐性福利。本地市民虽然没有集体经济的分红收入，却因为"坐地户"的心态，放不下本地人的架子与外地人一样在工厂打工赚钱。这样便形成了"金字塔"形的社区内部分层。本地村民因为"躺在地上过日子"而居于金字塔的顶端，本地市民占据本地人的心理优势，拥有本地的社会资源网络，处于金字塔的中间位置，外来人口不仅没有股份分红，同时也因为享受社区集体提供的公共服务而遭到本地人的嫌弃，位于金字塔的低端。"三元阶层"分化，通过分配制度、职业分布、利益诉求、消费观念、聚居方式、社会心理等外在特征表现了出来，而"社区本位""集体特征""法出多门"等地方性政策又强化了这种区隔。

第一节 "三元化社区" 的基本背景

尽管佛山市政府 2004 年就宣布全市农村与城市户籍一体化，

但是，这一政策在南海区明显受阻，农民并不像政府想象的那样热衷于改换户口的市民化，所以农村居民人口不减反增，从 2004 年的 723810 人增加到 2013 年的 778100 人。本地农村劳动力总数从 2004 年的 599008 人增加到 2008 年的 809877 人，再增加到 2013 年的 1121428 人。南海区这种经济高度非农化但农民不愿与土地和乡土社会脱离的现象，成为事实上的"倒城乡"。"有房、有楼，不如有个农村户口"，在南海区的街角巷尾，这句戏言几乎广为传播变成地方性俗语。①

一 可观的股份分红："想穷唔得穷，年尾又分红"

"个人总是倾向于从社区中寻求比他本人所能贡献的还要多的东西。"② 在南海区桂城街道的夏北社区中流行着这样一句话："想穷唔得穷，年尾又分红"。"唔"是粤语发言，表达没有的意思。就是说，想穷都穷不了。2006 年以来，夏北社区凭借有利的地理位置成为许多工厂的首选，辖区内工厂林立，出租屋数量激增，大量的外来人员涌入，逐渐被城市包围。与工厂、外来工一同来到夏北社区的，还有轻松赚钱的机会。村民依靠出租物业和年终分红，便能获得不菲的收入。一般的惯例是由村或村民小组成立资产评估小组，对集体资产进行清理核查，认定哪些是经营性资产，哪些是资源性资产，即农用地；经营性资产即厂房、店铺等，经营性资产和资源性资产的总量构成总股本。之后，确定股东人数，凡户口在本村或村民小组的农民自然成为股东，总股本除以股东人数得出总股数，在实行股份合作制初期，一般每人分得一股，16 岁以下未成年人分得半股，但有的地方也可增设承

---

① 宋雯、高飞：《南海农改回头看系列报道之二》，《珠江时报》2012 年 6 月 5 日。

② Janowitz，Morris：*The community press in an urban setting*. Chicago：The University of Chicago Press，1967.

包股权和贡献股权，在基本股之外按承包土地的期限和农龄分股。对土地及集体资产的运营，由股东大会进行公开投票。所有的账目都张榜公布。每年收入的40%用于农民按股分红，60%由经济组织提留，用于公共用途及再发展资金。① 每个村民手里握有不同的股数，一般为3—4股，年纪大的一些老人更高，每股分红为3000元左右，如此算来，一户普通的三口之家年终分红便有数万元。由于夏北社区地段抢手，时常有些大项目进驻，征地的补偿款更是在一夜之间造就了不少百万富翁，仅是2011年金融高新区C区的拆迁改造工程，涉及夏北片区的补偿金额就高达3.35亿元。征地补偿款、分红和房租收入几项叠加，真是"想穷唔得穷"！

在南海区农村，分红和各类补贴，令城乡居民享受的公共服务出现"倒挂"的现象。丰厚的分红收入以及各种"隐性福利"让南海区的农村成为城里人神往的地方。"在南海区，最有钱的是农村居民，分红最高的村可以过万元，南海区东部村集体经济收入普遍都超过千万元，在南海区的东部大沥镇，收入几百万元的就叫贫困村，但在西部几百万元的收入就算富裕了"，时任佛山市委常委、南海区委书记的邓伟根如是说。2012年南海区农村人均纯收入最高的是桂城街道的叠北经联社，人均纯收入21288元，经济社人均纯收入最高的是桂城街道平东社区的泮塘上街经济社，人均纯收入28398元（见表3—1）。2013年人均纯收入最高的仍然是桂城的叠北经联社和平东泮塘上街经济社，分别递增到22878元和31969元。（见表3—2）

---

① 黄艳华：《广东南海：农村股份合作制触到三个边界》，《中国改革》2005年第7期。

表 3—1 2012 年南海区农村人均纯收入最高统计表 单位（元）

经联社			经济社		
镇（街）	经联社名	人均纯收入	镇（街）	经济社名	人均纯收入
桂城	叠北	21288	桂城	平东泮塘上街经济社	28398
罗村	联星	15931	罗村	联和总排东一经济社	26984
九江	大谷	13880	九江	烟南南水永红经济社	32372
西樵	西樵	16496	西樵	联新第八经济社	26078
丹灶	东联	17973	丹灶	南沙六甲经济社	29262
狮山	龙头	17055	狮山	沙水潭边经济社	26287
大沥	沥东	22081	大沥	沥东芦村经济社	27550
里水	胜利	18015	里水	布新莲塘经济社	23944

表 3—2 2013 年南海区农村人均纯收入最高统计表 单位（元）

经联社			经济社		
镇（街）	经联社名	人均纯收入	镇（街）	经济社名	人均纯收入
桂城	叠北	22878	桂城	平东泮塘上街经济社	31967
九江	烟南	14919	九江	烟南南水永红经济社	26987
西樵	西樵	18073	西樵	儒溪新三经济社	28182
丹灶	联沙	19437	丹灶	南沙六甲经济社	33960
狮山	罗村	21648	狮山	五星萧家经济社	33438
大沥	沥东	23706	大沥	沥东芦村经济社	29896
里水	胜利	19012	里水	布新莲塘经济社	25117

从表 3—1 和表 3—2 中可以看出，南海区农村人均纯收入水平是比较高的。即使是最低的经联社里水镇胜利经联社 2012 年也有 18015 元的人均纯收入，里水的布新莲塘经济社则有 23944 元

的人均纯收入，到了 2013 年，里水镇胜利经联社已经增长到 19012 元，布新莲塘经济社则增长到 25117 元。在 2014 年 1 月 20 日国新办召开的新闻发布会上，2013 国家统计局公布的数据显示，2013 年农村居民人均纯收入 8896 元。如此计算，南海区最低的里水镇胜利经联社的人均收入是全国平均水平的 2.14 倍，布新莲塘经济社是全国平均水平的 2.8 倍。如果用南海区农村 2013 年最高的经联社与经济社相比较，则差距更加突出。2013 年大沥沥东经联社人均纯收入 23706 元，比全国人均 8896 元整整提高了将近 2.7 倍。2013 年桂城平东泮塘上街经济社人均纯收入为 31967 元，是全国人均 8896 元的 3.6 倍。由此，可以看出南海区农村集体经济的强大。

为了保障集体组织下每个成员的土地权利，南海区在将土地的使用权由原先的集体所有、农民家庭分散承包变成集体所有、集体经营时，用集体土地股份制替代了原来的农户分户承包制，以股权证置换农民手上的承包权证，以股权保障每个成员在土地非农使用以后的土地级差增值收益分配。1994—2013 年，南海区农民人均股红纯收入从 1062 元增加到 4005 元，翻了将近 4 倍（享受教育、医疗、养老等项补贴除外）。从图 3—1 中可以看出，从 1990—2010 年，南海区的分红一直处于上升趋势，在 2010—2013 年，又有较大幅度的提升，这是因为受城镇化的影响，南海区进入了一个高速发展期。

二 丰厚的"隐性福利"："躺在地上过日子"

快速的城镇化和工业化，让许多农民一夜之间洗脚上田。依靠征地补偿款、分红和房租获得丰厚收入。作为集体经济的所有者，即"股东"的农村居民，可以免费享受集体分红和福利。沥东村位于大沥镇，下辖 8 个村民小组，地理位置得天独厚，325 国道、广

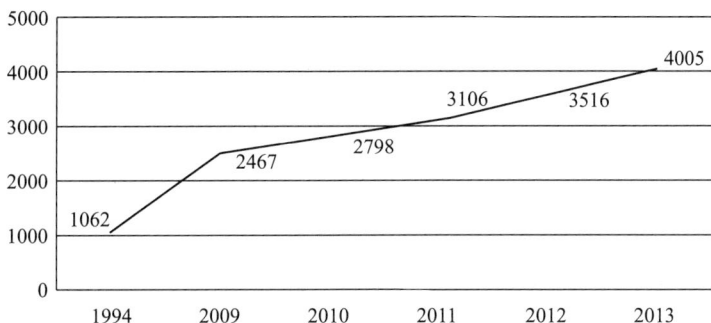

图3—1 南海区1990—2015年分红趋势图

佛高速公路、桂和公路贯穿境内，是广州、佛山两市之间的中间地带，交通便利。优越的地理位置使沥东的土地价值一路飙升，因为土地越来越值钱，很多村靠卖地分红的特别多，村小组的经济就达1.5亿元。此外，除了每年都可以分到村内分红外，在沥东村几乎家家户户都有一两栋几层的房子，用来出租给外来务工人员，过着名副其实的"包租婆""包租公"的生活，令人好不羡慕。桂城东二村的村民每年分红大概是1万—2万元，一个四口之家便可以分到7万—8万元。2011年，东二经联社可支配收入到账2619万元，加上年结余5634万元，合计8253万元。经联社财政开支总额4123万元，占可支配收入加上年结余的49.96%。具体开支主要项目分列如下：

在桂城的范围内，如果不卖地的话，东二村的分红算是最高的，但是如果卖地的话，东二村便会被远远甩在后面。有的村里的村民仅1年就能拿到二三十万元。在部分集体经济发达的村居，集体分红甚至成为村民的主要收入来源，事实还不止如此，除了年底的股份分红之外，南海区还有丰厚的"隐性福利"。目前，南海区农村社会各项费用绝大部分由农村集体组织支付，使农民实现"零负担"。据统计，仅2007年，南海区村组集体对学校教育支出6730万元；卫生、路灯支出8790万元；社会治安支出8177万元，解决了农村公共服务建设和管理费用分摊给农民的问题，减轻了农民负担。同时，2013 年全区村组集体组织还为农民提供了 30.73 亿元的集体分配，农民人均享受村组集体分配 4005 元，占农民人均纯收入 18516 元的 21.63%，成为增加农民收入的有益补充。可参见表 3—3，东二经联社 2011 年开支明细账目。

表 3—3　　　　　　　　　东二经联社 2011 年开支明细账目

项目	具体明细
（一）行政管理费用支出 1019 万元，占财政开支总额的 24.72%，其中包括：	1. 村、社、组干部、财务人员、办公室人员、后勤工作人员的工资、奖金及老干部退休金共 223 万元。 2. 公务费用 94 万元，其中包括：电费 30 万元、办公费 20 万元、宣传费 3 万元、电气信息化设备购置、汽车购置费 16 万元、报刊费 25 万元。 3. 各类会议费用 168 万元，其中包括：党总支部、居民代表、成员代表会议费用 86 万元；村改居、社区居委会、村小组及区人大代表换届选举及其他会议费用 82 万元。 4. 通信费用 10 万元，包括：办公楼电话费用 4 万元，社区干部电话费用 6 万元。 5. 交通费用 5 万元，其中包括：路费、保险费用、司机工资、奖金共 5 万元。 6. 业务接待费 13 万元。 7. 其他开支 122 万元，其中包括： 　（1）保留企业牌照年审及社会养老保险 57 万元； 　（2）青年活动、各类体育比赛费用 11 万元； 　（3）饭堂补贴、各类会议布置费用 11 万元； 　（4）日常用品购置及饮用水费用 8 万元； 　（5）献血补助及其他费用开支 7 万元； 　（6）厂房、铺位物业修缮费 7 万元； 　（7）人口普查人员工资 6 万元； 　（8）法院诉讼费用及律师顾问费用 15 万元。 8. 出租收入开发票税金支出 384 万元（其中收租金总额：2555 万元，税金占 15%）。

项目	具体明细
（二）基础设施配套投入79万元，占财政开支总额的1.92%。其中包括：	1. 东二社区行政服务中心一期建设结算47万元； 2. 东二社区行政服务中心二期建设（部分费用）21万元； 3. 东二社区垃圾中转站改造建设11万元。
（三）支新村、西约、中约、东约及弘发电子厂租金226万元（其中包含东区股东分配154万元），占财政开支总额的5.48%。	
（四）经济发展投入40万元；占财政开支总额的0.97%，其中包括：	中心村C区商铺建设工程部分费用40万元。
（五）福利事业费用开支770万元，占财政开支总额的18.68%，其中包括：	1. 老人退休金261万元。 2. 重阳节敬老活动费用47万元。 3. 住院医疗保险费用及农村医疗保险费用400万元。 4. 五保户、困难户补助费用1万元。 5. 全征地农民养老保险费61万元。
（六）教育事业费用开支104万元，占财政开支总额的2.52%，其中包括：	1. 教师节费用6万元。 2. 东二小学教育经费及校园建设投入85万元。 3. 接送桂江中学初中学生上学、放学车费补贴支出13万元。
（七）计划生育费用100万，占财政开支总额的2.43%；其中包括：	1. 计划生育手术补贴、妇检费用25万元。 2. 独生子女补贴费用22万元。 3. 流管站工作人员工资、社保及奖金费用53万元，其中包括。 　（1）流管站工作人员工资38万元。 　（2）流管站工作人员社保费用6万元。 　（3）流管站工作人员奖金9万元。

项目	具体明细
（八）环境卫生费用开支114 万元，占财政开支总额的 2.76%，其中包括：	垃圾费及城乡一体化环卫清洁费 114 万元。
（九）社会治安费用开支475 万元，占财政开支总额的 11.52%，其中包括：	1. 治安队员工资、社保及奖金、巡逻车油费及维修费用 340 万元，其中包括： 　　（1）治安队员工资及奖金 290 万元； 　　（2）治安队员社保费用 20 万元； 　　（3）看守所、门卫治安员工资 7 万元； 　　（4）治安保卫巡逻车油费及维修费用 23 万元。 2. 治安监控设备投入及维护、用品购置、治安楼维修费及其他费用开支 135 万元，其中包括： 　　（1）治安监控设备投入及维护费、巡逻车购置费用 55 万元； 　　（2）治安用品购置费用 10 万元； 　　（3）治安、流管办公场所装修及维修费 10 万元； 　　（4）其他费用开支 60 万元。
（十）国防费用开支 22 万元，占财政开支总额的 0.53%；其中包括：	1. 现役军人及家属补贴 7 万元。 2. 退伍军人及征兵费用 15 万元。
（十一）精神文明建设及其他费用开支 74 万元，占财政开支总额的 1.79%，其中包括：	1. 面前沙、基咀新街、十亩新区市政工程费用 20 万元。 2. 精神文明建设 27 万元。 3. 整治卫生死角、清理河道开支 2 万元。 4. 植树绿化开支 1 万元。 5. 创建健康村费用 24 万元。
（十二）东二经济联合社集体经济组织成员年度补贴（东二经济联合社的福利分配）1100 万元，占财政开支总额的 26.68%。	

南海区"土地资本化"发展思路深化和扩大了非公有制经济和集体经济的发展，推动了南海区经济和社会发展的工业化及城镇化进程，从另一个角度来说，就是南海区土地利用的非农化，给非公有制经济发展环境的"松绑"，使南海区涌现出多种经济主体。不同经济主体以租赁的形式与农民分享土地非农化生产的增值效益，以"地租经济"成为南海区经济发展的特色及发展动力。可以说，这一独特的发展模式是现实资源及时代需要的产物，改善了南海区人们的生活水平，也推动了南海区经济社会的发展。近些年来，随着资本的大量涌入及经济组织的遍地开花，南海区土地价格飞涨，南海区的地租经济因此取得巨大的经济收益。很多农民不需要劳动，依靠先赋性的农民身份，每个月都有不菲的收入。有调查显示[1]，仅桂城街道就有 39.49% 本地青年宁可宅在家中坐吃分红，也不愿出去工作。衣食无忧，缺乏生活压力，也就缺乏就业动力，"要么钱太少，要么离家太远，要么工作太累"，成为很多南海年轻人不想工作"躺在地上过日子"的借口。李培林在广州的"城中村"调研时，也发现了同样的问题。村里由于土地价格飙升而迅速致富的同时，也对下一代的成长造成了极为负面的影响。很多年轻人仰仗丰厚的年底分红，不愿意再为微薄的薪水外出工作，过上了"衣来伸手、饭来张口、游手好闲"的"二世祖"生活。更让人担心的是，由于这些"二世祖"受教育程度普遍不高，精神生活空闲，在很多"城中村"里，年轻人吸毒、赌博、嫖妓成风。[2] 村组两级在村内各项福利费用开支数额很大，担负了几乎所有的村内日常开销。从 2008—2010 年的 3 年间，南海村组两级福利费用的支出分别是 90525 万元、100747 万元、107845 万元，平均达到 99706

---

① 佛山希望社工中心：《桂城青年就业需求调研报告》，2012 年 10 月 10 日。
② 李培林：《村落的终结——羊城村的故事》，商务印书馆 2004 年版，第 130 页。

万元，其中，计划生育方面的费用支出 1913 万元，五保户、军烈属 772 万元，低保、困难户支出 681 万元，教育支出 4385 万元，治安支出 14976 万元，丧葬费 308 万元，老人退休补助 14695 万元，征兵费 1591 万元，环境卫生费 10140 万元，基础设施维护 3212 万元，文体活动 5589 万元，路灯费用 1434 万元，农村医保 18560 万元，农村养老 6624 万元，其他福利支出 17116 万元（见图 3—2）。

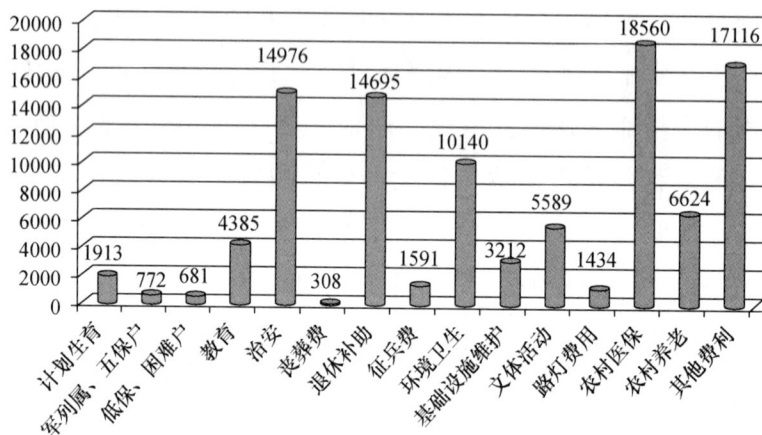

图 3—2　2008—2010 年 3 年间南海区各项福利平均支出数额

以里水镇的大石社区为例，仅在教育方面，居民们便可享受到 3 项福利：本科生每人每年 800 元补助；考入区重点高中分数线的，3 年内每人每年 800 元；学龄前儿童入读幼儿园的，每人每年 600 元。这其中，除了幼儿园入园补助是南海区户籍学龄前儿童共享的之外，其他两项都是大石社区为本社区户籍居民提供的。在医疗保障方面，大石居民均购买了城乡居民基本医疗保险。从报销比例来看，城乡实现了统一。然而在医保的购买中，除了政府补贴部分以外，原大石村委会还补贴 20%，另外其下辖的 8 个村小组中有 5 个村小组为居民承担了保险金的全部余额。

沥北社区位于大沥镇北部，全社区辖区内有 7 个自然村，17 个村民小组，总面积为 2786 亩，其中耕地面积是 1500 亩，常住人口为 5378 人（农业人口 4855 人）。目前全社区 17 个经济社已全面实现了入村道路硬底化，建成了 8 个小公园和 11 个灯光球场、6 个文体楼等，使老人聊天有去处，年轻人文化娱乐有场所。在治安管理方面，建立"一站式"流动人员管理服务站，对出租屋及外来人员进行系统入册档案登记。

凤池社区位于大沥镇城区西侧，辖区面积为 1.45 平方公里，社区分凤池、小布、西边 3 个自然村，下辖凤东、凤西、西边、小布 4 个村民小组。建成了一批较高层次的文体设施，其中主要工程有：4 个村民小组分别建有文体楼及灯光球场，全村现有 5 座文体楼，4 个灯光篮球场，还兴建了高标准的凤东、凤西中心公园，彩色灯光喷水池，公园内设有小孩娱乐天地。

每年收入 500 万元左右的社区在狮山镇属于中游的水平，这些村基本都会将收入全部花完（没有结余）。支出都是用在村学校的费用、医疗报销、低补、学生的奖学金、奖励教师等社会福利方面，还有征兵、计生等社会管理费用上。村小组的收入主要是用来分红，其他可能就是村容、村貌的维护，80% 的社会福利费用都是村委会负责的。某村死亡一个人给慰问金 1000 元，考上大学每个人奖 1500 元，每年补贴小学 20 万元，治安要 70 万—80 万元，用于视频监控、治安队的器材和工资等。

第二节 "三元化社区"的外在特征

"三元化社区"内部呈现出明显的三元区隔现象，阶层分化明显。本地村民不仅享受不菲的股份分红，大部分村民还可以将家中的房屋出租给外来工居住,过着慵懒的"包租公""包租婆"生活。本地市民,即没有钱分的本地人,抱着"坐地户"的心理优势,不愿放下架子与外来人口一样在工厂里做工。这样一来,便形成了本地农民群体、本地市民群体、外来人口群体三个阶层的分化状态。

一 分配制度

从分配制度看,仅从账面工资上很难区分有钱分的本地人与没钱分的本地人以及外来人口的差别。但在实际收入上,则有着天壤之别。本地有钱分的人,即俗称的社员股东,他们的主要收入来源于第二次分配,即村里的分红和福利制度。这种分配制度带有很强的平均分配的色彩和排他性,只有集体经济组织的成员才能享有。而集体经济组织的成员权是一种身份权,取得的途径较为狭窄,一般有以下3种:①因农村集体经济组织设立而取得。②因出生取得。③加入取得。按照组织章程规定,经社委会或者理事会审查和成员大会表决确定其成员资格;一般有以下两种情形:一是因习俗取得。二是协商加入取得。如出资购股后同意其加入。此外,还有一种特殊的情况——政策同意取得。由于集体经济组织成员权的取得较为困难,因此也保证了社区内部成员的福利收益。在南海区的经济发达镇,村民的股份分红是一笔可观的收入。除了股份,这种分配制度还包括生、老、病、死等各种福利和大中学生的教育补贴。

二 职业分布

从职业分布上来看,一般来说,脏、累、苦的工作大都是外地人从事,另外一些技术性较强的职业也多是外来工去做。外来人口在南海区大多从事二、三产业,以蓝领居多,多从事体力劳动型工作。调查的绝大多数外来务工人员从事的是工业和服务业，比例分别为 49.80% 和 28.70%，如图 3—3 所示。

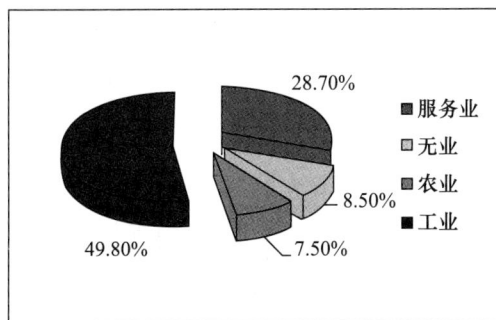

图 3—3 南海区外来人口从业类型统计图

外来人口较多进入劳动密集、低技术水平的行业，如制造加工、零售、餐饮、建筑业、交通运输。他们受教育水平不高，也造成了流动人口从业素质偏低，他们没有受过高等教育，选择职业的范围也相对较窄，工资水平不高。进一步来讲，外来流动人口更多的是由教育、工作技能等获得性因素决定他们的收入和地位以及和当地社会的融合程度，他们的受教育程度、职业类型以及社会融合三者是互相影响的。本地无钱分的人则碍于面子，从事一些收入较低但较为轻松的职业，如服务业等。由于珠三角地区发展大多由港台或外商提供资本、技术注入，本地人除提供土地、少量人参与管理外，便可坐享其成，有钱分的本地人主要依靠一种"寄生性"的经济来源，比如出租房屋等。

三 利益诉求

从利益诉求上来看，目前来讲本地人之间的利益冲突较为严重，没有钱分的本地人试图取得集体经济组织成员权的身份，也想成为有钱分的那部分本地人，而有钱分的本地人因为担心利益的

"蛋糕"会因为新加入的人口而日渐摊薄则极力反对。没钱分的本地人包括"外嫁女"、退伍知青、自理口粮等14类群体，这些群体开始了旷日持久的维权上访之路。从长远来看，外来人口与本地人之间的矛盾也是一触即发。因为2010年修订的《村民委员会组织法》规定，"户籍不在本村，在本村居住一年以上，本人申请参加选举，并且经村民会议或者村民代表会议同意参加选举的公民，可以参与选举"①。"组织法赋予了外地人参与本地选举的权利。在政经混合体制下，一旦外地人当选，便会影响村居经济分红和股民利益，改变村居集体经济结构，引发本地居民与外来人口之间的矛盾和冲突。"② 在南海区，农村居民户籍人口约为80万人，外来人口则有140多万人，其数量远远超出农村户籍人口的数量。一旦外来人口当选，势必要求分享村（居）集体经济收益，引发新一轮利益冲突和社会矛盾。

四　消费观念

从消费观念上来看，在本地的高档餐厅、娱乐场所进出的一般是本地有钱分的人，这些场所的消费水平超过一般外来人口所能承受的范围，只有本地有钱分的人才能消费得起。在前几年，每年年底的时候，本地的社员股东还会由集体经济出资组织到外地旅游。而本地没有钱分的人，因为有着"坐地户"的心理优势，不愿意和外来人口一样在街头巷尾的"苍蝇馆子"消费和购买便当，这类群体一般更愿意到普通的餐厅和一般的娱乐场所进行消费。这样，消费和娱乐场所就从消费水平上被分为三个层次。而且，外来工的娱乐活动一般都是由工厂组织，因而他们参加娱乐活动较为被动、低廉和低频率。

---

① 参见《村民委员会组织法修改三大论点》，《村委主任》2010年第1期。
② 向德平、高飞：《南海"政经分离"实验》，《决策》2014年第1期。

五 聚居方式

从聚居方式上来看，外来工一般有两种居住方式。一种是集中的居住方式，即宿舍小区型，这是一种封闭的、有专人看管的居住方式。另外一种是租住当地的农民房，房租是当地收入的重要来源之一。一般情况下，大部分外来流动人口居住于自建楼房、平房、工业园区周边镇村的出租私房、厂企集体宿舍和建筑工地板房，也有一些在南海区经商多年的外来人员在本地买了住房，但是只是少数，大多数外来务工人员无力在当地购房。流动人口的整体生活环境一般，主要体现在居住条件、安全环境、卫生环境等方面。同时，居住环境满意度不高，工厂一般都是4—6人的一间宿舍，大多数工厂宿舍没有夫妻房，所以如果是一家人只能外出租房。整体来看，流动人口住房面积小、卫生条件差、私人空间少、自由度低是目前的普遍状况。而本地没有钱分的人则居住在环境较为舒适，规划也较为整齐，具有一定美观舒适度、有较好治安管制的"新村"里。本地有钱分的人一般都不会住在村里，普遍会在广州或者佛山或者桂城（南海区的区政府所在地）购置房产，村里的产业会承包给二房东进行打理，他们只要每年回来一次收取房租即可。

六 社会心理

本地人和外地人之间的边界在观念上区分得非常清楚。这种观念在称谓上便不自觉地表现了出来，珠三角的每个地区都有对外来工的贬义称呼，外来工这个称呼本身就带有歧视性的色彩，更有甚者还称外来人口为"北佬"，在当地不会讲粤语买菜都要贵5毛，这是笔者亲身所经历过的。在对外来人口的心理优势上，本地有钱分的人和本地没有钱分的人站在了同一立场上，对待外来人口的态度也比较一致，他们认为外来人口破坏了村里的环境，压根没有把这里当作自己的家，打算赚钱之后就会离开，所以当村里面有公共设施损坏或者偷盗现象发生时，先想到的肯定是外地人干的，刻板歧视印象非常厉害。在南海区的很多社区，因为外来人口远远超过了本地人口，讲粤语的反而成了少数群体，在集市上经常是全国各地的方言都会出现。也因此，许多有能力搬迁的本地人都选择离开居住已久的社区。综合来看，外地人与本地人在心理上也有相当的隔阂。

第三节 "三元化社区"的维持机制

"三元化社区"得以存在，主要原因在于南海区当地的一系列地方性政策。其中，"社区本位"将外来人口排除在分享社区发展的成果之外，"集体特征"保障了社区内部人人有份的福利性分配所得，"法出多门"又为上述行为提供了合法性依据。

一 "社区本位"

所谓"社区本位"政策，是指一系列保护本社区利益的政策，包括分红、福利、公共设施等。这种政策在本质上是一种"地方保护主义"。类似于"城乡二元"结构，主要表现为城乡分割，保护的是城里人，排斥村里人，而"社区本位"主义则是保护本社区的人，排斥社区之外的人。相比"城乡二元"制度，"社区本位"政策排斥的范围更大，希望社区内的人越少越好。"社区本位"政策是"三元化社区"形成的基础，社区提供的一切利益和福利都只惠及本社区的社员股东，包括社会福利、退休、劳动保护、医疗保健等。过去这些只在城市实行，将农村人口排除在外，随着南海区农村集体经济的不断发展壮大，将这种情形逆转了过来，使得农村的社会保障体系更加优越。这些优惠政策不仅将大部分外来人口排除在外，而且也将未取得社区成员资格的本地人排除在外。有的外来人口，长时期在南海区工作生活，但因为非本地户口，就不能分享本地农村的经济发展的成果。而本地人群体由于外嫁、出去读书、当兵入伍等各种原因，失去社区成员资格，也被排除在分享集体经济成果之外。这样，就导致本地有分红的人和本地没有分红的人以及外地人成为界限分明的三个利益群体。

二 "集体特征"

根据《广东省农村集体经济组织管理规定》（以下简称《规定》），"原人民公社、生产大队、生产队建制经过改革、改造、改组形成的合作经济组织，包括经济联合总社、经济联合社、经济合作社或股份合作经济联合总社、股份合作经济联合社、股份合作经济社等。街道办事处辖区内的农村集体经济组织，以及乡镇人民政府改制为街道办事处和村民委员会改制为居民委员会后原农村集体经济组织都受《规定》约束和调整的范围"。换句话说，就是以上的经济组织都属于农村集体经济组织。这些经济组织有三个明显的特点：①生产资料集体所有。在合作化时期和人民公社时期这个农民集体是指全体社员；在集体经济组织时期，这个农民集体是指农村集体经济组织的全体成员。农民集体是一个动态的集合体，随农民集体组织内部人员的出生、死亡和迁出、迁入而变化。②特殊的民事法律主体地位。有独立的财产并可以自主进行经营，并能在一定的财产范围内承担民事责任，符合民事主体的资格条件。③重合于农村基层社会的自治组织。按照《村民委员会组织法》规定，农村基层社会的自治组织虽然是村民委员会和其下设的村民小组，但在当前的农村基层组织中，大多是农村集体经济组织（经济社、经联社）与村民小组或村民委员会的机构存在"一套人马两个牌子"

即机构重叠的现象。

三 "法出多门"

我国的法律规章制度建设过程基本上是部门立法立章的过程。在部门利益主导和部门之间沟通不畅的情况下，一些出台的法规之间势必会存在缝隙甚至相互矛盾的情况。这些缝隙和矛盾可能被不同群体"各取所需"，成为他们展开利益博弈的依据，也使问题的解决缺乏有力根据。前述村党支部与村委会关系是这类问题，"外嫁女"问题同样如此。20世纪80年代之后，随着大经济环境的变化和土地流转等相关制度的实施，农村集体经济越来越依靠租金而不是农民直接劳动来获得收入增长，集体经济收益分配与农民是否参加集体经济活动之间的联系消失，而村民身份则成为最重要的分配依据。

在这种情况下，如何界定村民身份就成为关键。但是，目前并未有法律对村民身份进行明确界定，只有相关法律可以找到相关根据。2005年新修订的《妇女权益保护法》规定，妇女在农村土地承包经营、集体经济组织的收益分配、土地征收或者征用补偿费使用以及宅基地使用方面，享有与男子同等的权利。也就是说，按照《妇女权益保护法》，"外嫁女"只要不改变户籍就有资格参与收益分配。但是《组织法》规定，村中大事由村民通过村委会、村民代表会议和村民大会等自治组织来决定。如果遵循这一规定，在传统习俗和利益分配最大化心理的影响下，"外嫁女"基本上不会有机会参与农村集体经济收益分配。这样一来，就造成"公说公有理、婆说婆有理"局面，相互冲突的法规就可能带来剧烈的冲突。

小 结

"三元化社区"的治理难题主要是由土地问题衍生而来，尤其是涉及有关土地收益分配时，各种模式均有各自的弊端。南海区的收益分配模式多样且计算复杂烦琐，不同成员的标准各异，由此产生了新旧群体的纷争。南海区的各类问题现有的土地股权配置模式主要涉及计算单位和增减规则以及股权获得方式不一定三个维度：

首先，计算单位不统一。大多数是以个人来计算，但是也有以户来计算。以人为单位无疑增加了政府的行政成本，而且对于户内哪些人有继承股份的权利也存在争议；以户为单位，矛盾转到了农民家庭之中，一户之内的子女对于股份的纠纷在户内得不到妥善解决，还会对簿公堂，找到政府。

其次，增减规则不固定。有的社区是"生不增，死不减"，即新人口（包括新生儿和新嫁入）不再配置股权，去世的人也不减少股权。这种模式虽然有利于固化股权且方便计算收益，但这一模式在实施数年之后，现在面临的问题是：有的人去世数年，却仍然有权享受分红；新生儿越来越多且日渐长大，但这些人却没有权利配置股权并享受分红。当这两类人都增加的时候，新增人口就可能组合成新的利益群体来主张权利；有的是"生即增，死即减"，即新人口可以通过出资购股或者无偿配股的方式获得股权；而去世的人则要减掉股权，具体或者是一次买断，或是连续3年分红后自动终止。这种模式实现了动态管理，但也带来了一些问题：一方面，村民对未来收益分配缺乏信心，因此每年都希望分红最大化，而对提留金储备积极性不高；另一方面，周期性股权配置也可能产生周期性矛盾，潜存较大社会风险。

最后，股权获得方式不一定。即有的是无偿配股，哪些人可以无偿配股，时间段的规定都存在争议；有的是出资购买，但购买多少，如何购买都是问题

对以上三个维度进行不同排列组合（见表3—4），使南海区现有的土地收益分配模式变得异常复杂。还要关注的是，一些土地收

益分配遗留问题的解决又带来了新的问题，比如"外嫁女"问题。经过各方面努力，在南海区许多"外嫁女"及其子女的权益主张已经解决，但现在面临的情况是，"外嫁女"子女的子女（第三代）也开始主张自身权益。这些人往往生活在远离该村以外的地方，但也要参加分红，这给村民带来了较大的心理震荡。由此，"反外嫁女"群体已经造成了更大规模的上访行动。

表3—4　　　　不同股权配置、增减规则、股权获得方式的优缺点

维度		优点	缺点
股权配置	以人为单位	计算精确	以人为单位无疑增加了政府的行政成本，而且对于户内哪些人有继承股份的权力也存在争议
	以户为单位	节约行政成本	政府将矛盾转嫁到了农民家庭之中，一户之内的子女对于股份的纠纷在户内得不到妥善解决，还会对簿公堂，找到政府
增减规则	"生不增，死不减"	有利于固化股权且方便计算收益	有的人去世数年，却仍然有权享受分红；新生儿越来越多且日渐长大，但这些人却没有权利配置股权并享受分红。当这两类人都增加的时候，新增人口就可能组合成新的利益群体来主张权利
	"生即增，死即减"	动态管理	一方面，村民对未来收益分配缺乏信心，因此每年都希望分红最大化，而对提留金储备积极性不高。另一方面，周期性股权配置也可能产生周期性矛盾，潜存较大社会风险
股权获得	无偿配股		哪些人可以无偿配股？时间段的规定也存在争议
	出资购买		购买多少？如何购买？

不同股权配置、增减规则、获得方式的不同，造成了异常纷乱

的股份支配格局。大体来讲可以分为动态管理和静态管理两类。静态管理，对于政府来讲，可以节约行政成本，执行效率较高；动态管理，对于农村居民来讲更加科学合理，但无疑给政府的行政工作造成了沉重的负担。如何取舍？考验执政者的智慧。在南海区，令当政者头疼的远不止"外嫁女"一个问题，其他 13 类群体也在虎视眈眈，妄图在集体经济这块大肥肉上分得一杯羹。如此一来，对于制度设计的考验才刚刚开始。

第 四 章

三元化利益群体形成

在人们惯常的思维中一般都会认为，随着乡村社区与外部社会诸体系的联系日益加强，日益暴露在大市场体系中的乡村社区会产生内聚力和自主性逐渐下降的后果。恰恰与之相反的是，南海社区发展的事实，向我们提供了另外一种发展模式和事实逻辑：乡村社区经济的高度开放性与村庄内向聚合力和自主性的加强并不一定是此消彼长的关系。如果说户籍制度造成了本地与外地的割裂，将其分成了"本地人"与"外地人"两大利益群体，形成了"陌生人的无序世界"，那么村籍制度则是将熟悉的本地人分成了享有股份分红的"本地人"群体和不享有股份分红的"本地人"群体，造成了"熟人的陌生人社会"。[1] 户籍制度与村籍制度建立的利益区隔，使三大人口群体的利益分化进一步锐化和暴露。随着外部社会的进入，村庄不但没有趋于开放，反而因为担心社区利益的流失而不断形成一个更为封闭的整体。

第一节　南海区经济发展模式与制度变迁

改革开放以来，南海区独特的工业化和城镇化模式走出了一条

---

[1]　杨敏：《三元化利益格局下"身份—权利—待遇"体系的重建——走向包容、公平、共享的新型城市化》，《社会学评论》2013 年第 1 期。

让农民以土地参与工业化、城镇化、以乡村繁荣为基础实现城乡共
同发展的道路。从改革开放到 21 世纪初，南海区农民依托集体土
地参与工业化，实现了从传统农业社会向工业社会的转型。南海区
农民以集体土地参与工业化的模式，决定了南海区工业化进程中不
同于其他模式的土地利益分配规则、公共服务提供模式、农民分享
工业化成果的方式，进而形成相对独特的城乡关系：农村自我发
展、自我服务和以农村繁荣为基础的城乡发展。[①]

一　"发财靠自己，致富靠集体"

　　1978 年 11 月下旬，安徽小岗村 18 户社员分田和包产到户，揭
开了家庭联产承包责任制实施的序幕。1978 年春，南海区九江公社
的大同村、九江镇敦根村等"大胆"率先自发搞"包产到户"，拉
开了南海区家庭联产承包责任制改革的序幕。中国南海县委和县人
民政府根据南海县的实际，提出"三大产业齐发展，五（六）个
层次一起上"[②]，这一后来被称为"南海模式"的经济发展战略，
冲破了原来"以粮为纲"的束缚，发展多种经营，围绕实现农业商
品化和现代化目标，积极调整农业结构，在稳定粮食生产的前提
下，大力发展水果、水产和畜牧业生产；生猪和鸡、鸭、鹅饲养从
家庭副业逐渐变成专业户生产，到 1991 年，全县工业总产值达
100.6 亿元，县、镇、管理区三级企业值各占 30% 左右，个体联办
企业产值约占 10%。第三产业在改革开放后，也得到很大发展。到
1990 年，全县已构筑了一个多种形式的运输网络；已实现了城乡电
话程控化；建立起银行、信用社、保险业等营业网点 600 多家；形
成大小农贸市场 40 多个，还有西樵的布匹和大沥的有色金属、三

---

　　① 国务院发展研究中心课题组：《南海十二五统筹城乡发展研究》。
　　② "五个层次"指县、区（镇）、乡（管理区）、经济社、个体，后来出现与前面五种经济
形式不同的新经济形式——联合体，便改提"六个层次"。

鸟、塘鱼、蔬菜以及黄岐家私城（家具土语称家私）等一批专业批发或批零兼营市场，年成交额达 6 亿多元。

实行包产到户推动了南海区农村经济的快速发展，1980 年，南海县人均收入达到 300 元，到 1982 年已超 400 元，成为全国首富县。生产关系的变革，大大调动了农民生产的积极性，农村集体经济迅速发展和集体资产不断壮大。随着市场经济的确立，农村改革的深化，这种以小生产为特征的生产经营模式显得有些不能适应南海县的发展水平。在全国农村改革浪潮下，1983 年，南海县改革人民公社体制，以原公社为单位建立经济联合总社，以原大队为单位建立经济联合社，以自然村为单位建立经济合作社，全面建立了农村社区经济合作组织，优化农村经营体制，推动了农村集体经济发展。人民公社体制解体了，但集体经济没有终结，而是以新的面貌开始崛起。南海区集体经济以物业管理、厂房出租、土地转让等为主，集体经济发展迅速，1987 年南海县被国务院确定为全国农村改革试验区，在土地规模化经营和市场化经营方面开始了长久的探索。随着生产的不断发展，人民生活也不断改善，1990 年全县人均收入 3791 元，居民储蓄存款年终余额城镇为 13.9 亿元，农村为 26.7 亿元，已经基本实现了小康。

20 世纪 90 年代初，南海区在珠三角地区率先推行农村股份合作制改革，农村成立由村级经联社和村小组级经济社组成的两级集体经济组。农民将承包的土地入股，交付经济社使用，在获得利益后参与分红，农民不再直接进行农业生产，代之以按股份分红的方式获得长久收益和福利。农民转变为股民，真正成为集体资产管理主体和集体经济受益主体。对于村民来讲，股民的身份更意味着自己的经济利益，可以旱涝保收地获取一份稳定的收益，集体帮助村民实现了渴望已久的致富梦。2013 年南海区农村居民人均纯收入 17202 元，同比增长 9.63%。农村居民人均纯收入最高的镇（街道）是大沥，达 18198 元，同比增长 11.84%，最低的镇（街道）是丹灶镇 16217 元，同比增长 12.01%；农村居民人均纯收入最高的村（居）是大沥镇沥东社区 23706 元，同比增长 7.36%；农村居民人均纯收入最高的经济社是丹灶镇南沙六甲经济社 33960 元，同比增长 16.05%。全区村（居）社（组）两级股份分红总额为 30.73 亿元，同比增长 15.14%，参与股份分红的股东人数为 76.73 万人，占总人口的 99.48%，人均分配金额 4005 元，同比增长 13.91%。其中农村股份经济社有 2057 个，有股红分配的社有 1984 个，占总股份经济社数的 96.45%，股份经济社股份分红金额为 29.10 亿元，同比增长 14.88%，占全区分配总额的 94.70%，参与股份分红的股东人数 73.54 万人；人均分配金额为 3957 元，同比增长 14.46%。

随着农村经济实力的不断增强，农村居民的医保、社保支出 70% 以上由集体经济组织支付。集体分配和福利支出成为农村居民家庭生活的重要支撑。由农村集体投入基础设施以及环境现代化建设，实现了村村道路硬底化，村村通电、村村通自来水。集体经济的发展壮大既改善了农村社会的生产、生活环境，村民的生活及福利也得到了保障，同时也大大减轻了地方财政在支付社会管理和建设资金等方面的压力。大量资金的投入，为农村城镇化奠定了物质基础，推进了农村城镇化进程。不仅如此，集体经济的利益驱动，为一些政策的贯彻落实，以及精神文明建设的阵地、手段和活动场所提供了经济保障，使相关教育更具吸引力。如在村规、民约的股份章程制订中纳入对违反计生政策、重婚、不履行赡养义务等行为的处罚，从经济上约束了一些社会不良行为的发生，促进了乡风文明。

二 "以地生财"：农民成为集体经济的主要受益者

南海区以土地为中心的社区股份合作制，既保障了在农地转为非农用地过程中，农民的利益不受损，同时也保障了土地的规模经营和统一规划，还实现了土地的经济和福利功能。① 南海区土地股份制实现了家庭联产承包责任制中"承包"和"联产"的有效结合，其中家庭"承包"是基础，通过"联产"经营方式转变，不但稳固了农民的土地"承包"关系，还实现经营方式的多元化。另外，承包权的股份化使得土地流转更为简便有效，现代农业的规模化和产业化对土地的渴求得到满足，也促进了农业生产的现代化转型。借助土地股份制改革，土地这一重要生产材料集中在集体经济组织，如经济社和经联社的手中，以股份企业的形式介入市场经济之中，对土地等资源进行统一支配，获取收益。农民集体成为土地非农化级差收益的主要分享者。南海区靠集体土地租用启动的工业化，避开了国家土地征用环节，农村集体建设用地直接进入非农使用，所创造的土地级差收益得以保留在村庄内部。由于农民集体保有土地集体所有权，因此能长久地享有土地级差收益。

2013 年南海区农村农民所得收益总额为 1338515 万元，参加分配的人数 778119 人，人均纯收入为 17202 元。农民所得最多的是狮山镇，达到 324617 万元。人均纯收入最高的为大沥镇，人均纯收入达到 18198 元，从高到低排列，依次是桂城街道人均纯收入为 18085 元、里水镇人均纯收入为 16985 元、九江镇人均纯收入为 16936 元、狮山镇人均纯收入为 16911 元、西樵镇人均纯收入为 16856 元、丹灶镇人均纯收入为 16217 元。参与分配人数最多的为狮山镇 191956 人，从高到低排列依次是大沥 124695 人、西樵 108454 人、里水 99120 人、桂城 97419 人、九江 81674 人、丹灶 74801 人。

南海区 2013 年农村人均纯收入比 2012 年上升了 9.63%，其中

---

① 温铁军：《地租经济制约经济结构调整》，《南方日报》2011 年 4 月 1 日。

丹灶镇的增长幅度最大，为 12.01%，桂城的增长幅度最小，为 7.83%。大沥镇的增长幅度也超过了 10%，为 11.84%，里水镇的增长幅度 9.99%（见表 4—1）。快速的经济增长，得益于南海区优越的发展模式。南海区形成了三种发展模式：①自主发展模式。主要在大沥镇凤池、沥东、奇槎，里水镇洲村、河村，桂城夏西、叠北等村，充分利用地域、产业、资金等优势，打造专业市场和工业基地，培育集体经济新的增长点；②利益共同体发展模式。主要在丹灶镇、大沥等地，乡镇、行政村、社三级机构按照利益共享、风险共担、按股分红的经营模式，构建"共建、共享、共赢"的农村发展利益共同体；③市场运作模式（BOT 运作型）。用土地吸引发展商进入，利用资本和管理模式，进行投资建设厂房和相应设施，一段时期后产权移交给集体经济组织。这些是南海区集体经济组织效益来源的主要模式。无论是哪种运作模式，都强化了集体资产管理，优化了村民的"集体意识"。据 2013 年度南海区集体经济统计数据，2013 年村（居）社（组）两级可支配收入 62.72 亿元，同比增长 10.97%，其中村（居）级 20.83 亿元，同比增长 6.82%，经济社级 41.89 亿元，同比增长 13.19%。村（居）级可支配收入超 100 万元的村（居）级有 195 个，超 300 万元的村（居）级有 136 个，超 500 万元的村（居）级有 92 个，超 1000 万元的村（居）级有 62 个，超 3000 万元的村（居）级有 17 个。经济社级可支配收入超 100 万元的社级有 1034 个，超 300 万元的社级有 415 个，超 500 万元的社级有 194 个，超 1000 万元的社级有 54 个，超 2000 万元的社级有 12 个。村（居）社（组）两级可支配收入超 1 亿元以上的镇（街道）有桂城、狮山、大沥，最高的是大沥镇达 19.34 亿元，最低的是丹灶镇 3.00 亿元。

表4—1　　　　　　　　　南海区各镇街农村人均纯收入统计表

镇（街）	参加分配人数（人）	农民所得总额（万元）	2013年人均纯收入（元）	2012年人均纯收入收入（元）	增幅（%）
合计	778119	1338515	17202	15691	9.63
桂城	97419	176182	18085	16772	7.83
九江	81674	138320	16936	15543	8.96
西樵	108454	182812	16856	15380	9.60
丹灶	74801	121305	16217	14478	12.01
狮山	191956	324617	16911	15525	8.93
大沥	124695	226925	18198	16271	11.84
里水	99120	168354	16985	15442	9.99

三　农村工业化：有车有楼不如有个农村户口

随着南海区乡镇企业的蓬勃发展，一大批农民"洗脚上田"，农村的产业结构和农民的生活方式逐渐改变，推动了农村产业化、城镇化的发展。在南海区的农村工业化进程中，村组两级集体在农村工业化中被实体化。由于工业用地与农业用地的不同特点，地方政府统一部署，将农村土地进行"三区"（基本农田保护区、工业发展区、农村居住商贸区）规划，农村集体经济组织再将集体土地进行统一经营，或以土地直接出租或在土地上建好厂房、商铺对外出租，从事土地的非农经营。从此，村、组两级集体经济组织在南海区农村工业化进程中扮演举足轻重的角色，成为推动经济快速发展的主要载体。为了经营土地，南海区对集体经济组织进行改造，组建以村民小组或行政村为单位的股份公司，使整个村社由原来的分户经营变成了一个以经营土地为目的、以分配土地收益为纽带的实体。村、组两级经济成为南海经济的命脉。2013年村（居）、社（组）两级集体资产总额360.30亿元，同比增长17.79%，其中经联社级161.24亿元，同比增长11.41%，经济社级199.06亿元，同比增长 23.52%；村（居）、社（组）两级集体净资产 222.73 亿元，同比增长 12.00%，其中经联社级 86.39 亿元，同比增长 4.40%，经济社级 136.34 亿元，同比增长 17.41%；村（居）、社（组）两级货币资金存量 109.59 亿元，同比增长 43.59%，占资产总额 30.42%，其中经联社级 33.13 亿元，同比增长 38.21%，占经联社级资产总额的 20.55%，经济社级 76.46 亿元，同比增长 46.06%，占经济社级资产总额的 38.41%。农村集体资产已成为农村经济增长的重要支柱，集体经济的发展成为确保农村行政运作、农村公共服务建设管理、改善农村集体福利的重要物质基础，集体分配成为增加农村居民收入的重要来源。

正是得益于农村集体土地的非农化，南海区农村工业化突飞猛进，在集体土地上长出一片片工厂。这种不改变土地集体所有权性质，农民集体只靠出租土地（非自用土地创办集体企业）参与工业化的方式，形成独特的南海区农村工业化模式。2013 年规模以上工业区增加值 975.32 亿元，增长 11.8%。其中：先进制造业增加值 340.88 亿元，占规模以上工业比重的 35.0%，占比提高 2.7%；高技术制造业增加值 81.38 亿元，占规模以上工业比重的 8.3%，占比提高 0.4%；民营企业增加值 681.80 亿元，增长 12.3%。按经济类型分：国有企业增加值 2.50 亿元，增长 4.3%；集体企业增加值 16.45 亿元，增长 32.8%；股份合作企业增加值 1.55 亿元，减少 37.5%；股份制企业增加值 510.73 亿元，增长 13.5%；外商及港澳台商投资企业增加值 313.01 亿元，增长 9.0%。其他经济类型企业增加值 131.08 亿元，增长 11.4%。轻工业增加值 396.81 亿元，增长 11.5%；重工业增加值 578.51 亿元，增长 12.1%。

产值超 200 亿元的行业有 7 个，分别为有色金属冶炼和压延加工业、电气机械和器材制造业、计算机通信和其他电子设备制造业、金属制品业、废弃资源综合利用业、非金属矿物制品业、汽车制造业（未包括一汽大众）。汽车制造业首次迈入 200 亿元行列。七大工业行业增加值为 542.29 亿元，占全部规模以上工业增加值的 55.60%。其中，有色金属压延及加工业增加值 117.46 亿元，增长 12.7%；电气机械和器材制造业增加值为 105.41 亿元，增长 11.7%；计算机、通信和其他电子设备制造业增加值为 67.68 亿元，增长 4.5%；金属制品业增加值为 91.53 亿元，增长 11.4%；废弃资源综合利用业增加值为 62.07 亿元，增长 18.7%；非金属矿物制品业增加值为 55.11 亿元，增长 5.2%；汽车制造业增加值为 43.03 亿元，增长 27.4%。至 2013 年年底，南海区共有 29 个中国驰名商标、12 个中国名牌产品、117 个广东省名牌产品、129 个广东省著名商标。2013 年南海区规模以上的主要产品有发电量、皮鞋、服装、建筑陶瓷、铝材、家具、改装汽车、摩托车、点光源、家用电风扇、房间空气调节器、家用电冰箱、家用洗衣机等。（见表 4—2）

表 4—2 　　　　　2013 年南海区规模以上工业主要产品产量

产品名称	计量单位	产量	比上年增长（%）
发电量	亿万千瓦	68.85	-4.9
皮鞋	万双	3467	2.6
服装	万件	9583	11.5
建筑陶瓷	万平方米	15675	-1.6
铝材	万吨	170	13.3
家具	万件	488	-12.8
改装汽车	辆	12166	18.5
摩托车	万辆	21	1.0
电光源	万只	32194	-1.5
家用电风扇	万支	1049	-0.6
房间空气调节器	万台	433	2.0
家用电冰箱	万台	53	0.4
家用洗衣机	万台	55	-5.2

第二节　内外有别：无法融入的
不只是外来人口

截至 2014 年 6 月底，南海区总人口超 310 万人，其中户籍人口 120 万人，因经济发展吸引流动人口达 190 多万人，外地人远远多于本地人，即所谓户籍人口与非户籍人口的"倒挂"。其实早在 2009 年南海区的流动人口已经超过户籍人口数量，形成一种"倒挂"现象。[①] 2005 年以来，南海区常住人口逐年增加，有趣的是户籍人口也在逐年增加，流动人口在 2011 年达到顶峰，受全球经济形势的影响，2012 年开始有所回落（见表4—3）。"倒挂"成为南海区一种"独特"的普遍现象，如西樵镇的大桐堡村常住人口 13.9 万人，流动人口约 7 万人；狮山镇刘边村本地户籍 2532 人，流动人口 6815 人；狮山镇永安村本地户籍 4569 人，外地常驻 6815 人；桂城街道大圩村本地户籍 6872 人，外地常驻 11480 人、桂城街道东二社区本地户籍 9700 人，外地常驻 20300 人；桂城街道桂园社区本地户籍 1195 人，外地常驻 4033 人、大沥镇沥西社区本地户籍 5325 人，外来常驻 10000 多人……户籍制度首先进行了"内外群体"的划分，"本地人"与"外来人"的分界就此产生，形成了"陌生人的无序世界"。

---

① 杨敏：《三元化利益格局下"身份—权利—待遇"体系的重建——走向包容、公平、共享的新型城市化》，《社会学评论》2013 年第 1 期。

表4—3 2005—2013年南海区人口构成状况

年份	人口			户籍人口与流动人口之比
	常住人口（万人）	其 中		
		户籍（万人）	流动（万人）	
2005	193.20	109.70	83.50	1.31：1
2006	206.53	113.04	93.49	1.21：1
2007	204.11	114.32	89.79	1.27：1
2008	204.47	115.93	88.54	1.31：1
2009	246.02	117.51	128.51	0.91：1
2010	258.88	118.94	139.94	0.85：1
2011	260.78	120.87	139.91	0.86：1
2012	262.19	122.51	139.68	0.88：1
2013	263.90	124.48	139.42	0.89：1

一 "陌生人的无序世界"

南海区快速的城镇化和现代化，和数量庞大的外来人口的持续努力是分不开的。他们在南海区的建设和发展中，是一支不可忽视的力量。在南海区300多万人的常住人口中，外来人口占到200多万人，这些为南海区经济社会发展做出巨大贡献的人，始终无法融入当地的社会生活中。最显而易见的是称谓上的歧视，外来人口、流动人员是当地人最常用的称呼方式。方寸之内，外来人员与本地人聚落而居。本地人不用工作便可以享受可观的分红、丰厚的福利，而外来人员虽然辛辛苦苦上班工作，但是没有分红不说，就连基本的公共服务都难以享受到，心中的积怨可想而知。外来人口中有很多已经在南海区生活了多年，有的已经取得了南海区本地的户籍。作为共同社区的成员之一，外来人口为南海区的发展做出贡献的同时，也要求分享经济社会发展的成果。但是农村集体经济成果根源于土地承包经营的性质不容许外来人口共享，社区原住民通常反对将来自集体资产的收益作为公共产品分配给社区居住的外来人口，两个不同利益群体的潜在冲突潜滋暗长。随着南海区集体经济的发展和土地股权的固化，集体经济组织成员越来越多依靠成员身份获得集体经济组织的财产和利润的分配，在南海区居住生活的外来人口和当地经济发展越来越疏远。此外，在本地人与外地人之间存在着公共服务的均等化问题。而当地政府，也有自己的苦衷。如何对这个庞大的外来群体进行有效的社会管理和服务，并让他们享受到更多的同城待遇，成为摆在当地政府面前的一道难题。桂城街道江滨社区书记麦桂均说，"江滨社区虽然户籍人口不多，但是新楼盘多，在这儿买楼居住的人也多，可以说来自五湖四海。而搞社区服务，目的就是社区和谐，不能因为他们户口不在这儿，就对他们不理不睬。所以，每次社区有活动，都会通知那些户口不在社区的人一起参加，将大伙聚到一起。可是，目前的社区服务经费是按照户籍人数来安排的，这无形当中就加大了江滨的经济压力"。

　　一般而言，"在社区公共物品数量较少时，人们不会对社区成员做严格的资格甄别，原因在于公共品有其效果的'外溢性'"[1]。可是，一旦在社区成员间分配的不只是公共品或者超出容忍的范围时，"集体成员就会反对外来人口享受社区的公共品，造成社区公共生活的封闭性和本地原住民与外来人口之间的裂痕"[2]。南海区经济的快速发展，外来人口的不断涌入，使得村居集体的范围不断扩大，拥有股东资格的居民所占比例越来越低，但村居集体公共事务的经费大部分来自村居集体经济收入，而村居集体经济组织的收益分配取决于股东的意愿，村居整体公共利益与少部分股东利益产生

---

① 党国英：《论我国土地制度改革现实与法理基础》，《新视野》2012 年第 5 期。

② 同上。

矛盾。用当地居民的话来说就是，新增人口或外来人口"乘虚迁入"，都跑来"分猪肉（享受股份及福利待遇）"，出现"不劳动者也得食"等现象。随着外来人口的增多，外来人口与集体经济组织成员争利问题会越来越显著，特别是外来人口与社区原住民争利现象将会越来越突出，成为一颗"定时炸弹"。根据《中华人民共和国村民委员会组织法》规定，"户籍不在本村，在本村居住一年以上，本人申请参加选举，并且经村民会议或者村民代表会议同意参加选举的公民，可以参与选举"。《组织法》赋予了外地人参与本地选举的权利，在政经混合体制下，一旦外地人当选，便会影响村居经济分红和股民利益，改变村居集体经济结构，引发本地居民与外来人口之间的矛盾和冲突。

二 "熟人的陌生人社会"

在南海区 120 万人的户籍人口当中，农村户籍人口约为 73.7 万人，这部分人口超过了总户籍人口的一半，但在整个 310 万人常住人口中仅占 23.8%，尚不足 1/4。正是这部分南海区的原居民，享受着南海区经济高速发展所创造的红利，而绝大多数的为本地发展做出巨大贡献的外来人口则被排斥在分红体制之外，不仅没有分红即使连最基本的公共服务也没有办法均等享受。"和外来人口有同样遭遇的还有 46.3 万人是城市户籍人口。这两个群体的共同点在于，他们都不是农村集体股份合作制的'体制人'均属于'没钱分'之列，是不享有股份分红权利的两个利益群体。"[①] 如此一来，农村集体股份合作制作为第二道分界线，在本地人当中划分出享有股份分红与不享有股份分红的两大利益群体。与户籍制度造成分界相比，农村集体股份制造成的沟壑更加难以逾越，因为牵涉更

---

① 杨敏：《三元化利益格局下"身份—权利—待遇"体系的重建——走向包容、公平、共享的新型城市化》，《社会学评论》2013 年第 1 期。

大的利益和更深的权利待遇问题。

近年来，随着南海区集体经济的壮大，在集体经济股民身份的确认上也同样存在着激烈的矛盾。越来越多的"外嫁女"自理口粮户等要求对于集体经济分红提出要求，引起村（居）矛盾和群体冲突。最突出的就是"外嫁女"的问题。在南海区许多"外嫁女"及其子女，甚至第三代也开始主张自身权益，造成了集体经济组织成员内部的矛盾。"外嫁女"群体和"反外嫁女"群体往往通过非理性的上访行动来主张自己的权益。以大沥镇六联村的"外嫁女"为首多次组织到省上访及进京上访。"外嫁女"问题解决后，农村分配矛盾主要表现为其他特殊群体要求参与农村集体经济的股份分配和福利分配。如农村离婚妇女及其子女的合法权益问题；曾经转为自理粮人员在农村集体经济组织中的权益问题。由于各地的做法不统一，也引发了这一群体人员的利益争议，嫁居民入户且丈夫原籍在农村的妇女及其子女群体在全面落实农村"外嫁女"权益工作期间诉求反映最大，她们认为在村中的地位要比"外嫁女"高，农村"外嫁女"的问题都解决了，她们的问题理应解决；知青后代认为他们是被社会遗忘的群体，以前没有享受城镇居民的好处，长期居住在农村，现在又不能享有当农民的好处，在村中没有福利；把户口迁离原村的利益群体相当一部分在户籍制度改革后把户口迁回原村，随着时间的推移，一开始是要求只享有村民同等的福利待遇，逐渐发展到要求参与农村的股份分配；原籍农村的高等院校毕业生，部分不能回农村参加分配，目前工作又不如意的，认为当时国家的户籍管理制度害了自己，考上大学还不如考不上；"农转非"群体提出自己参加过多年生产队集体劳动，没有功劳也有苦劳，只不过没有眼光，造成今时的处境，但新生儿和新娶入的媳妇都在村中有权益，而自己却没有，似乎道理上讲不过去。

第三节 村籍制度：封闭状态的形成与维持

时至今日，南海区巨大集体经济利益成为引发矛盾纠纷的"吸铁石"。按照惯常的思维，人们希望"做蛋糕"的人越多越好，"分蛋糕"的人越少越好。外来人口为本地的发展贡献了自己的汗水，希望获取集体经济发展所带来的福利，而在现实中本地人却往往予以排斥。此外，本地人中就是享有股份分红的群体即社员股东与不享有股份分红的两大利益群体也隐藏着深层次的矛盾。村籍，顾名思义，享有村籍的人都可以分享集体经济的发展成果。这种以村民身份作为利益分配主要依据的分配制度，一方面强化了村民的身份意识，拉大了城乡鸿沟；同时也引起了南海区其他自理粮、知青、农转非等居住在农村的9类、涉及5万人的特殊群体对于集体利益分配的觊觎，其中以"外嫁女"利益的争夺最为激烈。

一 "古有康有为，今有外嫁女"

据不完全统计，南海区大概有10万人左右的"外嫁女"①。所谓的"外嫁女"问题，就是上述在传统观念中不属于"村民"（即被认可的具有村庄成员资格的人）的群体，要求和其他"村民"

---

① "外嫁女"是指那些嫁到本村之外，而户口仍然留在本村的妇女，广义上的"外嫁女"还包括那些离婚或丧偶后户口仍留在夫家，并承担相关义务的从外地嫁入本村的妇女，户口迁入妻家的入赘女婿以及她（他）们的子女。大体来说，"外嫁女"可以分为5类：第一类是"农嫁非"外嫁女，即在户籍改革之前，持农村户口嫁给非农的女性，她们的户口不可随迁夫家，她们自己又生活在村子里履行义务；第二类是"农嫁农"外嫁女，即户口可以迁走，但因为种种原因没有迁走的女性；第三类是"农嫁农"后离婚的"外嫁女"，即外村的女性嫁入本村，户口也迁入本村，但之后又离婚户口仍留在本村的女性；第四类是招赘户，即双女户等招郎入户的人员；第五类是那些对解决方案有异议的"外嫁女"，如符合购股条件，但认为股本过高拒绝执行的"外嫁女"。

享有同样的权益而引发的冲突。分析"外嫁女"问题产生的原因，不外乎以下几个方面：第一，户籍制度相对滞后。随着农村人口的流动，婚姻关系的不断扩展，比如农村村民嫁给城市居民，按照传统的村规民约，嫁出去的女儿必须将户口迁至夫家。1998年以后，户籍制度被打破，嫁出去的女儿可以迁出户口也可以不迁出户口，这便产生了纠纷。第二，农村集体资产普遍带有浓厚的福利色彩，它既不需要投资也不需要承担经营风险，便可享受越来越高的股份分红，嫁出去的妇女不愿迁出户口，嫁入的人口不断增加，导致集体经济的大饼越摊越薄。人口急剧增长的矛盾，使经济发达的地方人、地关系紧张，利益分配压力加大。另一方面村民认为多一人参与利益分配，自己的分配金额所得就少一份，利益的驱动促使村民普遍反对落实"外嫁女"及其子女权益。再加上封建传统观念为不给"外嫁女"分红提供了所谓的合法性解释，认为"嫁出去的女儿泼出去的水"，妇女结了婚就要离开娘家，不能与当地的村民争饭吃，"舅父不养外甥"等传统观念的存在，导致部分村民认为"外嫁女"及其子女不应享有集体资产的权益。第三，"外嫁女"利益诉求过高，行为过于偏激，变成了与村民村组干部的对抗。"外嫁女"提出除了解决本身的股份分红外，还有宅基地、越级上访的补偿费，精神补偿费，一个人计算下来160万元。一旦群众干部不落实她们的权益，便在村组干部门前闹、泼红油、烧纸钱，甚至抬棺材、跳江，无所不用其极。第四，国家法律政策缺位。村委会组织法中六项重大决策一定要通过民意。投票表决，这就造成了法与规之间的矛盾(《妇女权益保障法》与《村民委员会组织法》)。另外，政策与政策之间也有矛盾。当时设计的初衷是好的，坚持因地制宜，一村一制。但是，这种方式也导致了股份章程的不统一，在落实中造成了攀比的可能。有些地方采取无偿配股，有些允许出资购股，有些一次性领取若干年的股份分红。无偿配股是上上策，大家皆大欢喜；出资购股的就会有意见，有想法。

二 村庄中的国家与集体

"嫁出去的女儿泼出去的水"是当地一直以来当地村民信奉并遵守的乡规民约。国家的介入，打破了当地的地方性规则。当国家与集体在村庄中相遇，集体自然要让位于国家。可有的村干部片面地理解村民自治的内涵，甚至断章取义，曲解村民自治，认为村民自治就是什么事情都是自己说了算，凡涉及全体村民利益的重要事项，都应提交村民（股东）会议讨论通过，解决农村"外嫁女"及其子女的股权权益也属村民自治内部事务，并以此为"挡箭牌"，自行制定并表决通过带有歧视或侵害农村"外嫁女"及其子女利益的违反条款的股份章程，要自治不要法治，造成股份章程大于法规的怪现象。2008 年，南海区委区政府以前所未有的强硬态度，出台了 11 号文件，为具备身份资格的"外嫁女"，按照同籍、同权、同医、同股、同益的"五同"原则落实政策。在落实"外嫁女"权益的过程中，面临了一系列的挑战，我们在访问一位当时负责"外嫁女"工作的主要领导时，他生动地概括为"法理＋威严＋情感＋铁锤"的工作方式。第一种方式是，"让你自己下楼"，即通过宣传引导，集体经济组织自觉落实，大约80%是自己解决的；第二种方式是"拿着梯子让你下楼"，若遇到部分村组思想有问题，工作难度较大，采取行政引导无效的前提下，出台行政处理决定书，然后村组干部根据行政处理决定书，加以落实；第三种方式是"用绳子吊你下楼"，这种方式针对问题矛盾村，在出台行政处理的过程中，仍不保障权益的话，法律裁决书 3 个月生效后，采取行政处理；第四种方式是"推你下楼"，采取司法强制，行政拘留 15 天，并在法院判决。上述四种策略解决了南海区的 97.5% 的"外嫁女"问题，还有 2.5% 没有解决。就是这 2.5% 没落实的带来不小的隐患，造成已经落实的村组不是向先进学习，而是有样学样，不执行政策。有的项目分红，有的项目不分红给"外嫁女"及其子女，如不分征地款给"外嫁女"及其子女。随着"外嫁女"子女数量的不断增多，矛盾累积的也越来越多。1998 年后没有固化股权，增量发展到一定阶段后又会出问题。人口的变动，"外嫁女"子女的股份争议必将又会成为问题。初步测算，这个群体有 5 万多人，存在股权争议的有 63 个个案。"外嫁女" 2008 年之后群体不断新增，西樵镇大桐片区每年外嫁 20—30 人，带回 100 多人。同姓的村组人不愿意带入外姓的人，从而引发群体性矛盾。

　　国内首起股份经济合作社诉镇政府案件，便发生在南海区。事情的起因便是村民不同意"外嫁女"分红。2009 年 10 月，大沥镇六联村怡兴第一股份经济合作社在收到行政处理决定书后，不服政府的行政处理决定，向南海区人民政府提出行政复议。在区政府依法做出行政复议处理决定后，该小组仍然表示不服，向南海区人民法院提起行政诉讼，要求撤销大沥镇政府的行政处理决定。同年 11 月 4 日，南海区人民法院就此案进行公开宣判。法院判决维持佛山市南海区大沥镇人民政府做出的行政处理决定。法院判决认为，大沥镇政府做出的行政处理决定认定事实清楚，证据确实充分，适用法律准确，程序合法。大沥镇六联村怡兴第一股份经济合作社要求撤销大沥镇政府所做的行政处理决定，没有事实和法律依据，法院不予支持。案件的判决虽然维护了"外嫁女"的权益，但是"外嫁女"的维权之路似乎并不顺畅。2012 年 5 月 16 日，本课题组在罗村街道调研时，负责罗村"外嫁女"工作的领导干部的说法也从侧面印证了村民与"外嫁女"群体的无休止的争端与博弈。"117个经济社中，1127 人，其中子女 354 人，'外嫁女' 773 人。全部'外嫁女'和子女都发放了股权证。在 2010 年年底，罗村街道'外嫁女'通过司法途径落实，每一桩都是法院强制执行的。通过法院落实的有333份，涉及款项2500多万元。'外嫁女'没有得到妥善解决的原因主要在于经济利益。由于利益分配的冲突很大，引发村民的抵触。能够自觉给'外嫁女'的只有8个经济社，一个经济社中有10来个'外嫁女'，有7个签了放弃子女和个人的征地款，村委就跟村民和股东一样发给她，没有签的就在抵触。村民传统意识根深蒂固，有些对'外嫁女'能接受，但对子女很难接受。这也是重要困难之一。再有村组成员资格很复杂。男性股东娶城镇户籍的妻子，或是自理粮，他们也没得分红，但'外嫁女'及其子女有想法。再有随着户籍制度的改革，村民的分红也越来越多，嫁到分红比较多的地方，她就迁走；否则她就把户口留下，造成这个群体越来越大，也是隐患。同时村里的人也担心'外嫁女'及其子女会分薄自己的一份。可以利用的资源也越来越小，可想解决的困难也越来越大。个人觉得还是得通过司法途径，做基层干部和股民的思想。最后通过固化股权来解决。"

三 "谁不是集体的？"

调研中，一位没有享受到分红的老者用蹩脚的普通话说出了这样一句话："谁不是集体的？"我国法律虽然明确规定农村集体资产产权归属农村集体经济合作组织所有，但是农村集体资产产权归属问题比较复杂，以"三级所有、队为基础"的体制模式，从来没有在法律上清晰认定它归谁所有，对集体的社区成员没有做出明确的资格界定，导致了农村人口的变动引发了股份经济合作组织股东人数的变动。"你见过城镇居委会有人争未（粤语发音，等同于普通话"吗"的意思）？为何会没有人争呢？因为有'集体经济'这块利益存在，而且'集体经济'在法律上谁也摸不清，'外嫁女'用《妇女权益法》与《组织法》抗衡，往后如果某些人用《宪法》来抗衡那还得了，其实不是比哪个法大，而是'集体经济'的边界还无法界定。"一位主政南海区多年的地方官如是说。

"'集体经济组织'在法定体制中的缺失，使村委会在现实中成为村庄中最重要和最关键的角色。从实际运行来看，'法定体制'定义是作为基层群众性自治组织的村委会，在事实体制中扮演着远比上述定义重要得多的角色，承担着更加复杂的功能。"[1] 既然法律没有清晰的界定，只能依靠最先入住这里的原住居民订立"游戏规则"，形成村规、民约，常态化之后便成为村籍制度。所谓"村籍制度"，就是依据是否归属本村户口进行集体利益或福利待遇的再分配。由于村籍与利益直接挂钩，因此在当地也就形成以村籍为核心的认同体系，人际关系和社会结构首先也就分化为"本村人"与"外村人"的二分格局。村籍成为地缘集体的封闭边界，本村人为保留村籍，不愿意离开村子，姑娘不愿意嫁到外面去，有的人连外出上大学都不愿意；村籍也成为地方保护主义的重要依据，外面的人即便在村内长期居住、生活、劳动经营，但很难获得当地村籍。[2] 村籍制度的存在，使"村级组织封闭，不仅城乡之间人口难以流动，农村内部的村庄之间、社区之间人口也难以流动"[3]。围绕成员权产生的股权争议，主要是由成员权集体所有制所致。另外，农村股权的配置普遍采取无偿配给。由于农村股权普遍存在浓厚的以成员权为依据的福利分配色彩，其本质就是以成员权为依据的经济利益分配，由此必然导致农村股权争议的长期存在。课题组在南海区东星村调研时，就有村民抱怨说，"'外嫁女'问题很难。怎么解决的问题，村民自治下，没什么事的就算了，政府就不要管了，即形成了稳定的结构后，不要轻易触动。'外嫁女'子女还享受分红，村民不接受，村民分成两派，一派是"外嫁女派"，一派是"反外

---

① 陈剑波：《农地制度：所有权问题还是委托—代理问题?》，《经济研究》2006 年第 7 期。

② 陆益龙：《户籍制度——控制与社会差别》，商务印书馆 2003 年版，第 158—159 页。

③ 项继权、李增元：《经社分开、城乡一体与社区融合——温州的社区重建与社会治理创新》，《华中师范大学学报》（人文社会科学版）2012 年第 6 期。

嫁女派"。我们村人认为'外嫁女'分红没有问题,但是比较反对'外嫁女'子女享受分红,政府介入后,矛盾会愈演愈烈。村民很多持这样看法。也有村民说是屈服于政府的压力,不得不同意和政府的意见"。河东社区也面临类似的情况,"我们从 2004 年开始股份制改革,当时我们没有固化,而是动态管理的,村民没有什么大意见。我们按照'出资购股、退股取成'① 的方式,符合股东资格就可以购股。由于我们的集体经济主要靠租金收益,租金收益是不可能大幅上升的,而我们的股东人数每年都在激增,所以村民的每股分红可能在逐年下降。我担心村民日后有意见。现在,我想股权固化,但又担心不能通过,特别是那部分即将结婚、生孩子的人群,肯定反对;但不固化也不行,会不断被人侵袭"。

农村经济的发展,并没有使村庄越来越趋于开放,经济发达的村庄反而越来越封闭,村民的成员身份进一步得到强化。这是因为"村民身份与集体财产的所有权分配和福利分配是密切相关的,当村庄集体为其成员提供较多的福利的时候,他们就会要求严格村庄成员身份,以保障利益不外流"②。村籍不是单一的边界限制,而是"包括工资、福利、就业、教育等相关联的一整套制度综合体系。拥有村籍,就标志着具有了优先选择职业,享受村民福利、补贴或集体分配,以及在村内批地建房办厂、入股投资分红等权利"③。村籍制度的产生不仅有特定的社会基础,还受到封闭的村落文化的影响,也受制于现有的制度结构。抑外强内几乎是每一个有明确利益边界的社区或组织单位在资源分配中所通行的惯例。④

---

① 从确权那日为止,之前的叫作原始股或资格股,之后的那些叫作出资股。

② 刘一皋、王晓毅、姚洋:《村庄内外》,河北人民出版社 2002 年版,第 20 页。

③ 折晓叶:《村庄边界的多元化——经济边界开放与社会边界冲突与共生》,《中国社会科学》1996 年第 3 期。

④ 刘倩:《南街社会》,学林出版社 2004 年版,第 53 页。

小　结

随着南海区集体经济的不断发展壮大，有农村股权争议的地域范围不断扩大，呈现蔓延发展态势。主要负责农村集体经济管理的城乡统筹办公室被人称为第二信访局，"利益分配跟户口是捆绑的，造成了"外嫁女"、城转女，非婚生育，"外嫁女"子女、读书当兵等要求参与农村分配，越级上访占到 50%。城乡统筹部成为第二个信访局。户籍制度派生了很多问题，李东村，有两个人分别嫁给了印度和非洲人，也要参与农村利益分配"。该单位负责人将他们的日常工作方式称为"三皮工作法"，即"说破嘴皮，挠破头皮，磨破脚皮"，言语充满了无可奈何的自嘲。看一眼南海区农村复杂的各种组织人员鉴定条件，便会让人望而生畏。比如集体经济组织成员，需要符合四个条件当中的其中一条：①2004 年 7 月 1 日前凡持有农业户口的人员；②2004 年 7 月 1 日后入户人员其直系亲属（父母）持农业户口的人员；③凡持有农业户口的男性人员的合法配偶原属农业户口性质的人员；④持农业户口的纯女户中的入赘的一名女婿。享受配股分红的集体经济组织成员，需要满足下面六条中的其中一条：①属本组社集体经济组织成员，现享受集体分配的；②属本组社集体经济组织成员，现享受集体分配的在读大中专学生、现役义务兵；③属本组社集体经济组织成员，现享受集体分配的男性依法娶入原属农业户口性质，并在本组社居住生活的妻子及其符合计划生育政策所生的子女；④结婚后户口和居住地仍在本组社的女农村集体经济组织成员及其符合计划生育政策所生的子女；⑤入赘到本组社现享受集体分配的纯女方，且户口已迁入的男方，及其符合计划生育政策所生的子女且户口的子女;⑥现享受集体分配的集体经济组织成员依法收养的子女。适用下面条件中一条的可以享受配股但暂时不享受分红的集体经济组织成员包括:①可以享受配股,但违反计划生育政策的夫妇及其违反政策生育的子女。经济处罚按《广东省人口与计划生育条例》的有关规定执行;处罚期内,不得享受股份分红,不得办理股份转让继承、抵押、赠与、退股取值;②可以享受配股但违反政策生育的子女在处理完毕并购股后才能享受分红;③本组社正在服刑和劳动教养(2013 年 11 月 15 日公布废止)人员。服刑和劳动教养期内,其股权证由股份经济组织托管,停止股份分红,不得办理股份转让继承、抵押、赠予、退股取值;④五保户。股权证不发至个人,由股份经济组织托管,股份收益归集体,用于供养五保户,股份不能转让、赠送与继承,其本人逝世后,股份划归集体。符合下面条件中的一条的集体经济组织成员,不能享受配股分红:①居住在本组社的非农业户口;②在入户时已签订不享受股权合约的迁入农业人口;③截止时间前已死亡,但未及时办理户口注销手续的农业户口;④组社对"外嫁女"已采取一次性经济补偿解决股份、福利待遇问题的,仍按原约定执行;⑤在本区范围内不同村组之间嫁娶,在另一方已享受配股分红的(见表4—4)。

表 4—4　　　　　　　　享受不同权益的成员鉴定条件

权益覆盖范围	成员鉴定条件
集体经济组织成员	①2004 年 7 月 1 日前凡持有农业户口的人员; ②2004 年 7 月 1 日后入户人员其直系亲属(父母)持农业户口的人员; ③凡持有农业户口的男性人员的合法配偶原属农业户口性质的人员; ④持农业户口的纯女户中的入赘的一名女婿。

权益覆盖范围	成员鉴定条件
享受配股分红的集体经济组织成员	①属本组社集体经济组织成员，现享受集体分配的； ②属本组社集体经济组织成员，现享受集体分配的在读大中专学生、现役义务兵； ③属本组社集体经济组织成员，现享受集体分配的男性依法娶入原属农业户口性质，并在本组社居住生活的妻子及其符合计划生育政策所生的子女； ④结婚后户口和居住地仍在本组社的女农村集体经济组织成员及其符合计划生育政策所生的子女； ⑤入赘到本组社现享受集体分配的纯女方且户口已迁入的男方，及其符合计划生育政策所生的子女且户口的子女； ⑥现享受集体分配的集体经济组织成员依法收养的子女。
享受配股但暂不分红的集体经济组织成员	①可以享受配股，但违反计划生育政策的夫妇及其违反政策生育的子女。经济处罚按《广东省人口与计划生育条例》的有关规定执行；处罚期内，不得享受股份分红，不得办理股份转让继承、抵押、赠予、退股取值； ②可以享受配股但违反政策生育的子女在处理完毕并购股后才能享受分红； ③本组社正在服刑和劳动教养人员。服刑和劳动教养期内，其股权证由股份经济组织托管，停止股份分红，不得办理股份转让继承、抵押、赠予、退股取值； ④五保户。股权证不发至个人，由股份经济组织托管，股份收益归集体，用于供养五保户，股份不能转让、赠送与继承，其本人逝世后，股份划归集体。
不能配股分红的集体经济组织成员	①居住在本组社的非农业户口； ②在入户时已签订不享受股权合约的迁入农业人口； ③截止时间前已死亡，但未及时办理户口注销手续的农业户口； ④组社对"外嫁女"已采取一次性经济补偿解决股份、福利待遇问题的，仍按原约定执行； ⑤在本区范围内不同村组之间嫁娶，在另一方已享受有配股分红的。

　　围绕成员权产生的股权争议，主要是由成员权集体所有制所致。我国法律虽然明确规定农村集体资产产权归属农村集体经济合作组织所有，但农村集体资产产权归属问题比较复杂，从来没有在法律上清晰认定它归谁所有，对集体的社区成员没有做出明确的资格界定，导致了农村人口的变动，就会导致了股份经济合作组织股东人数的变动。

第 五 章

"三元化社区"的外部紧张

"要理解局部环境的变化，必须超越局部环境，在制度上来看问题。"按照米尔斯的思路，要想理解群体的变化，则需要在组织上寻求解释。一般而言，我国社会的基层组织体系由政治类组织、经济类组织和社会类组织构成。政治类组织包括党支部、村委会、村民代表会、村民议事会等，具有基层自治和行政管理的双重功能；经济组织包括专业协会或专业技术协会、社区合作经济组织、各类经济联合体、专业合作经济组织、合作社之间组建的联合体等组织，从事经济活动为主要内容的团体；社会性服务组织包括老年协会、扶贫协会、红白理事会、合作医疗组织等不以营利为目的的互益性组织。① 具体到南海区，主要涉及村党支部（党组织）、村委会（自治组织）、经联社（经济组织）这三类组织。这三类组织在人民公社时期是相互重合、高度一元的，长期的制度运行形成相对稳态的路径依赖，一元化的组织结构一直延续至今。在群体不断分化的背景下，一元化的组织结构越来越不能适应"三元化社区"的治理要求。

---

① 徐汉国：《中国城乡基层组织体系重构研究》，知识产权出版社 2010 年版，第 33 页。

第一节 人民公社的制度遗产

1958 年 8 月，在"共产主义是天堂，人民公社是天梯"的宣传下，人们便想依仗人民公社这"天梯"，以"大跃进"精神，"跑步进入共产主义天堂"。当时的南海县响应毛主席"人民公社好"的号召，酝酿组织人民公社。大沥和盐步两乡，于 1958 年 8 月 31 日和 9 月 1 日先后宣布成立了人民公社，其他各乡也一起响应。在随后 13 天内，全县 23 个乡均宣布建立人民公社，实现全县人民公社化，同年 9—10 月，23 个公社并为 12 个。县内农村政权治理从此走上了"政社合一"的体制。

一 集体主义：人人有饭吃

由于公社规模过于庞大，又从 12 个公社中分出红旗公社和民乐公社，变为 14 个公社。1958 年 12 月新建渔业公社。南海县共有东风、盐步、红星、九江、上游、西樵、民乐、里水、红旗、跃进、幸福、南庄、红峰、渔业 14 个公社，下辖 214 个生产大小队，1498 个生产队。1961 年 8 月，在贯彻中共中央《农村人民公社工作条例》（修改草案）时，又以缩小规模为主进行社队规模的调整，将全县 14 个公社分设为雷岗、夏教、平南、平洲、盐步、黄岐、里水、联建、麻奢、和顺、金溪、官窑、大榄、沙头、马安岗、松岗、大沥、大圃、西隆、塘头、罗村、狮山、小塘、联安、罗行、横江、丹灶、西城、民乐、太平、西樵、和清、大同、九江、沙头、吉利、南庄、溶州、渔业 39 个农村公社和盐步、九江 2 个镇公社，辖 549 个生产大队，3478 个生产队。在贯彻实施"三级所有，队为基础"体制过程中，主要调整生产队一级的规模，公社、生产大队规模过小反而不利。1963 年 2 月，全县进行适当合并公社、大规模为主要内容的调整，将 41 个公社合并为平洲、盐步、大沥、里水、和顺、官窑、罗村、小塘、丹灶、九江、西樵、南庄、渔业公社，共 13 个。下辖九江、盐步镇和 221 个生产大队，3740 个生产小队。1980 年，九江公社分出沙头公社，官窑公社分出松岗公社。1983 年，全县 15 个公社，下辖 242 个生产大队，2796 个生产小队。

人民公社建制为公社辖生产大队，生产大队辖生产队。建社初，短期内曾一度实行过"组织军事化"，以公社为团，生产大队为营，生产小队为连。生产大队、生产小队规模初期分别相当于原高级社和高级社的包产队。初期，变小集体所有制为大集体所有制，并包含若干全民所有制的成分。一切生产资料如土地、山林、果园、鱼塘、耕畜、生产设施、大农具以至社员参加合作社时的入股股份基金等全部归公社所有，社员的自留地和自留的零星果树、自养猪等也收归集体。实行全公社统一经营、统一调配和统一分配。管理上实行"三化"，即组织军事化、行动战斗化和生活集体化。全县农村办起了公共食堂 2899 间，吃饭人数达 71.9 万人。推行供给制与工资制相结合的制度，在公共饭堂吃饭全供给不收钱；工资分 5—7 个等级，每月一评，按政治觉悟、劳动态度、劳动强弱、技术高低等自报会议，经生产大队批准，由公社统一发放，大概每个劳动力月发工资 5—8 元。

人民公社是一个时代的象征。从 1958 年成立到 1984 年解体，人民公社伴随中国农村整整 26 年。"人民公社实现了土地的集体所有制，恰恰是这种全世界独一无二的土地制度给后公社时期中国农村的发展打上了独一无二的中国标志！人民公社时期创办了社队企业，至少在沿海农村，恰恰是这种别具一格的企业为改革开放时代农村经济的腾飞提供了经济的与制度的前提!"① 从历史的角度看，应该说，农村人民公社这种社区合作组织的运作在当时是相当高效的。公社体系触及农村社会生活的各个侧面，公社、生产大队、小队的领导人既可用行政手段来干预农民的经济活动，也可用经济手段来保障一些行政任务的完成。这种"三级所有，队为基础"的人民公社垂直体系具有极大的调动资源和配置资源的能力。另外，人民公社体制也有较强的提供公共产品的能力。这体现于当时强有力的民兵组织，健全的合作医疗体系，县、公社、生产大队、生产小队的四级科技网以及大型水利工程的兴修等。② 人民公社时期建立的完整、运行有效的党政权力体系，影响深远，直至今天。但是人民公社的弊端也是致命的，劳动者自己使用资源但并不拥有财产权利，而是属于集体的，而集体是谁？谁属于集体？一直没有明确的界定。政权管理与生产经营管理混在一起不易区分，管理人员中仍然有人想依仗这一"天梯"，进入"共产主义天堂"，以行政命令干预生产建设，生产队自主权得不到保障；反之，琐碎的生产经营事务也妨碍了人民民主政治体制建设的不断完善和发展。随着南海县农村经济的迅速发展，社会主义市场经济体制逐步建立，原来以人民公社为基础的农村管理体制，逐渐显露出很多新的矛盾和问题，制约着农村经济的发展和城市建设的进程，制约着农业规模经营的发展。虽然时过境迁，在农村基层的权力结构、组织体制和农民生活的细节中，仍可见其忽隐忽现的踪影。

二 新集体主义：人人有钱花

1983 年 1 月中共中央 1 号文件提出了"人民公社的体制，要从两方面进行改革，这就是实行生产责任制，特别是联产责任制；在

---

① 张乐天：《告别理想：人民公社制度研究》，上海人民出版社 2005 年版，第 15 页。

② 张晓山：《走向市场：农村的制度变迁与组织创新》，经济管理出版社 1996 年版，第 97 页。

此基础上建立起统分结合的农村双层经营体制，实行政社分设"。
双层经营体制的确立，突破了原来人民公社三级所有，"一大二公"
"政社合一"，高度集中管理的局限，被人们称为：改革农村经济体
制的强劲冲击波。1983 年 10 月 12 日，中共中央、国务院联合发出
了《关于实行政社分开建立乡政府的通知》。作为先行地区之一的
南海县，南海县委、县政府于 8 月 26 日，根据中共中央和省政府
的有关指示，发出了《关于改革政社合一体制，建立区、乡政权的
意见》，把全县 15 个农村人民公社（含 1 个渔业公社），240 个生
产大队，3345 个生产队，原来政社合一的管理体制，改为"政社
分设"。行政方面，设立区、乡政权机构，公社改为县人民政府派
出机关的区公所，生产大队改为乡人民政府，生产队改为村民委员
会（属村民自治组织）。事实上，从 1983 年承包制的实施开始，到
1986 年南海县委决定设置经济联社（行政村一级）和经济社（自
然村一级），发展集体经济，逐步完善农村双层经营新体制为止，
那种自由的无集体、无组织的分包式的个人承包制并没有存在很多
时间。1987 年 2 月，撤区建镇，15 个区公所改设 16 个镇人民政府
（增设桂城镇），成为基层政权机构；240 个乡政府改为 242 个村民
委员会，9 个行政村建制，1988 年 6 月，又改为管理区，设管理区
办事处，成为镇政府的派出机构，自然村改为 1530 个村民小组
（1988 年 6 月改为 1400 个村民委员会）。1987 年 5 月 4 日，南海县
被国务院确定为农村改革试验区，主要试验土地制度改革和规模化
种植两个课题。1992 年春，邓小平视察南方，发表"发展才是硬
道理"和"三个有利于"的重要讲话。4 月，南海县调整粮食政
策，全面放开粮食计划任务和价格，因此农村土地卸掉了长期背负
而又十分沉重的包袱，放开手脚调整农业生产结构，全面发展农业
经济。9 月，南海撤县设市。12 月，中共十四大提出全面建设社会
主义市场经济体制的要求。各区（原公社）在 1983 年"政企分

设"时，企业设区农工商联合公司，管理原公社的企业，但乡（原大队）以下行政与企业的关系没有同时理顺，地区性合作经济组织未有相应地建立和健全，一定程度上还存在公社时期"政社合一"的影子。

王颖在 20 世纪 90 年代通过对南海区的调研，将南海区现时的发展模式总结为"新集体主义"。他认为，新时期的集体与传统的集体已有本质上的差别。与旧时人民公社不同，现实的集体是一个有确定边界的利益群体。它是在经历了公社解体，集体财产被划分，公社社员变为个体农民之后重新得到农民认同的代表群体利益的组织。现实的集体有明确的边界，每个成员或属于它或不属于它，绝不模棱两可。集体的财产归全体成员所有，任何人不得随意侵犯；集体与个体农民存在着土地发包与承包的关系，以及以种种形式建立起来的经济利益关系，这些都决定着现实集体的根本特征。集体的组织形式也发生了变化，它已不仅仅是生产大队或生产小队这样一种劳动组织形式，而发展出经济联合社、经济社、集团总公司、总厂、股份合作制的各类公司。另外，现实的集体承认个人利益、个人财产的合法性地位，允许并促进个体私营经济的存在和发展，两者形成一种事实上的共生关系，彼此依存，共生共荣。可以肯定地说，现实的集体不是传统意义上集体的复活，而是具有新的含义、确定的边界、新的组织形式、全新的内部关系的集体。在集体内涵的演变过程中，可以清楚地反映出集体与个体关系的改变。由此产生了一个"新集体"的概念。在新集体概念里，个人利益和小集体利益得到肯定，并受到保护。集体，不再是一种强制式的劳动组织，而是因土地关系组成的利益组织，集体经济的发展通过股份合作制的形式与个人利益直接相关，个人除通过自己的生产经营活动取得报酬外，还可以通过自己对新集体经济的股权获得红利。因此，"新集体主义"组织形式下的集体与个体取得了利益上的一致。更直接地来看，"新集体主义"下的南海区通过发展集体经济，依靠集体经济所获收入为社区居民提供更好更直接的社区福利和社区保障，通过利益关联的方式将成员的经济利益与集体联结在一起，形成一定区域内的利益共同体。[①]

三 天然的藩篱："人人有份，人人无权"

在人民公社时期，乡村普遍实行的是"三级所有，队为基础"的组织和生产原则（人民公社制度的精髓"一大二公""一平二调三收款"大规模、公有制、公有化），人民公社制度下的集体是一个极不确定的概念。它往下可以分解为一个生产小队，往上则可以上升为人民公社，甚至是政府。在"共产风"和"急于过渡"的影响下，集体是一个边界相当不确定的、"带有浓厚的平均主义色彩、军事共产主义色彩和超社会发展阶段的空想色彩的联合体"[②]。从某种程度上讲，集体只是国家为了维持农民基本生存、按上级指令管理农民并将其组织起来从事生产活动的基本单位。[③] 产权上的不明晰和公共使用设施处置权规定的不明确成为"集体"的最大弊端。虽然人民公社已经解体，但人民公社时期的三级集体组织乃至集体时期的村干部都没有变。真正改变的只是农业的生产关系、生产方式和组织方式，调整的是集体与个体的关系。因此，走出了计划生产体系，并不等于脱离了社会体系架构。而社会体系架构为了适应经济改革和市场经济的发展所作的内部调整（如功能调整、手段调整、组织调整等），使公社时期的生产服务组织又以新的面目、新的功能、新的服务方式出现，并将分散的个体农民整合起来，使

[①] 陈伟东，谢正富：《"三个需要"：城乡一体化的经济社会条件分析》，《社会主义研究》2012 年第 2 期。

[②] 薄一波：《若干重大决策与事件的回顾》，中共中央党校出版社 1993 年版，第 757 页。

[③] 王颖：《新集体主义：乡村社会的再组织》，经济管理出版社 1996 年版，第 8 页。

他们成为有组织的个体生产者。①

纵然，"新集体主义"在发展经济上取得了成功，可是并不能避免集体主义的天生缺陷。对于外部社会来讲，集体的产权是明确且封闭的；但对于内部的个体成员来讲，则是模糊的，仍然是"人人有份，人人无权"。从人民公社时期沿袭下来的说法来看，集体是指公社的三级所有组织，即人民公社、生产大队和生产小队。而现实的新集体仍然沿用了这三个集体范畴，所不同的只是称谓上发生了改变，而其治理结构在实质上并没有发生彻底的改变。人民公社时期的人民公社→生产大队→生产小队变成了现在的乡镇→行政村→自然村，用经济社代替了之前的生产小队，更多地侧重于集体收入的再分配；经联社取代了生产大队，更多地涉及社区福利与社区保障，以及社区发展规划的制定和实施等有关全社区居民生存环境的农村社会性发展。

说到底，"三级所有，队为基础"的人民公社是在社会主义建设时期、基于村落传统而生成的一种新型的制度。用农民自己的话来说就是："公社什么都要管，从头管到脚，从生管到死。"按照张乐天的观点，作为农村的一个基本基层单位，公社本身兼有党、政、企、军、群数大组织系统职责，同时还监管经济、政治、社会和文化等各项事业运行，具有"党政不分、政企合一"的总体性的特征，且公社在实践中形成了自己独特的运作模式并且已经高度制度化，所有各种运作模式的总和构成了所谓的公社制度。② 集体所有制的内核之一是按照成员权分配，即只有集体经济组织成员才能分享其收益。然而，成员权如何确定，更是无章可循。成员资格不清导致收益权不清，是造成南海区 13 类群体争抢集体分红又难以

---

① 王颖：《新集体主义：乡村社会的再组织》，经济管理出版社 1996 年版，第 62 页。

② 张乐天：《论人民公社制度及其研究》，《华东理工大学学报》（人文社科版）1996 年第 4 期。

梳理其中利益关系的根本原因。

第二节 政社不分的运行模式

单位制消解之后，国家、市场和社会逐步分离，社会的自主空间不断扩大，社会事务大量涌现，社区成为承接社会职能的重要载体和重新分解、重组社会事务的新型公共空间。随着社会逐步脱离国家，以及社会成员与单位间的人身依附关系的渐而薄弱，越来越多的个体从"单位"脱嵌，被"社会"所裹挟。① 社区建设正是顺应社会结构转型的现实需要而产生的。《村民委员会组织法》第二条明确规定，村民委员会是村民自我管理、自我教育、自我服务的基层群众性自治组织，实行民主选举、民主决策、民主管理、民主监督。通俗来讲，即是在国家法律规定的范围内，社区居民通过选举居委会并通过居委会来实现自己管理自己之目标，特别是在与居民切身利益相关的社区公共事务上享有最终的决定权。可是，长期以来自治组织作为政府的一只"脚"，承接了政府部门的大量事务，无暇顾及服务居民。

一 自治组织功能异化

在政策规定中，自治组织实际上具有双重角色定位。一方面，作为一种基层群众性的组织，法律赋予其自我管理、自我教育、自我服务、自我监督之职责，并在财产、财务、人事、社区公共事务的决策和处理等方面拥有自主权；另一方面，又需要完成政府及其派出机构委托承办的一些政府事务，这也是居委会的法定职责。②

---

① 向德平：《社区组织行政化：表现、原因及对策分析》，《学海》2006 年第 3 期。
② 同上。

双重角色分别代表着代理和自定两种职权。代理职权是接受政府及其派出机关的委托对本社区内部那些属于国家统一规范和治理范围内的事务进行管理和处置的权力,如青少年教育、治安保卫、计划生育,等等。但在实际的日常工作中,自治事务往往被委托事务所淹没,社区工作可分为五大类近百项,其中政府各职能部门或派出机构指派的行政任务基本占到了居委会日常工作的八成以上。因此,居民常把居委会视为政府机构而非"居民所有、居民共管"的自治组织,换言之,居委会也就成了政府行政力量向基层的有力延伸。

《村民委员会组织法》第五条还规定"村民委员会依照法律规定,管理本村属于村农民集体所有的土地和其他财产,教育村民合理利用自然资源、保护和改善生态环境"。南海区的村委会既要负责日常的计生、消防、流动人口等行政务事,还要打理村集体经济,包括物业、厂房等集体物业的出租或者招商等工作。据不完全统计,南海区各镇街职能部门下放给社区的职责超过100项,最多的达到136项,这些职责遍布民政、社保、城建、公安、卫生、环保、计生、精神文明建设等各个党政部门,社区工作人员经常无报酬地加班加点,法定节假日也得不到休息。他们加班加点地应对上述部门安排的大量且非本职而又繁杂无序的工作,包括普查类工作,如经济普查;调查类工作,如社保调查;专项性工作,如计划生育、身份证登记;安全性工作,如综合治理,等等。[1] 基本涉及镇级政府所有部门、绝大部分职能,如处理违章建筑投诉、拆迁、安全生产、清污。把社区当作包打天下的万能战士,什么事都往社区推,而有些事情又脱离社区实际或超出社区能力范围。但在这过程中,"事转费不转",只给责任没给职权或经费,权、利"空转"

---

① 李培林:《社区建设是构建和谐社会的基础》,《学习与实践》2005 年第 11 期。

的现象十分普遍。据了解，在 100 多项事务中，有经费或人手配套的只有计生、社保、治安等 6 项，造成居委会的负担和工作压力相当沉重，部分居委干部对此也反映强烈。

在调研中，某居委会主任抱怨道："芝麻大的权，绿豆大的官，西瓜大的责任。"这是对现阶段社区居委会权责关系的真实写照。而社区行政化有三个方面的原因：首先，是政府方面的原因。由于"全能型政府"的历史原因，当前的社区治理依然以"管控"为主导思想。社区行政化便是来源于此。其次，社区居委会主观倾向行政化。居委会作为一种"准派出机构"，必须通过依附政府来获取资源和合法性，这种依附也就导致了其主观上对行政化方式的认可。换言之，政府与社区居委会之间的关系也由国家与社会的关系变异为上级政府与下级政府的关系，社区居委会成为（准）行政性组织，代表政府管理社会。最后，由于政府对于社区的过多干预，使居民形成依赖惯性，并不热衷参与社区的公共事务治理。其中，最重要的表现就是社区居民参与不足。总之，社区行政化使得社区自治的原本内涵未能得到凸显，社区的自组织、自治能力都较为薄弱；走出社区参与困境，提高社区参与能力不仅是学术界的基本共识，也成为未来社区发展的理论进路和实践方向，社区在不断承接政府职能的过程中，已经异化了居民自治的特有属性，成为政府实际上的派出机构，自治职能也基本被政府机构职能所取代；因此，社区建设的各种活动已经带有政府性行为的深深烙印，而不是社区居民的自发性参与，这种以宣扬"政绩"为宗旨的社区建设并没有激起社区居民多大的关心、热情和主动参与。①

---

① 向德平、高飞：《社区参与的困境与出路——以社区参理事会的制度化尝试为例》，《北京社会科学》2013 年第 6 期。

二 党代自治或自治和党治两张皮

村民委员会和村党支部大都抱着一种"替民做主"的态度,认为"官"比"民"更有条件去塑造村庄的命运,由此也就产生了"两委关系"的紧张。南海区目前村级治理机构仍然实行党支部和村委会"两元制"管理结构,党支部和村委会权力不清,职责不明,导致以"党代自治或自治"和"党治两张皮"的现象。部分村委会干部对村民自治内涵片面理解,法纪观念不强,不自觉坚持党的领导,否认村党组织的领导核心地位。

从党支部的产生方式看,依据党章,党支部书记在本村党员内部选举产生,村委会主任在全体村民中选举产生。相对于由全体村民直接选举出来的村委会主任来说,村主任的群众基础在理论上优于村书记。吊诡的是,党章又规定村党支部书记在农村工作中又担当堡垒、核心的角色和领导村委会开展村民自治的重任,这无疑会给农村党组织驾驭领导全局工作,保证其在基层组织体系中的核心和战斗堡垒作用,带来一定挑战。[1]

从二者所承担的职能和管理"权限"来看,按照《中国共产党农村基层组织工作条例》的规定,村党支部有"讨论决定本村经济建设和社会发展重要问题"的权利。而《村民委员会组织法》规定,村民委员会有"办理本村公共事务和公益事业"的责任,此外,村民自治组织法还规定了许多必须由村民会议决定办理的重大事项。在农村工作实践中,经济和社会发展的议题与公共公益事务推进的进程其实很难截然分清。另外,村党支部的"领导核心"权利范围到底有多大,其"核心"作用究竟应当怎样正确发挥等都是村民自治实践中遇到的棘手问题。我们在调查中发现,党支部和村

---

[1] 何耀光:《健全完善村民自治机制推进农村基层民主政治发展进程》,《中国民政》2009年第1期。

委会的关系有时并不是"配合",而是"竞争"和"对峙":部分村党委书记以加强党的领导为名,独揽专权,只强调其核心地位,并不尽力、依法支持村委会开展的村民自治活动;而有的村委会主任刻意架空党支部,单纯强调依法选举的群众性,离开党支部搞"自治",更有甚者,个别村主任和村书记为争权夺利,关系紧张、相互拆台,制约了村民自治的健康成长。

"两委"关系紧张昭示了传统治理情境下,村级管理组织与民主选举的村民自治组织之间争夺村级公共权力的紧张态势,其实质是村民自治组织村委会和村党支部均试图在村落公共事务的决定中占据主导地位,实际控制村级公共权力,掌握村务的决策拍板权。如此,矛盾便不可避免地产生了。[①]

第三节 政经混合的管理体制

新中国成立以后,中国共产党将政权向下延伸到基层社区,乡村秩序被彻底摧毁。特别是1958—1983年这段时期,人民公社将国家行政权力、社会权力、经济权力、军事权力统统整合到它的体制之下,"政社合一"[②]进行领导。公社不仅是劳动组织,还是政治组织、经济组织和军事组织。人民公社对其社员提出了"组织军事化""行动战斗化""生活集体化"的要求,公社内实行集体开餐,禁绝家庭小灶,自留地、家庭副业等皆被取消。不仅如此,在人民公社时期,"政社合一"发挥得淋漓尽致,基层党支部实际上控制了乡村社会的政治和经济资源。

---

① 徐付群:《村支"两委"关系:不该成为问题的问题》,《中国改革》2001年第8期。
② "政社合一"是指国家基层政权机构和集体经济组织合为一体,具体地说就是在人民公社成立时将乡一级政权机构和集体经济组织合一。

一 政经合一:"三个班子一个门,弄来弄去一个人"

1984 年的中央 1 号文件指出:"为了完善统一经营和分散经营相结合的体制,一般应设置以土地公有为基础的地区性合作经济组织,这种组织可以叫农业合作社、经济联合社或群众选定的其他名称,可以村(大队或联队)为范围设置,也可以生产队为单位设置,可以同村民委员会分立,也可以一套班子两块牌子。"①

1985 年,人民公社最终退出了历史舞台,重新恢复了乡、民族乡人民政府,实行村民自治,标志着中国农村进入了一个全新的时代。这一变革的意义是重大的,在"政社合一"的体制下党组织以垂直控制为主,全面控制着农村的社会政治、经济和文化,在村民自治条件下,首先由于村委会的自主选举和运行,村党支部的一部分权力被分解了出去。其次由于农村经济的市场化改造,经济生活中要求自主经营,自我管理的倾向也越来越明显,经济权力也开始松动。人民公社体制虽然结束了,但是,人民公社的治理惯性并没有就此消失。

1987 年的中央 5 号文件指出:乡村合作组织主要是围绕公有土地形成的,具有社区性、综合性的特点,并把他们的职能概括为生产服务、管理协调和资产积累,有条件的地方还要组织资源开发,兴办集体企业。② 从法律与政策条文看,根据《村民委员会组织法(试行)》,村委会"办理本村的公共事务和公益事业,调解民间纠纷,协助维护社会治安……","支持和组织村民发展生产、供销、信用、消费等各种形式的合作经济,承担本村生产的服务和协调工作……", "管理本村属于村农民集体所有的土地和其他财产……"。显然,村委会与社区合作组织的功能在很大程度上是重合

---

① 张晓山:《中国乡村社区组织的发展》,《国家行政学院学报》2001 年第 1 期。
② 同上。

的。突出表现在对于公有土地的管理上，依据《国土地管理法》，"集体所有的土地属于村农民集体所有，由农业生产合作社等农业集体经济组织或者村民委员会经营管理"。

由于村委会（或村民小组）与社区合作社活动范围一致，在功能上存在近似或者重合部分，几套机构从人员配置到功能配合上都很难截然分开，而这些组织又都在党支部的统一领导下，也几乎没有必要进行分开。实践中，许多地方也是几块牌子、一套班子、交叉任职，这样既可以减少组织运作和决策的成本，又可以消除内耗和提高办事效率。在这种情况下，可以把这几套机构统称为村社区组织，而农民则简洁地称为"集体"，或沿袭以前的称呼"生产大队"。在广大农业主产区，村委会既管土地分配，又管公共事务可以有效地减少行政成本，但在集体经济相对发达的村庄则将其弊端暴露无遗。在南海区乡村，"党的中心工作就是抓经济工作"这句话得到了最彻底的落实。因为在乡村市场经济中，党组织、政府组织从来不是观望者。"党政分开、党企分开"，在这里被看作是放弃共产党的领导，放弃共产党的政权。而"党、政、企合一"却成为领导经济的一种十分得心应手的组织方式。越是基层组织，这种"三合一"的现象越是明显。① 这种情形使村干部权力的"含金量"太高，不利于发展基层民主政治。农村党组织、经济组织和自治组织这"三驾马车"在体制上相互混淆，以至于政经混乱，经济组织侵权越位现象严重，成为村"两委"选举的实际争夺对象，谁掌握了村的行政权力，谁就掌握了村对集体经济的控制权，这在无形中也就使得村民自治被异化，组织的社会服务职能弱化。同时，南海区在全区推行股份制以来，丰厚的利益分配使得经济组织的内部矛盾频发，利益争斗也日益剧烈，不同的利益团体都在"如何分配"

---

① 王颖：《新集体主义：乡村社会的再组织》，经济管理出版社1996年版，第114页。

的问题上展开了与集体经济组织的博弈。以夏西村的村为例,夏西村由于紧靠城边的地理位置,土地价格飞涨,仅集体经济资产就达到 3 亿元,仅土地租赁一项,年收入就在 7000 万元以上。长期以来,村委会主任几乎掌控了村中所有公共事务的决定权,因为夏西村的党支书、村委会主任与经联社社长为一人兼任。夏西村民将不满的矛头对准掌控村中包括经济在内的所有事务的村主任。村民怀疑,村主任低价出卖集体资产,瞒报账目,村民通过喊口号、贴标语、围堵村委会,甚至采取一系列过激手段,要求村主任在规定的时间内"下台"。

自 1993 年 8 月 31 日起,南海市委市政府发布《关于推进农村股份合作制的意见》,正式在全市农村范围内推行股份合作制开始,南海市推进集体经济发展已有 21 年,集体经济的快速发展为当地居民带来了丰厚的回报,尤其是近年土地价格疯涨致使分红标准不断攀升、三旧改造换来的巨大财富更是使许多南海区人一夜暴富。面对巨量的集体经济诱惑,基层干部已经无法腾出时间考虑基层建设和社会服务,转而将更多的精力集中在开发项目和增加分红上。在上任之初,南海区的区委书记邓伟根将南海区的 224 个村居走访了一遍,"我走遍所有村居,我问他们的困难,几乎所有人都讲分红。为什么,所有矛盾焦点,军人上访等都是针对分红,80% 讲分红,没钱分想有钱分,有钱分的不知道分给谁。重大问题不去思考,公共服务,外来工服务,还能想多少"?利益的纷争是需要通过规则来制约的,但南海区的管理依旧停留在"三位一体"的机制上,这种传统的组织管理架构甚至无法在这种捆绑的治理格局中找到组织建设、社区服务的出路。对社区组织的分析是从人民公社开始的,因为人民公社是新中国成立后最基层的一级政权组织,人民公社解体后,逐渐分解为乡镇、村集体组织。尽管人民公社解体了,但是它的影响一直没有消除,可以说社区组织一直受到它的制约。

二 角色错位：经济组织绑架党组织和自治组织

1992 年，我国社会主义市场经济体制确定，南海区便开始了集体经济的股份制改造，农村成立村级经联社和村小组级经济社这两级集体经济组织。前者的资产主要来自村集体资产，后者则以土地为主要经营资产。而农民将承包的土地作为原始"股份"，将其交经济社统一使用，进而参与分红。这种管理体制一直延续至今，南海区农村集体经济组织分为"一村多社"（一村委会下面有多个经济社）和"一村一社"（村委会下面没有经济社，只有一个经联社）两种形态，其中以"一村多社"为主要形式。南海区 224 个经联社中，仅有 27 个村为"一村一社"。"一村多社"格局中，经联社主要承担村庄公共服务和社会福利功能，经济联社则主要负责分红。除了"集体经济"组织之外，南海区农村管理体制还涉及村党支部（党组织）、村委会（自治组织）但是，这"三驾马车"的职能以及其相互之间的关系仍然处于难以理顺的状态。"可以说，到目前为止，之前南海区所进行的农村股份制改革探索，依然没有打破人民公社体制的怪圈：集体财产的人人占有、集体利益的平均分配、经济责任享盈不负亏。这些就是人民公社体制的典型特征。"[①]

南海区现有的农村管理体制模式有三种：第一种是完全交叉模式，即俗称的"三肩官""一肩挑"，村支部书记、村委会主任、经联社社长均由一人担任，在此模式下，权力过于集中，难以有效监督与制约，再者，所有事务都由一套班子完成，事务繁重，导致整个体制都可能导向经济发展职能，使得社会服务和政治整合职能无法履行。第二种是不完全交叉模式，有两种形式，一种为村党支部书记和村委会主任分开，村委会主任或村党支部书记兼任经联社

---

① 王启广：《南海农村政改掘进"深水区"》，《瞭望东方周刊》2010 年第 45 期。

社长。这一模式可能面临的情况是，如果党支部书记和村委会主任有矛盾，则村内部矛盾会较大，并产生内耗。党支部书记兼任村委会主任，村主任兼任经联社社长，遇到的问题是村党支部失去对经济组织的控制之后，党组织的领导作用被削弱，党组织的作用可能无法找到切入口而无法发挥。第三种是完全不交叉模式，即村党支部书记、村委会主任、经联社社长三者分开。这种模式的弊端在于，三套班子分设，但全部支出都来自村集体经济收入，导致村行政运作成本太高，村民颇有意见。再者，行政意图不容易贯彻，容易相互扯皮、推诿。此外，还存在另外一个比较棘手的问题，村委会与村小组之间的矛盾问题。在字面容易理解村委会是村小组的上级，其实二者之间并不存在隶属关系，因为二者均属于村民选举产生。由于南海区大部分地区还是"一村多社"模式。许多村的情况是：村小组掌握着大部分经济资源，而村委会一级掌握的经济资源则较少，村委会经费往往来自村小组。在这种情况下，村小组经常将村委会当作"多余的组织"，或者是更代表"上面利益"的组织；村委会则认为村小组很难管、"不听话"，这样就造成村小组和村委会之间的矛盾，也引发了农村内部的不稳定秩序。2006 年 7月，南海区大沥镇泌冲村委会属下的泌一、泌二、后海、大沙 4 个村民小组认为该村民小组领导成员缺乏能力，不为村民谋取利益，存在以权谋私问题，要求投票罢免该村民小组领导成员，重新选举村民小组领导成员，并由此引发了一系列不稳定因素。事件发生后，大沥镇政府及黄岐办事处迅速介入，组成工作组到各村民小组开展调查，工作组在与村民对话过程中曾遭到部分村民几次的围困，大多数村民都强烈要求工作组立即主持举行投票罢免村民小组领导成员；否则越级上访。在工作组的主持下，7 月 28 日后海村民小组重新投票选举以梁桂泽为村长的村小组领导成员；9 月 18 日泌二村 300 多名村民集中到篮球场投票罢免该村民小组领导成员，有部分村民在成功罢免村长后买来鞭炮、烟花等在现场燃放庆祝罢免成功；9 月 22 日泌一村民小组也通过投票罢免该村小组领导成员。受上述村民小组罢免村干部事件的影响，大沥镇盐步办事处横江村关边村民小组和横一村民小组、平地村华村村民小组、大沥办事处颜峰村仙溪村民小组等 11 个村民小组也提出要求罢免村民小组领导成员，罢免村干部呈"星火燎原"的发展态势。

其实，南海区农村基层组织机构人员配备依旧沿用传统的"几块牌子、一套人马"的模式。自治组织、经济组织、党组织三者职能分化不明显，尤其是经济组织与自治组织的职能相互纠结，往往出现了前者代替后者，而后者又承担起了前者的功能。社区领导忙于应对经济事务而无暇顾及自治事务，部分经济法人资格不合法，存在一些弱势群体利益受侵害等问题，既不利于化解农村社区的新型矛盾，又不利于农村公共事务规范化、专业化和精细化管理。这种管理体制通俗地称为经济组织绑架了自治组织和党组织，也就是说，一旦经济组织出事，村里基本处于瘫痪状态。2011 年 3 月，我们在桂城街道调研时，时任桂城街道党工委办公室的陈主任，给我们讲述了这样一个故事，"有户家里死了人，要村委会盖章才能去殡仪馆，村干部就是不盖。结果大闹一场"。村居党总支部（党委）、村居委会、经济联合社（股份联合社）"三位一体"的混合型治理模式不仅容易引发各种矛盾和腐败现象，更会导致农村集体经济组织绑架党组织和自治组织，出现重经济发展而轻公共服务的社会管理局面。[1] 这种党务、政务、服务与经济一体化运行的模式已经到了必须改革的时候。

---

① 向德平、高飞：《南海"政经分离"改革试验》，《决策》2014 年第 1 期。

小　结

前已述之，多元利益诉求冲突已经成为南海区基层社区中一种常态的社会现象。随着城镇化程度的提高，农村土地不断升值，作为经济发达地区，南海区经济发展一直处于快速增长势态，这就要求制度、政策的制订可能需要经常调整，甚至是较大的调整，由此就会产生针对同一类问题、不同阶段的同类政策。由于前后期政策所规定的利益差距可能比较大，而后期政策的实施又不会回溯性地改变前期政策的执行，这就容易导致利益相关人有强烈的相对剥夺感。比如，征地赔偿问题就与前后期政策差异太大有较大关系。农民对土地的处置方式也从 20 世纪 80 年代喜欢征地，到 20 世纪 90 年代要求卖地，再到 2000 年以后只能租地。以千灯湖附近的农村为例，千灯湖的建成，使周边的地价大幅度提高，一个靠近广州的村，他们的土地 10 多年前被征用，而 10 多年后拍卖的地价比当年征地地价高出 40 倍之多。面对如此大的利益变化，农民必然会去争取自己的"应得"利益。另外，就是土地利益分配不均，政府征地，商人买地，当时对农民的补偿是合理的，但随着时间的推移，农民得到的只是当时价值的一次性补偿，而土地长期的升值利益，地租差利益都被征地占有，这也是农民抗拒征地和推翻原来已经签订的征地合同的重要原因。征地拆迁、农村股权争议、利益分配、环境污染、干部作风等问题引发的纠纷、上访时有发生，有的甚至引发群体性事件，特别是农村"外嫁女"及其子女股权权益和因征地拆迁补偿而引发的集体越级上访已成为影响南海区农村社会不稳的热点问题。此外，由于农村集体收入主要来源是土地的租金收入，土地收益具有维系农村行政运作、承担农村公共品建设管理和集体经济组织成员的分配等功能。户籍制度改革后，非转农人员、购地建房入住农村居民等各种人员居住在农村。尤其是城镇城郊农村，居住了大量非村集体经济组织的成员，非村集体经济成员无偿享受农村公共品有情绪，有的甚至强烈要求集体经济落实其股东待遇，如"农转非"人员要求回迁，"外嫁女"参与股权分配等。随着农村经济利益格局的不断调整，股份分红较高的市郊农村，"农转非"人员要求回迁，"外嫁女"要求参与股权分配等问题，这两种不同群体的裂痕在不断加深，调处不当容易发生群体性事件。如何将这些冲突纳入制度化调节途径？更为复杂的是关于各种身份权益的鉴定，哪些是农村集体经济组织成员？哪些是享受配股分红的集体经济组织成员？哪些可以享受配股但暂不分红的集体经济组织成员？哪些是不能配股分红的集体经济组织成员？这些不同社会群体的利益差异，将南海区的基层社会划分得更加支离破碎。

第 六 章

"三元化社区"的内在张力

本章试图阐释清楚利益群体与组织结构是如何变迁的。利益群体与组织结构的变迁实际上经历了三个阶段，即利益群体对组织结构的依赖期、利益群体与组织结构的错位互构期、利益群体与组织结构的调整重构期。当利益群体完全依附于组织结构时，基层社区是稳定但缺少活力的；当利益群体开始分化而组织结构难以适应时，基层社区就会出现乱象与纷争。在南海区的实际情况中，利益群体的分化表现为外来人群体、本地有钱分群体与本地无钱分三大利益群体相继产生，急需要组织与制度来代表和规制自身的利益诉求，而此前南海区的治理模式还"停留在村居党总支部（党委）、村居委会、经济联合社（股份联合社）'三位一体'的混合模式阶段，不仅引发了各种矛盾和腐败现象，还导致农村集体经济组织绑架党组织和自治组织"①。

第一节　依附：组织与群体利益同构

人民公社用行政组织手段来管理经济，在现在看来并不符合经

---

① 向德平、高飞：《南海"政经分离"试验》，《决策》2014 年第 1 期。

济的发展规律。但在当时来说无疑是非常高效的，这是因为，耕地的集体经营和共同劳动不仅强化了地缘关系，也为村落社会的整合提供了重要的物质基础和组织基础。[①]

一 一元化组织结构的成因及其特征

为了应对晚清以来出现的总体性社会危机，共产党领导的新政权对传统社会结构进行了彻底的改造和全面的重组，以强化国家能力为目标的政权建设改变了传统的资源配置格局。从 20 世纪 50 年代末、20 世纪 60 年代初直至改革开放前夕，国家始终没有放松过对于基层的建构和改造，这段时期也被后来的学者们认为是"总体性社会"特征表现最为明显的一个时期。之所以称为"总体性社会"，原因在于国家自上而下控制了一切资源，并掌握了一切资源的分配权，小农再也没有绅士这一过渡阶层而需要直接面向国家政权机构和其代理人。"合作化把分散的以小块土地为基础的农民个体经济改造成了集体经济。合作社实行统一经营、收获物按土地入股和劳动比例进行分配的原则，同时推行统购统销体制"[②]，家庭的生产功能大大削弱。合作社再向高级社发展，循此逻辑演变，高级社向人民公社过渡。人民公社的本质特征是"政社合一"，把工、农、商、学、兵合在一起，便于领导。[③]

1952 年 7 月，带有合作经济雏形的生产组织开始在南海县出现。七区岭中乡杏头村，在土改第二阶段分田时，把很难分割到户的大鱼塘共同分给 7 户人家，这 7 户人家联合起来组成合耕组，设有组长、副组长，共同耕作经营，土地证仍发到户。合耕组 7 户 35 人，有耕地 50 亩，其中鱼塘 22.5 亩。合耕组一直坚持至 1954 年

---

① 李远行：《互动与博弈——当代中国农村组织的研究与建构》，《开放时代》2004 年第 6 期。

② 朱新山：《康村组织变迁》，《学术交流》1999 年第 6 期。

③ 朱新山：《乡村社会结构变动与组织重构》，上海大学出版社 2004 年版，第 77 页。

10 月转为初级农业生产合作社。

1953 年夏，南海县以六区东一为重点乡，全面开展互助合作运动。成立互助组群众的觉悟和要求，按临时和常年两种形式同时发展。翌年春耕，全乡组织互助组 84 个，其中，临时互助组 55 个，常年互助组 29 个。参加农户 551 户共 2420 人，占全乡农户的41.2%，占农业人口的 58%。组织程度最高的南约村，参加的农户有 190 户，共 832 人，分别占农业户和农业人口的 66.5% 和 75%。

1954 年秋，南海县有临时互助组 5621 个共 26910 户，占18.4%；常年互助组 2134 个共 12714 户，占 8.7%；参加互助组的耕地面积达 24.72 万亩，占全县农业用地面积 899369 亩的 27.49%。

1955 年，农业生产合作社与互助组同步发展，有的互助组转为合作社。1955 年秋，农业生产合作社为 7000 个，年底达到 7233 个。

1953 年 11 月，中共南海县委决定，在发展互助组的基础上，试办农业生产合作社。第一步进行"三报（报名、报认识、报决心）确定建社对象；第二步进行"三评"，一评土地产量，明确入股产量基数；二评耕牛、农具，折价入股和租用；三评劳动力，根据各种工种、劳动强弱、技术高低、劳动态度评定个人劳动日值底分，确立集体劳动计酬依据；第三步，建立组织，制定社章，转入生产。

1954 年 1 月，南新村初级社成立，为全县第一个农业生产合作社。春耕前，十一社村、上海村、南约村的初级社组建先后完成。1954 年 6 月，在试办社的周围，以六区叠北乡东胜村为重点，五区大同南乡柏山村为附点，开展第二批建社工作。至 1954 年年底，初级社发展到 20 个共 738 户，占全县农业户额的 0.53%。1954 年，南新社增产稻谷 14.96 万公斤，比上年增 42%。1955 年旱季，全县遭遇几十年来少有的旱、咸、虫、水等自然灾害，277 个合作社仍有 180 个比去年同期增产，42 个保产，仅有 55 个减产。其中，四区上安乡西海村明星社增产 50%。较差的 14 区海中乡赤岗社，平均亩产 120 公斤，比社外生产最好的 100 公斤还高 20 公斤。

1955 年春，初级社发展到 277 个共 9466 户，占农业户的 6.47%，分布在 133 个乡，占全县 183 个乡的 72%。1955 年 9 月，全县召开扩大干部会议。会后许多农民要求入社。全县于 1955 年年底前分 2 批再次铺开建设，第一批建社 1043 个，第二批建社 363 个，扩社 161 个。至 1955 年年底，初级农业合作社总数达 1682 个，入社农户 35725 户，占全县农户的 40.9%，当年春节前发展至 77%。

之后，南海县以东一乡为试点开办高级社，并采取重点发展与连片推进相结合的方针。各区均选一个或几个乡的初级社为转社试点。1956 年年初，首批建成高级社 21 个。至 9 月，县委发出了《关于 1957 年秋千升级并社各项具体政策问题的处理意见》，掀起农业合作社高级化运动的高潮，全县 1871 个初级社并、转为 509 个初级社、262 个高级社，入社农民耕地分别占全县总数的 98.29% 和 94.69%；初级社规模多为 100 户以下，个别达到 600 余户，以一乡 2—3 社居多，少数有一乡 7—8 社的；高级社规模多为 200—400 户，个别达到 1000 户以上，以一乡一社的居多，少数有一乡 5—6 社的。至 1957 年年底，全县实现了高级农业社化，完成了农业的社会主义改造。合作社的收益分配一般制订分配计划、夏收预分、年终决算与兑现等几个环节。初期坚持"少留多分"原则，即国家少收，集体少留，个人多得，以保障社员生活的改善；实现农业合作后，逐步强调壮大集体经济，上缴、提留大幅度增加。上缴国家、集体提留、社员分配，1954 年分别为 12.23%、0.12%、87.65%，1957 年分别为 25.06%、10.49%、64.45%。分给社员的部分，初级社时土地参与分配，所占比例一般是入股产量的 40%—45%，此外实行按劳分配。进入高级社后，生产资料归社所有，完全实行按劳分配。分配中除现金分配外，粮食分配成为一个很重要的内容，国家征购、集体提留（含种子、饲料等）、社员分配各占总产的比例，1956年分别为44.28%、5.24%、50.48%，每月人均口粮（稻谷计，不含基塘区，下同）22.6公斤；1957年分别为44.98%、4.21%、50.81%，每月人均口粮18.5公斤。1958年8月，毛泽东主席在赞扬河南省首创人民公社的同时，发出了"人民公社好"的号召，中共南海县委随即派干部赴河南遂平县楂岈山人民公社学习，酝酿组织人民公社。8月31日，大镇乡人民公社率先成立；9月1日，盐步乡人民公社成立。在随后13天内，全县23个乡均宣布成立人民公社，实现全县人民公社化。这场运动以兴办互助组开始，到人民公社截止，历经初级农业生产合作社，再到土地集体所有的高级农业生产合作社几个阶段。（见表6—1）

表6—1　　　1958—1978年若干年份南海县内人民公社分配情况表

| 年份 | 现金分配 | | | | 粮食（稻谷）分配 | | | |
| | 积累与分配（%） | | | 年人均 | 购、留、分（%） | | | 月人均口 |
	国家税收	集体提留	社员分配	分配（元）	国家征购	集体提留	社员口粮	粮（市斤）
1958	22.00	10.00	67.80	44.70	39.35	12.98	46.67	35.40
1959	14.50	17.80	67.70	63.80	44.16	12.79	43.05	34.10
1962	7.30	11.50	81.20	123.00	40.71	11.72	47.57	43.50
1963	7.80	12.70	79.50	121.00	51.60	8.80	39.60	45.10
1966	7.65	11.70	80.65	131.00	52.00	9.40	37.60	47.50
1976	10.73	27.00	62.27	153.00	43.25	16.58	40.17	42.90
1978	9.90	24.00	66.10	186.80	44.13	12.42	43.45	46.30

　　人民公社所形成的政社合一体制具有极强的政治动员能力，通过自上而下的全国性严密组织系统实现动员全国人力物力资源之目标。但是，这种体制的弊端也是十分明显的，由于缺乏中间阶层的缓冲作用，国家直接面对民众，社会秩序完全依赖于国家的控制力

度，社会自治和自组能力差。① "总体性社会"的基本特点是：群体对于组织的高度依赖。在城市表现为通过单位来整合和控制所有的社会成员；在乡村表现为政社合一。国家几乎垄断了全部的社会资源，社会被国家完全吸纳了进去。生产大队是乡村的基本单位，单位内按照科层制的标准严格执行，下级对上级负责。这样的组织既是计划经济的生产和分配组织，又是全面专政的工具。② 这样便形成了国家一元化的权力结构，社会丧失了对资源的调控能力，没有任何力量能够对国家的力量加以制衡。在这样的背景下，政党统领下的"政社合一"的社队体制就成为乡村中唯一合法的组织体制。

从表6—1可知，1958—1978年若干年份南海县内人民公社分配情况表可以发现，人民公社的收益分配，实行以生产队为基本核算单位以后明显好转；但在处理积累、分配关系上仍然过分强调集体提留，社员分配所占比例日趋缩小。加上生产队经营自主权常常不受尊重，因而社员的积极性仍受束缚。"人民公社时期，计划取代了市场，成为乡村社会资源的唯一配置手段，农民的收入趋于均值化，农民凭工分在年终所获的现金分红大多只够买油、盐、酱、醋。"③ 在这种情况下，社会成员的生活与生产完全依附于人民公社，且这种状况并不是由农民的主观意愿所决定的。只要农民要维持生存，那么就必须进入国家主导的组织建构，获取人民公社的社员资格。到1978年，"中国7.9亿农民用'社员'这个名称就可以概括了，他们都处在人民公社集体经济的统一管理下，个人在生产、分配、交换上没有自主权"④。

----

① 中国战略与管理研究会社会结构转型课题组：《中国社会结构转型的中近期趋势与隐患》，《战略与管理》1999年第1期。

② 沈延生：《村政的兴衰与重建》，《战略与管理》1998年第6期。

③ 徐国普：《人民公社时期乡村权力结构的特征及其影响》，《江汉论坛》2004年第7期。

④ 朱新山、程利民：《略论当代中国农村的社会发展——农村社会结构体系分化和社会文化世俗化分析》，《社会科学研究》1997年第1期。

二 群体对组织依附的内在机理

1959 年后，因面临普遍的危机，人民公社被迫将初期的公社单一所有制改为"三级所有，队为基础"。此后，这一土地所有制形式基本稳定下来，一直持续到改革开放前的 1978 年。人民公社时期，社员生活极其拮据，乡村社会的内在矛盾与困难日积月累，特别是乡村的贫困难以摆脱，以致到 1977 年，"中国农村下层百姓中，至少有两亿人食不果腹，衣不蔽体"①。基于这种生存困境，而引发的社会不满和躁动的案件不断增多。在黄宗智看来，这是集体组织以相对低效率和就业不足为代价，为每个人提供就业机会，导致了与之前的小农家庭经济别无二致的"过密化"。② 集体化的初衷是希望通过集体的协作劳动产生比单个农户经营更好的经济效应，但其实施的客观效果恰恰与最初的设想背道而驰：集体单位的成员对集体、集体化根本不热心，消极怠工的现象比比皆是。为了突破制度的桎梏，家庭联产承包责任制应运而生。1983 年南海县撤销人民公社体制后，逐步建立和完善地区性的经济合作组织，至 1990 年统计，全县建有经济联合总社（撤区建镇前称农工商联合公司）18 个，经济联合社（简称经联社）242 个，经济合作社（简称经济社）1530 个，分别经营管理原属公社、生产大队、生产队的集体经济。这些经济合作组织中，虽然仍存有"联""总"等称谓，但均为各自独立的经济法人，均按各自的权属范围进行经营管理和收益分配，不再存在相互隶属和逐级过渡的关系。它们的所有权属各不相同，但却有共同的主要任务，即：维护土地公有，管好社内土地；管好集体固定资产和农业基础设施；签订和管理好各项经济承包合同；经营好原有集体企业，发展多种经营，推动产业

---

① 徐国普：《人民公社时期乡村权力结构的特征及其影响》，《江汉论坛》2004 年第 7 期。
② 黄宗智：《长江三角洲小农家庭与乡村发展》，中华书局 2006 年版，第 11 页。

结构的合理调整；为家庭经营办好由集体统筹的事项，提供产前、产中、产后服务；统一筹划农业基建事项，努力改善生产条件；保证国家各项任务的完成；管好用好集体资金，搞好集体收入的再分配；兴办公益事业；积聚集体资金，创造良好的投资环境，保护农村生态平衡。在以家庭承包经营为基础的统分结合的双层经营体制确立后，家庭经营与集体经营两者互相促进，不但使许多农户先富起来，集体经济也不断壮大（见表6—2）。

表6—2　　　　　　　改革开放前后南海县农村经济合作组织
主要经济指标实现情况对比表

类别	单位	1978年 数值（万元）	1981年 数值（万元）	1981年 增长（%）	1987年 数值（万元）	1987年 增长（%）	1990年 数值（万元）	1990年 增长（%）
总收入	经济社	20626	39687	92	151819	636	241915	1073
	经联社	11694	21100	80	97300	732	202422	1631
	经联总社	6445	16985	164	108134	1578	219839	3311
	合计	34916	74275	113	357131	923	663960	1802
固定资产总值	经济社	12330	16559	34	12901	5	18388	49
	经联社	3936	6418	63	19944	407	55127	1301
	经联总社	3072	5683	85	44781	1358	80437	2518
	合计	19338	28660	48	77626	301	153952	696
积累	经济社	1777	3009	69	2874	62	2913	64
	经联社	1411	1374	-3	2935	108	2606	85
	经联总社	1138	3137	176	5568	389	6522	473
	合计	4326	7520	74	11377	163	12041	178
缴税	经济社	621	850	37	4942	696	7838	1161
	经联社	605	592	-3	4845	701	10019	1556
	经联总社	550	746	36	7862	1329	11625	2014
	合计	1776	2188	23	17649	894	29482	1560

20 世纪 80 年代中期，包产到户释放了大量农村剩余劳动力，在中央政策的鼓励下，广大农民纷纷创办乡镇企业。同一时期，南海区非农产业高速发展，使第二、三产业用地紧张问题越来越突出。小规模且分散的家庭农业经营，制约土地的高效利用，考虑到现实的约束条件，南海地区另辟蹊径，将农民的土地承包权变为股权，把原来的土地均分权变成土地增值收益的分红权，探索农村土地股份合作制。

集体组织与农民之所以能够达成合作意向，用土地股份分红权置换原来的土地分户承包权，其根本原因就在于土地集中使用之后价值的上升，保证了集体经济组织与农民的利益双赢。在南海区的工业化模式之下，农民可以参与国家工业化进程的利益分享，避免了将农民屏蔽在国家工业化进程之外的弊端，这既加速了农村工业化的推进，又使集体和农民在土地极差收益的上升中增加了各自的收益。①

表 6—3　　1980—1990 年若干年份南海县农村经济社收益分配发展简况表

年份 \ 类别单位	总收入		纯收入		积累与分配各占%			人均收入	
	数值（万元）	比1980年增长（%）	数值（万元）	比1980年增长（%）	国家税收	集体提留	社员收入	数值（元）	比1980年增长（%）
1980	56822		32359		6.44	21.27	72.29	350	
1985	224903	296	85579	164	12.83	12.61	74.56	1029	194
1990	663960	1068	170268	426	18.20	8.67	73.14	1701	386

王颖在 20 世纪 90 年代通过对南海地区的调研，将南海区现时的发展模式总结为"新集体主义"。他认为，新时期的集体与传统的集

———————

① 蒋省三、刘守英：《工业化进程中的农民土地权利问题》，载《土地资本化与农村工业化——南海发展模式与制度创新》，山西经济出版社 2005 年版，第 52 页。

体已存在本质上的差别。与以前的人民公社不同，现实的集体是一个有确定边界的利益群体。它是在经历了公社解体，集体财产被瓜分，公社社员变为个体农民之后，重新得到农民认同的，代表群体利益的组织。现实的集体有明确的边界，每个成员或属于它或不属于它，绝不模棱两可。集体的财产归全体成员所有，任何人不得随意侵犯；集体与个体农民存在着土地发包与承包的关系，以及以种种形式建立起来的经济利益关系，这些都是决定着现实集体的根本特征。集体的组织形式也发生了变化，它已不仅仅是生产大队或生产小队这样一种劳动组织形式，而发展经济联合社、经济社、集团总公司、总厂、股份合作制的各类公司。另外，现实的集体承认个人利益、个人财产的合法性地位，允许并促进个体私营经济的存在和发展，两者形成一种事实上的共生关系，彼此依存，共生共荣。可以肯定地说，现实的集体不是传统意义上集体的复活，而是具有新的含义、确定的边界、新的组织形式、全新的内部关系的集体。在集体内涵的演变过程中，可以清楚地反映出集体与个体关系的改变。由此产生了一个新集体的概念。在新的集体概念里，个人利益和小集体利益得到肯定，并受到保护。集体，不再是一种强制式的劳动组织，而是因土地关系而组成的利益组织，集体经济的发展通过股份合作制的形式与个人利益直接相关，个人除通过自己的生产经营活动取得报酬外，还可以通过自己拥有的集体经济股权获得红利。因此，"新集体主义"组织形式下的集体与个体取得了利益上的一致。更直接地来看，"新集体主义"下的南海区通过将成员的经济利益与集体联结在一起的关联形式，实现了区域内部的利益共同体，从而为社区居民提供了更好、更直接的社区福利和社区保障。

三 组织对群体的约束机制

在高度统一的政治体系下，公社社员具备了一切"社区子民"

的特征，他们行动一致，发展空间狭窄，民间权力系统的调解功能消失，生产队长成为权力系统中名副其实的"家长"。① 公社实行工资制和粮食供给制，并且逐步成为人民公社分配的主要形式。很多公社在当年就不分现粮，实行以人定粮，把粮食统一拨给食堂，给社员发就餐券，实现吃饭不要钱。少数公社已实行衣、食、住、行、生、老、病、死、学、育、婚、乐都由公社包干供给。这被说成是"一有盼头"（共产主义），"五不操心"（吃、穿、零花钱、孩子、工分）②。人民公社全面掌控公社内部社员的饮食起居，任何农民个体都无法离开公社，农民对于公社产生了全面依赖。

集体土地所有制内涵的核心因素就是将土地的分红权严格限定在集体经济组织的合法成员之内。唯有如此才能保证股份制与原有承包制的衔接。在新的制度下，股权和原来的承包权发生了变化，如果农民自己承包土地，农民是土地的直接使用者和处置者；一旦变为股权之后，土地的使用权就转让给了集体经济组织。虽然使用权主体发生了转移，但是村集体作为土地所有权的合法代表又重新获得了土地经营权，这样的权利置换了保障农民获得股份分红的权益，这种股份分红同以往农民作为公社社员时的劳动分红有着本质的区别，前者是法律赋予农民拥有和处置土地的收益，是财产的凭证；而后者只是农民作为社员参加集体劳动所享有的收益分配的衡量标准，是劳动的凭证。这既延伸了农地承包制下农民对承包土地长期而有保障的土地权利，也使他们的土地承包权益因为制度创新而得到加强。③

在这种情况下，集体成为土地的实际经营者，农民只是参与利益分享，并不参与经营。这使集体经济组织在对村庄事务的支配和

---

① 刘建华、孙立平：《乡土社会及其社会结构特征》，载《20 世纪的中国：学术与社会——社会学卷》，山东人民出版社 2001 年版，第 113 页。

② 安贞元：《人民公社化运动研究》，中央文献出版社 2003 年版，第 169 页。

③ 《南海股份合作制在探索中完善》，《中国经济时报》2003 年 5 月 16 日。

处置上享有了更大的发言权，利用这一权力，集体经济组织可以靠股份来约束村民行为。南海地区各村都有自己的村规民约（见表6—4）。

表6—4　　　　　　　各村利用股份约束村民行为条款

村名	约束条款
夏西三联村	1. 违反计划生育的，抱生第二孩的，抱生子女及其父母停止7年股份分红非婚生育的按抱生处理；违例抱养的按超生处理；姘居或借腹生育的，终身取消所生子女及父母股权 2. 股东受刑事处罚或劳动教养期，停止股份分红，开满后表现良好3个月恢复股份 3. 其他违法行为，村委会可暂停其股份分红2—3年 4. 逃避兵役者，停止股份分红2年
下坡村	1. 违法犯罪者从执行之日起取消股份，刑满后经审查确定恢复股份 2. 不够间隔抱生第二胎，到间隔时才享受股份
山根村	违反计划生育的处罚办法： 1.1987—1993年12月15日超生子女不足14岁只能有基本股，夫妇双方只能有年龄股 2. 凡超生第二胎的，从小孩出生日期起，到够间隔4周年止，父母及小孩不得享受股份分配 3. 凡生育第三胎的，从小孩出生日起，停止其父母双方股份分配5年，小孩从出生日起入户后只配基本股，满5周岁以后才能按规定配足股 4. 凡超生第四胎的，从小孩出生日起，停止父母双方分红10年，小孩入户后只配基本股，满10周岁以后，才配足股。以此类推，每超生多1个小孩，加停父母双方及小孩6年的股份分配 5. 非婚生育的，其男女双方及小孩当年不得享受股红分配，直至办理了婚姻登记手续1周年后才能配股分红

村名	约束条款
罗祥村	1. 股东外出两年以上不回本村，只保留股权，但股份分红和其他福利待遇取消 2. 股东受刑事处罚或劳动教养期间，停止股份分红及一切福利，刑满后 3 个月表现良好恢复股份 3. 逃避兵役者，停止股份分红及一切福利待遇 2 年 4. 违反计划生育的：①在逃期间停止股份分红及一切福利待遇；②抱生第二孩的夫妻连同孩子停止股份分红及一切福利待遇 7 年；③超生一孩的，其孩子不得享受股份分红及一切福利待遇 14 年，夫妻双方停止分红及一切福利 20 年；④非婚生育一孩的，该孩及父母停止 7 年股份分红及一切福利

第二节　错位：群体分化对于组织结构的挑战

随着社会结构的快速变化，基层社区的群体开始出现分化。以前的村民同质性非常强，村民、社员、股东三种利益群体高度重合，党组织、自治组织、经济组织也高度重合。随着南海区经济的不断发展，外来人口不断涌入南海地区，先是出现了外地人与本地人的对垒，接着本地人之间又出现了区隔，分为没钱分的本地人和有钱分的本地人两类群体。群体在不断分化，而组织结构却在不断集中，组织的结构的更新严重滞后于利益群体的分化，产生了"利益群体"与"组织结构"的错位互构现象。

一　三元群体诉求的利益纷争

作为经济发达地区，南海区的农村在经济结构、产业形态方面已经基本实现了城镇化，农村居民的就业结构和生活方式也与城市居民相差无几。虽然南海区的农村已经在外表上实现了城镇化，却是一种不彻底的"夹心"城镇化，农村社区和城市社区相比仍然具有深层次的权能不对等，首先是土地制度的差异，城市土地产权归国家所有，而农村土地归集体所有；其次是社会治理制度的差异，城市社区隶属于街道管委会，财政支出由政府承担，而农村社区管理费用由村集体自行承担；最后是与土地制度和管理制度相联系的"村籍"制度，"村籍"对于农村社区村民来讲具有特殊的保障生存的重要意义，这是保证他们成为村集体经济的股东的重要凭证。①村民与市民的身份差异客观上决定了二者所享有的权利不对等。在城镇化和城乡一体化进程中，人口的流动打破了集体经济组织和村庄的封闭性，但适应城镇化和城乡一体化发展需要的开放性体制并未及时全面建立起来。由于南海区农村集体经济强大，反倒是农村地区的公务服务优于城市地区，在某种意义上，出现了"逆城镇化"的倾向。在别的地方一般是城市社区的公共服务优于农村社区的公共服务，而南海地区恰恰相反，因此有了"有房、有楼、不如有个农村户口"这一地方俗语。

随着农村社会流动的日趋频繁以及农民异质性的增长，固有的村庄熟人社会内部的共同价值认同与同质性社会需求与利益结构正在发生着分化。这种分化主要表现在围绕经济产生利益分配的村民之间。由于农村集体资产不需要投资，又不需要承担经营风险就可以享受农村集体经济成果分配，特别是经济实力雄厚的村组集体经济组织，分红金额越来越高，利益的驱动诱导农村股权争议激烈。关于集体资产的产权归属以及由此引发的集体经济分红问题，成为南海区社会治理的最主要矛盾。目前农村集体资产产权归属问题比较复杂，以"三级所有、队为基础"的模式，从来没有在法律、法规上清晰认定它归谁所有，对集体的社区成员没有做出明确的资格

---

① 李培林：《村落的终结——羊城村的故事》，商务印书馆 2004 年版，第 4 页。

界定，导致了农村人口的变动引发了集体经济组织股东人数的变动。另外，农村股权的配置普遍采取无偿配给，农民股东既不需要投资，又不需要承担经营风险就可以享受农村集体经济的成果分配。农村股权普遍存在浓厚的、以成员权为依据的福利分配色彩，其本质就是以成员权为依据的经济利益分配，由此必然导致"外嫁女""自理粮""农转非"等特殊群体的利益争夺，其显性的体现是在村民与股民的身份之争上，其中的逻辑为由于多种因素带来的身份差异，由于身份差异导致的分配差异，进而由于分配的差异带来相互的矛盾与冲突。南海区委政策研究室与中山大学行政管理研究中心联合开展的调查显示，村民对于南海区农村集体经济发展措施的评价，村民最不满意的为探索农村股份制度改革以及，改革农村收益分配制度，均为12.8%（见表6—5），可见村民对于当前分配体制的不满意程度较高。现在农村村民最为关注的焦点问题依然是利益关联度强的问题，比如土地收益分配问题，这些问题最容易导致村民的不满或埋怨。

表6—5　　　　村民对南海区农村集体经济发展措施的评价

措施	选项（%）		
	满意	一般	不满意
依法界定农村集体资产产权	52.9	42.5	4.6
依法界定农村集体经济组织成员资格	46.0	42.5	11.5
组建农民新型合作组织	54.7	43.0	2.3
探索农村股权制度改革	31.4	55.8	12.8
改革农村收益分配制度	34.9	52.3	12.8
推进农村自治组织和经济组织分离	46.4	47.6	6.0
推进组社合并，"一村一社"格局	52.1	44.3	3.5
整合农村"一社多队"或"明社暗队"	52.1	44.3	5.9
农村物业化管理	41.2	46.0	12.6
健全农村集体经济收益分配等管理制度	52.8	43.6	3.5

户籍制度与农村集体股份制这两大制度性因素，共同构成了经济利益和社会权利的分界线。这样的利益格局建构，不可避免地导致村级组织封闭，城乡之间和社区内部人口难以流动。尽管有的外来人口长期工作和生活在某个乡村，但是，这些"新居民"却始终无法真正融入当地，村级公共服务的提供对象仅限于本村村民，难以提供给外来人员平等的基本公共服务，也无法实施有效的管理，造成了巨大的管理真空，农村社区和社会难以实现有效的整合和融合。[1]

二　一元化组织结构的治理实践图景

城市社区公共产品的提供由公共财政提供，归属于"公权"范畴，而农村集体经济已属"私权"的范畴领域。但是，传统的农村社区管理体制并未将"公权"与"私权"划分清楚，大多都是大包大揽，"兼容并蓄"，既管政务也管自治；既开展服务，又发展经济，这种"政社不分""政经一体"管理体制很难将两种权力进行清晰的界定与厘清。南海区农村集体经济前所未有的发展，集体经济实力不断强大，与之相关的集体经济分红日益可观，但是由于集体经济本身权属的模糊性，对于集体经济成员身份的确认和由此引发的分红矛盾就成为影响农村地区稳定和发展的一大障碍，并且由于农村地区的基层组织之间大部分是"党政经"一肩挑，这种混合型管理组织架构使得基层组织的大部分精力都集中在集体经济的发展方面，无法顾及村居自治和社区公共服务，使基层社会矛盾愈发激烈。基层社会发展稳定的关键问题就在于将集体经济的经营管理同社区自治和社区服务分开，而基层组织之间的架构分离又成为政经分离的核心关键。南海区区委政策研究室与中山大学行政管理研

---

[1] 项继权、李增元：《经社分开、城乡一体与社区融合——温州的社区重建与社会治理创新》，《华中师范大学学报》（人文社会科学版）2012年第6期。

究中心联合开展的调查显示（见表6—6），村民对于南海区农村发展的总体评价中，对于农村社会管理也是最为不满意的。

表6—6　　　　　　　　村民对南海区农村发展的总体评价

内容	选项（%）		
	满意	一般	不满意
农民生活状况	28.7	59.8	11.5
农村整体发展	28.7	56.3	14.9
农村集体经济	36.0	55.8	8.1
村民自治	28.7	58.6	12.6
农村社会管理	24.1	44.8	31.0
农村党建	27.9	57.0	15.1

村委会既是运动员，又是裁判员，既可能为使自己的某种意见和主张征得村民的赞同和支持，及时召开村民会议或村民代表会议讨论通过，也可能因自己的某种意见和主张与大多数村民或村民代表的想法不同而拖延或不召开村民会议或村民代表会议。从而加大了村委会工作的随意性。由于农村公共权力集中于少数几个人甚至一个人的手中，失去了应有的监督和制约，权力运行失范的现象时有发生。由于村庄的权力架构不清晰，因此导致农村公共权力过于集中，缺乏权力制衡，其民主决策、民主管理和民主监督难以得到有效的改善。在具体工作中，权力过于集中的现象非常突出。有的村干部将村民自治理解为"村干部自治""村委会自治"和"两委会自治"，搞一堂言、家长制，"能人治理"变为"能人专制"。有的村干部私心重，动机不纯，上任伊始就为自己和亲朋好友谋私利。南海区农村出现了低价发包农村集体资产而引发村民越级上访和个别村民小组罢免"村干部"的事件。总之，村庄权力架构不清使村居自治流于形式。如周雪光在分析国家治理及其模式时，所言

"一个高度集权的政体难以同时满足这些不同利益集团和个人的诉求，单一的组织结构在形式上也无法反映不同利益集团的要求"。①

三 利益群体与组织结构的错位互构

笔者认为，南海区基层问题的根源是"地方本位政策"，即只为本地社员股东所考虑的制度设计，所有的制度设计都是维护社员股东的利益，其外在表现是利益群体与组织结构的错位互构。

（一）群体的身份认定不一致

20 世纪 80 年代之后，南海区的集体经济越来越庞大，分红越来越可观。土地流转等相关制度的实施期限长，使得农村集体经济越来越依靠租金而不是农民直接劳动来获得收入增长，集体经济收益分配与农民是否参加集体经济活动之间的联系消失，而村民身份则成为最重要的分配依据。在这种情况下，如何界定村民身份就成为关键。但是，目前并未有法律对村民身份进行明确地界定。按照 2005 年修订的《妇女权益保护法》，"外嫁女"只要不改变户籍就有资格参与收益分配。但是《组织法》规定，村中大事由村民通过村委会、村民代表会议和村民大会等自治组织来决定。如果遵循这一规定，则在传统习俗和利益分配最大化心理的影响下，"外嫁女"基本上不会有机会参与农村集体经济收益分配。这样一来，就造成"公说公有理、婆说婆有理"的现象，相互冲突的法规就可能带来剧烈的冲突。

（二）群体与组织的不对应性

组织结构必须与利益群体相对应。南海区农村经济高度发展，利益群体不断发生分化和重组，但是农村治理结构却并没有与之相对应。尽管人民公社制度早已废除，但其影响一直都在。"三级所

---

① 周雪光：《中国国家治理及其模式：一个整体性视角》，《学术月刊》2014 年第 10 期。

有、队为基础"的治理结构依然保留，只是在固有的框架中嵌入了村民自治制度。到现在为止，南海区社区治理结构实际上包括三个部分：党组织（党支部）、村组两级集体经济组织（股份公司）、村民自治组织。这"三驾马车"的构架，在南海区遭遇困境：一是党组织和村民自治的职能模糊。党支部和村委会权力不清，职责不明，导致以"党代自治"或"自治和党治两张皮"的现象。党组织是共产党稳定农村阵地的机体，但是，目前的党支部和作为集体经济组织的股份公司之间往往人员交叉任职，这样有利于党支部掌握村组经济控制权，有利于党的阵地维护，但是，随着集体资产的不断壮大，党支部直接负责集体资产经营也出现了大量问题。二是村集体资产管理不尽规范，"三会"之间的权属不清晰。三是村民自治制度的实施，民主制度不完善，民主程序不规范等。

第三节　组织结构壁垒之下的群体身份之争

随着我国经济体制改革的不断深入，在我国东部沿海地区，特别是广东省内很多城镇化进程较快的农村，经济发展迅速，农村集体经济组织的力量日益强大，农民们摆脱过去单纯靠天吃饭的生存方式，将村庄里的土地集体出租，建立厂房发展农村的规模经济。这就使得城市周边地区的土地被大量征用，城市的扩张使得这部分土地价值骤然上升，村庄内具有村民身份的村民们每年可以享受股份分红，以及免费医疗，子女入学等一系列福利待遇。因此，这些地方的农村村民的身份开始成为农民们争先恐后获得的一项"特殊身份"。在"分蛋糕"的问题上，很多人以为分了钱社会就和谐了，实际上并不是这样，南海地区现在的问题不是钱的问题，而是有了钱以后的新问题。[①]"土地是财富之母，由于土地具有重大的利益，因此围绕土地会产生出各种各样的矛盾、冲突和博弈。"[②]

一 土地的公共物品性质

土地犹如一经成为全体集体经济组织成员便可以无偿共享的公共物品。根据奥尔森"搭便车"理论，公共物品一经存在，不管是否为其努力、奋斗过，均不可避免成为吸引每个组织成员觊觎的公共利益，妄图坐享其成、不劳而获。在农村集体经济组织中，每个人都想获取公共物品，但每个人都不想为此付出代价。这就是农村社会治理困境的深层问题。综观我国农村集体经济制度的改革过程，每一次改革都必须以遵循土地所有权的集体所有制为制度前提，这是建立和维护社会主义制度的重要体现和重要保障。土地产权在法律上是归集体所有，在名义上集体成员都享有土地的产权，但在实际中集体成员又只能取得土地的使用权，土地不能进行交易转卖。在农村集体经济改革的过程中，既要遵循土地模糊产权的属性，又要防止落入高成本、低收益的强制性变迁的陷阱中，结果导致每次改革都很难实现根本突破。这种不断对旧有制度自我强化式的改革，导致农村集体经济效率的下降。

二 人民公社制度的路径依赖

"对路径依赖的解释，并不需要借助严格精准的统计模型和经济学数据，单从字面上我们便可把握路径依赖的基本内涵。"[③] 借用道格拉斯·诺思（Douglass C. North）的话，就是"人们过去作出

---

① 费孝通：《乡土中国生育制度》，北京大学出版社1998年版，第7页。

② 贺雪峰：《农村土地的政治学》，《学习与实践》2010年第3期。

③ David. Path Deperdence and Historical Social Science，Moscow：An invited. lecture to the Symposi‐um on "twenty years of Path Dedependence"，2005.

的选择决定了他们现在可能的选择"。① 换言之，你要去向哪里，并不是取决于你的目标，而是决定于你的历史，即你从哪里来。从制度起源上看，大多数正式制度都来自对非正式制度的标准化和固定化。这便是"路径依赖"的力量。就像制度经济学家所坚信的那样，制度并非都是理性的建构，许多长期延续下来的习俗惯例等都形成了制度特有的运作基础，而发展就需要在原来的基础和条件上进行，并且，那些被认为是非正式的制度与形式也许恰恰是组织持续运行的反映，而新的制度形成刚好可以建立在这一基础之上，否则宝贵的社会性资源就会被白白浪费。② 南海区所进行的农村股份制改革探索，很多地方仍然可以看到人民公社时期集体经济的影子，如集体财产的人人占有、集体利益的平均分配、经济责任的享盈不负亏等，这些都是人民公社体制的典型特征，是人民公社体制"惯性"延续至今的表现。可以说传统集体经济经过几十年不断的制度修补和自我强化，在不断适应经济社会发展需要的同时，也产生了不少的矛盾，需要进一步深入地转型改制。当代农村的治理结构作为一种制度安排，在村治的过程中呈现出鲜明的"路径依赖"特征，特别是集体经济的发展惯性，且在这一进程中呈现出对于现代公司制度的文化偏见与消极抵触，从而决定了自治组织和经济组织的紧张和背离。

于南海地区而言，很难将乡村社会与城市社会截然分开，二者是交互扭结到一起。在"团结理论"中，前现代社会的团结纽带是集体意思的高度强化，而工业社会中的团结纽带则是契约精神。南海区则不属于这两者中任何一种，而是一种过渡形态，二者兼而有之。然而，南海区当下的状态是虽然减弱了传统团结的社会纽带，

---

① ［美］道格拉斯·C. 诺思：《经济史中的结构与变迁》，陈郁、罗华平等译，生活·读书·新知三联书店 1991 年版，第 2 页。

② 胡代光：《西方经济学说的演变及其影响》，北京大学出版社 1998 年版，第 417—437 页。

却没有自发产生新型的团结纽带。在多元利益纠葛中的个体逐渐被原子化，因为团结带来的情感维系也不复存在。在团结的理论范式中，社会秩序的形成是基于个人与社会之间的联系纽带的存在与牢固，而社会排斥的发生正是因为团结纽带的断裂，如何实现社会整合？涂尔干给出的建议是实现"嵌入"即同化于主流文化的大潮中。南海区的经验表明，团结纽带的撕裂原初在于公共物品的分割性特征与制度的"路径依赖"，因此，我们在文化层面的社会整合显然是不够的，还需要从其存在的制度结构中寻求问题的解答。在从机械团结向有机团结转变的过程中，社会分工的高速发展迫切需要以契约精神为纽带进行建构，进而维持分工进一步专业化。然而，社会分化的加快，激发了"个人主义"。"个人主义"的兴起，宣告了传统社会联结方式的解体，多元利益的诉求将本来就微弱的传统纽带彻底切断。我们进入了一个原有的社会联结机制被持续破坏，而新的基于"个体主义"趋势的社会联结并没有建立起来的时期。在这样一种时期里，实现主流文化的引导可能并不是一件容易且有效的事情，我们需要统筹好多元利益的诉求，再造微观社会的基础。

小 结

如果以管理体制、组织结构、群体特征、控制手段、控制能力、集体经济状况作为测量指标，可以得出依附型、错位型、重构型三类组织结构的特点。依附型主要是指人民公社时期的社区管理特征，这种管理体制属于"政经混合"，党组织、自治组织、经济组织"三位一体"，社区内部群体单一、同质性高，控制能力强，集体经济状况相对较弱。错位型的管理体制和依附型管理体制的最大不同是，社区内部群体出现分化，利益诉求更趋多元，组织对于群体的控制趋于弱化。重构型管理体制，是针对错位型管理体制的弊端组织进行调整的结果，重构型管理体制将党组织、自治组织、经济组织分离开来，以多元化的组织方式应对多元化的群体利益。具体见表6—7。

表6—7　　　　　　　　　三种不同类型管理体制的特点

项目	管理体制	组织结构	群体特性	控制手段	控制能力	集体经济状况
依附型	政经混合	三位一体	单一	全方位	强	弱
错位型	政经混合	三位一体	多元	利益	弱	一般
重构型	政经分离	三权分立	多元	利益+认同	较强	强

利益群体与组织结构的内在张力，不仅表现在一元化组织结构的延续难以适应群体的三元化趋势，同时也表现在组织自身定位的不明朗上。例如，农村党组织的性质如何定位？现有法律、制度规定并未做出明确说明。这种模糊带来了两方面影响，一是村民普遍认为村委会是由大部分村民选举的，代表的是绝大部分村民的利益，党支部是由少部分党员选举产生的，没有对村事务进行管理的合法性。另一方面，这种模糊也让村党支部成员无所适从，村党支部或者成为村的"观望者"而被边缘化，或者成为村委会的"竞争者"而被诟病，导致其基本上无法发挥在农村的社会整合作用，农村政治生态变得非常脆弱。在这种情况下，农村就如同一个隐性炸药桶，一旦有风吹草动，都可能点燃这个炸药桶，滋生各类群体性事件。

第七章

"三元化社区"的治理策略

安东尼·吉登斯在《第三条路道：社会民主主义的复兴》中提到，随着社会利益的愈发繁荣，经济成就和经济增长的价值远远不如以前那样光彩照人了。[①] 1987年南海区被国务院确定为农村改革试验区之后，"三位一体"社区治理模式为南海区农村和农民带来巨大利益的同时也埋下了隐患。经过近30年的发展，这一治理模式的弊端逐渐开始显现：党政经一体的混合治理模式使得基层组织的大部分精力都集中到集体经济的发展方面，无法顾及村居自治和社区公共服务，基层社会矛盾愈发激烈。换句话说，混合治理模式的服务对象只是本村人，本地人和外地人这两大群体均被选择性忽视，这种治理模式显然不能适应"三元化"利益群体的要求。2011年年初，南海区启动了一系列环环相扣的改革措施，把同属于基层组织的自治组织和经济组织，明确其分工，改混合模式为分离模式：使村（居）委会这样的自治组织专门负责服务，经联社、经济社等基层经济组织负责经济，同时，巩固提升基层党组织的领导力和辐射面。至此，以"党组织为核心、自治组织为主体、集体经济组织为支撑、社区服务中心为平台、群团组织为辅助、社会组织为

① ［英］安东尼·吉登斯：《第三条道路：社会民主主义的复兴》，郑戈译，生活·读书·新知三联书店2000年版，第22页。

补充、公众参与为路径"① 的新型社区治理模式的雏形初现。

第一节　地方的改革与创新

我国经济建设取得了令人瞩目的成就，归根结底的原因就是围绕国家与市场的关系进行了重新的定位和重建，并将企业作为市场的微观基础重构了起来。近年来，基层治理之所以问题不断，归根结底是因为"基层政府的制度环境没有变，基层政府的行动逻辑没有变，政府运行机制并没有根本变革"②。如同经济体制改革围绕国家与市场关系的重建这一主轴展开一样，社区治理需要围绕着国家与社会关系重建这个主轴展开。只有重建国家与社会的关系，重新定位社区在社会建设中的位置和作用，才能有效配置社区资源、改善民生，才有可能使国家与社会的关系向着"自以自治，断以法尊"的方向调整。如周雪光所言，"任何组织变革的企图和尝试都应该建筑在对基层运作过程的深刻把握基础之上"③，南海区的改革实践者自是深谙此道，对于基层组织制度进行了大胆的尝试革新。

一　村改居：农村社区的蜕变与融入

随着城镇化进程的不断推进，南海区很多农村社区也积极融入城镇化大潮，无论其社区经济的结构，还是成员就业的方式乃至他们的生活文化及日常需求等均不同程度地达到了城镇水平。主要表现在部分村委会已告别农业经济；第二、三产业成为村集体经济的主体；村的基础

---

① 莫仁边：《以南海"政经分离""四步阶梯"模式探索农村基层自治组织改革》，《中国管理信息化》2015 年第 3 期。

② 赵树凯：《乡镇治理与政府制度化》，商务印书馆 2010 年版，第 6 页。

③ 周雪光：《农村研究要注重提出新问题——读〈乡镇治理与政府制度化〉》，《中国乡村发现》2011 年第 11 期。

设施基本实现了城镇化。包括村的道路、供水、供电、通信网络光纤、公共交通网络、有线电视等;村民的就业方式基本实现非农业化;村庄社区内的生活方式和环境已基本实现城镇化、居民化。上述事实表明,南海区的农村与传统意义上的农村已经大不相同,村民也与传统意义上的农民大大不同了。就其生产、生活方式而言,已经实现了城镇化,但在管理体制和机制上还沿用传统方式而没有完全城镇化。南海区从2011年年初开始了对符合条件[①]的社区进行"村改居"的改革探索,开始尝试用城市的管理模式去治理原农村的地区。

（一）增量改革,六个不变

"村改居"被称为南海区农村的"第二次革命"。这一转变意味着,首先,治理"村改居"地区不能再沿用村委会的观念。其次,尽管"村改居"地区似乎有城市的样貌,但仍与城市不尽相同,因而直接套用城市居委会的运行模式并不合适。"村改居"社区居委会的治理正处在需要抉择何去何从的一个十字路口上。"村改居"的本意在于要让本土村民在原有权益不变的前提下,通过更多的政策优惠,公共财政的倾斜,使他们分享到更多经济社会发展的成果。在不减少任何一方的福利的同时,以改进现有资源配置的方式提高其他人的福利,这是一场做"增量"的改革。为了贯彻这一意图,南海区委区政府在改革开始前,便规定了"六个不变"[②]。

---

① 符合以下三个条件之一的村委会,应当进行"村改居":(一)区中心城区(桂城街道、罗村街道、大沥镇的全部村委会)和各镇(街道)的城市规划区内的"城中村";(二)人均耕地面积低于全区人均1/3(0.2亩)的;(三)2/3以上的村民不从事农业劳动,不以农业收入作为主要生活来源的。

② 第一个不变:"村改居"后,管辖范围不变,原村党组织、村委会过渡为社区党组织、社区居委会;办公地点设在原村委会;第二个不变:社区"两委"班子职数原则按原村"两委"班子职数不变;第三个不变:原农村集体经济组织资产产权归属不变。原村级集体经济组织资产产权归属各股份经济联合社(或经济联合社)所有,原组级集体经济组织资产产权归属各股份经济合作社所有;第四个不变,改变为居民身份后的村民仍拥有原属于村民集体所有的资产所有权、经营权、发包权、收益权不变;第五个不变,原村民享受的农村优惠政策、享有的权益不变;第六个不变,原计划生育政策不变。

事实证明，也正是这"六个不变"大大减小了改革的阻力，保证了"村改居"工作的顺利推进。"六个不变"的原则，保护了集体经济组织成员的利益，而"村改居"后，农村居民不仅可以享受集体经济增值带来的福利，而且可以享受到城市居民的待遇。

"村改居"后，原村党组织、村委会过渡为社区党组织、社区居委会，并在区的规定时间内完成社区居委会换届选举。社区党组织、社区居委会的领导班子可交叉任职，社区党组织书记、社区居委会班子成员不兼任原村集体经济组织管理层成员。为确保"村改居"后干部队伍的稳定，社区"两委"班子职数原则按原村"两委"班子职数保持不变。社区"两委"班子职数一般设5—7名，最多不超过9名，具体配备方案由各镇（街道）根据实际情况统筹考虑。"两委"班子成员中，应配备1名以上的妇女干部，争取配备1名30岁左右的年轻干部。设立的社区居委会，其办公地点设在原村委会。南海区财政依照每年35万元的标准进行补贴，并由各镇（街）按照补贴期3年一定进行统筹；区财政依照每年6万元的标准负担"村改居"之后社区"两委"干部的基本工资，保证"两委"成员待遇不变；根据各镇（街）的实际情况，区财政提供适当奖励工资，供给渠道保持不变。依照每亩、每年500元的标准对于基本农田保护区耕地、非基本农田保护区在耕地区进行补贴、镇（街道）财政每亩、每年各100元的补贴保持不变。改革后的社区居委会可根据实际工作负荷配置若干专职工作人员，具体职数需要由各镇（街）核定后再进行确认，其报酬按原开支渠道不变。①

通过"村改居"，城乡基层管理体制进一步被理顺，初步实现农村资源的优化配置，加速了农村工业化、城镇化和农业产业

---

① 佛山市、南海区：《南海区推进村改居工作实施方案》，2011年1月。

化进程，改变了以往"城不像城，村不像村"的城乡面貌，适应了未来城镇化道路的发展方向。"村改居"后社区内的户籍人口和流动人口都能够享受政府提供的均等化社会服务，原农村居民更可享受到城市居民的一系列优惠政策，如就业，社会保障等方面，从而有力地破解了"城乡二元"体制结构，促进社会和谐稳定发展。区、镇两级负担起原村委会干部的工资收入，同时区给予村委会35万元/年的财政补贴（补贴期定为3年），镇也相应配套相关财政补贴政策，区级层面、镇街层面还将进一步加大对市政建设方面的投入的支持力度，最大限度地减少社区股份合作经济组织负担，从而间接地增加了村民的集体收益分配，使村民在改革过程中得到真正的实惠。

（二）城乡融合，社区重组

农村社区村委会在"村改居"后改为"居委会"，在形式上已经进入城市社区的行列。但仍存在基础设施落后[1]、党组织设置不合理[2]、管理成本过高[3]、社区规模偏小、社区数目偏多、服务对象多元，服务内容繁杂，社区经费及设施建设不足，城乡服务不均等问题，这些问题影响了城乡一体化的进程及效果。特别是从职能与资源供给来看，它还是具有农村社区的特色。为了使基层社会管理更趋民主化、自治化，在"村改居"顺利完成后，南海区进行了

---

[1]　南海区部分农村社区的基础设施没有统一的规划，"脏、乱、差"的问题十分突出。有的城中村为了出租房屋获取收益，搭建大量的违章建筑，比如"握手楼"等。社会保险、医疗卫生服务和基础教育等，或者不能满足，或者质量很差。

[2]　在以往的设置中，代表村民自治的有村民小组委员会，代表小组经济的有经济社，党组织建设在村小组这一级缺位了。党组织在最基层的村小组里缺位，造成了党员与村民的接触不够，做群众工作的实际作用难以到位。同时由于村小组干部的素质参差不齐，许多情况不能及时向上级组织反映，有的甚至因此让一些事情演变成了群体性事件。

[3]　由于行政区划破碎，机构设置繁杂，队伍庞大，导致农村行政运作开支大，2009年以后，南海区村组集体行政支出将近5亿元，其中村组行政办公费1.5亿元左右，村组干部和工勤人员的工资及各种补贴为1.5亿元左右。农村亟须降低行政运作成本，提升管理效率，刻不容缓。

农村综合体制改革领域中的进一步探索——村居合并、社区重组，旨在通过村居合并、社区重组，使公共服务快速延伸到农村社区，加快城乡一体化的进程。

在村居合并、社区重组之后，设立社区党委会，保留原党总支、党支部、经联社、经济社、村（居）民小组和工青妇等组织。按照过渡期内工作相对稳定的原则，设定各机构职数，通过交叉任职、保留待遇等形式，妥善安排原有工作人员。社区党委书记兼居委会主任，设一名居委会常务副主任，居委和党委成员从原社区"两委会"成员中任命产生。确保原社区"两委会"成员得到妥善安排，不额外增加职数。在报酬方面，进入新社区管理层的原社区"两委会"干部的报酬，2012 年起执行新方案，由财政统一支付；原社区"两委会"干部以外的工作人员报酬，按原供给渠道不变。经费方面，社区运行经费由政府、居委会、集体经济组织统筹解决，原经联社的收益继续用于本辖区文明建设等公共性开支，原用以支付社区"两委会"干部工资的社区支出部分转为本辖区的公共开支。在报酬和经费的财政负担部分，2012 年预算与 2011 年相比，虽然拉高了报酬总额，但是运行经费反而减少了，而且增加的幅度也大大少于合并前原社区前 3 年的年均增幅。通过村居合并、社区重组，社区软硬环境都有了明显的改善，包括社区服务中心、服务站的内部设施和外部环境，服务窗口的科学设置，编印居民办事指南；社区、经联社、经济社对公共投入的比例初步明确，启动新社区市政建设及管理，让群众切实感受到了改革成果；"两委会"成员分工、职责明确，制定了工作计划、考核方案和会议议事、接待群众等系列工作制度。村居合并、社区重组只是管理服务的整合提升，集体经济组织的资产权属不变，原社区办公用房等物业权属不变（提供给新社区作公益性统筹使用），原经济社所有资产的收益使用范围不变（包括公共福利等资金投入）；集体经济组织仍然拥有对原农民集体拥有的集体土地的经营、管理和处分权，农村集体经济组织仍为有关农民集体的土地确权、登记主体。此外，建立社区居委会资产台账（原社区资产权属不变）；取消原社区居委会账目，核算日常收支；原经联社、经济社账目核算范围保持不变。

总结南海区的改革实践，社区合并可以分为三种模式：一是城市社区与城市社区合并，二是农村社区与农村社区合并，三是城市社区与农村社区合并。无论哪一种模式，都将达到至少三个方面的改革效果。首先，实现了资源共享，使公共服务得到提升。通过社区的优化组合，共享了管理服务资源，居民可到所属社区的服务中心（站）办事，享受更快、更好、更均等化的公共服务。同时，社区有更多的资源、更强的实力，统一规划建设公共设施，合理布局，提升档次，避免重复建设和资源浪费。此外部分事权下放至村民委员会和居民委员会，使得村（居）民办事更加便捷。其次，通过合并社区，强化了作为自治组织的职能，丰富了社会服务的内容，提升了社区的自我管理、自我服务、自我发展的能力，逐步实现社区自治功能的理性回归。最后，加快农村发展，促进城乡统筹。依靠城市基础设施、城市公共服务、城市居民文化的延伸，使社区软硬环境得到提升，塑造城市文化氛围，形成新型城市社区，鼓励农村融入城市，使农村向城市、村民向市民的转型过程加速进行，推动城乡统筹、和谐发展。

二 "政社分离"：自治功能的回归与强化

实现社区自治是社区建设的基本方向，也是和谐社会建设的重要切入点。重构政府的权威基础有赖于公共权力的重心下移，将社区公共权力直接置于社区成员的监督下，促进政府改善管理。而这一目标的达成，首要前提就是加快社区组织"去行政化"进程，加强社区自治能力建设。[①] 循此路径，南海区进行了设站强居的政社分离改革。

（一）设站强居，规范服务

设站强居的核心是理顺政府与社区的关系，推进政府职能转变。清晰定位政府、社区居委会在社区建设中的角色，明确各自的职能：政府是社区建设的组织规划者、裁判者与执法者，在社区建设中负有组织、指导、帮助、支持、调控的作用。[②] 社区居委会是基层群众性自治组织，是社区自治工作的组织者。政府要强化服务意识，实现从管理向服务、从管理到治理的转变，适度提高政府部门到社区的"准入门槛"，防止居委会自治功能异化。按照"权随责走，费随事转"的原则和"小政府、大社会、大服务"的要求，严格执行"政企分开、政事分开、政社分开"，对于涉及居民自治方面的事务工作，可通过政策导向和项目竞标及过程管理等形式，委托给社区居委会或社区民间组织去实施。[③]

按此思路，2009 年，南海区按照"统一服务标志、统一项目设置、统一运行流程、统一服务规范、统一资源整合"的"五统一"原则，采取"多社区一中心""一社区多中心"和"一社区一中心"三种模式设置，组织实施社区服务中心标准化建设工程。南海区现有社区服务中心 271 个，办公用房总面积超过 35 万平方米，基本采取"一社区一中心"模式设置，少数按照便于服务、便于管理、便于自治的原则，采取"多社区一中心""一社区多中心"模式设置。在管理架构上，区级由区民政和外事侨务局和区委城乡统

---

① 向德平：《社区组织行政化：表现、原因及对策分析》，《学海》2006 年第 3 期。
② 同上。
③ 同上。

筹部共同负责城乡社区的统筹协调，镇级除桂城专设社区管理处作为专职管理机构外，其他7个镇（街道）均由社会工作局内设的社区管理股或负责民政及社区工作的相关股室进行管理。社区服务中心作为区、镇部分行政审批、登记、办证等事项延伸机构，承担人口户籍、社会治安、流动人口和出租屋综合管理服务、市场安全监管、维稳综治、城管建设、国土规划、计划生育、环境卫生、民政救济、征兵优抚、劳动就业、文体科教、法制宣传、工会组织、共青团、妇儿维权等服务项目。据不完全统计，各镇（街道）职能部门下放给社区的职责超过100项，最多的达到136项，基本涉及镇级政府所有部门、绝大部分职能。社区服务中心的工作人员分为三类：一类是由社区"两委"成员兼任，一类是职能部门服务下移时委派，一类是根据实际需要招聘。从年龄结构上来看，大部分处于25—45岁的年龄段，总体呈现年轻化特征。从学历结构来看，大专以上学历达到94%，本科以上学历的达到20%，个别社区有研究生学历的人员担任社区干部。从性别结构来看，女性干部所占比例超过五成。服务对象既包括农村居民和城镇居民，也包括外来人员，朝着社区成员"服务同等化"的方向又迈进了一步。为了防止一些事业单位和社会组织承接审批权后，反而变成狐假虎威的"二政府"，南海区借鉴上海自贸区的经验，率先推动"三单"管理改革，先后公布了两批负面清单，涉及企业投资项目、外商投资产业、区域发展、环境保护、用地审批、工商登记6个领域的1196个禁限项目，在制度文本上明确了企业的禁区。[①]并采用网络倒逼的手段，通过实施事前（负面清单）、事中（准许清单）、事后

---

① 黄碧云，严瑾：《新闻联播聚焦南海"三单"改革》，《佛山日报》2014年3月30日。

（监管清单）全链条"三单"① 管理，做到禁限清晰、准许标准、监管有力，构建起全新的政府权力运行体系。事实上，政府改革的核心问题，不在于把权力交给谁，而在于怎么抓住权力运作的"牛鼻子"，牵住"牛鼻子"，这样神牛也听话。②

（二）厘清权责，职能优化

厘清权责，需要健全规章制度，建立依法行政、依法自治的良性互动机制，优化社区自治环境，培育社区自治功能。职能优化，需要按照政事分开的原则，议行分设的要求，扩大居民参与，提高居民自治能力。上述目标可以通过社区自治组织多层次、社区自治形式多样化、社区自治等多元化手段实现。③ 具体而言，就是建立专业化社工队伍与社区志愿者相结合的社区服务机制、建立社区行政机构、社区中介组织和社区居民相融合的社区管理机制，以及政府、企业、各类慈善组织和基金会以及社区居民共同发挥作用的社区财力支持机制。④

南海区成立领导机构，出台规章制度，确立党组织的核心

① 转变政府职能是南海区改革的核心，而行政体制改革又是转变政府职能的龙头，在改革过程中，政府的权力与运行要进一步规范、透明和公开。在制定了规则和条件的情况下，政府要更多地将权力下放，让社会去自律，去提升效率。所谓"三单"管理，具体是指负面清单：非禁即可，充分放开市场准入。南海区以清单的方式列出辖区内禁止和限制企业投资经营的领域，清单以外则按照"法无禁止即可"的原则充分开放，企业只要依法律规定条件及程序登记、申请审批并备案即可开展投资经营的有关活动，以此方便企业主体公平开展投资经营活动。准许清单：规范审批，压缩自由裁量权。通过实施准许清单管理，推进行政审批标准化，把行政审批变成非常量化的东西，把审批权力链条放进透明的网络笼子，实行行政审批权力的有效监管。监管清单：有力监管，营造有序市场环境。非禁即可很容易做到，企业进来，政府批准后，如何实现对企业的有效监管，才是管理的难点。南海区改变以往市场管理重审批轻监管的做法，通过建立包括分级分类管理措施、黑名单管理措施、行政执法职权目录等在内的监管清单，列明各种审批事项的后续监管措施，将市场监管的兴业标准、管理办法、监管记录等方面内容全部放到一个公开透明的网络平台上，使各行业企业对自己将面临哪些监管、监管的依据是什么，具体标准是什么，惩处方式是什么，一目了然。

② 邓伟根：《推行"政经分离"完善基层治理》，《人民日报》2013 年 6 月 4 日。

③ 向德平：《社区组织行政化：表现、原因及对策分析》，《学海》2006 年第 3 期。

④ 同上。

领导，由党组织负责人兼任居委会和社区政务站、社区服务中心的负责人。社区服务中心设主任一名，由社区党组织书记兼任，设副主任若干。在社区站务站内部，按照"相同的职能合并、不同的职能分开"的原则，将社区承接的治安、流动人口、民政、就业、人口与计生、社会保障、户籍、卫生安全、安全生产、文化市场、与出租屋等各类行政事务工作进行合理分类，缩减了办事流程，减少了运行成本，提高了办事效率，在城市社区和农村社区分别通过"多居一站"或者"一居一站"和"一村一中心"两种方式进行社区行政服务站设置，以此承接政府职能部门下派到社区的行政任务，使居委会回归其基层自治功能。从而实现了社区居民的"四个不出社区"，即生活服务不出社区，文体活动不出社区，医疗保健不出社区，矛盾调解不出社区，得到村民群众的极大好评。以往的社区管理体制中，政府设在社区的各类行政事务工作，由各社区承接开展，不能全面顾及和完全满足居民的需求，服务质量无法提高。社区服务中心承担起政府延伸到社区的相关行政管理、公共服务职能，减少了群众办事环节，为社区居民生活提供快捷周到的服务，免除群众重复奔波的麻烦。社区服务中心工作人员由社区党组织统筹管理。同时，区和镇（街道）各部门负责对社区服务中心工作人员定期进行业务培训和指导，并建立考核评议制度。社区服务中心的工作和服务公开接受社会监督（见表7—1）。社区服务中心工作人员由社区党组织统筹调配使用，可以根据需要实行"一岗多责"和轮岗交流使用。区、镇（街道）财政将社区服务中心人员工资补贴和考核奖励分别列入年度预算，城市社区服务中心工作人员由社区"两委"成员兼任，区财政按照每人3万元/年的标准补贴；由非"两委"成员的人员担任的，区财政按照每人1.8万元/年的标准补贴，镇

（街道）财政也要根据实际情况，配套相应的奖励工资。农村社区和"村改居"后的社区，社区服务中心工作人员按镇（街道）社区管理部门核定审批的人数，区财政给予每人每年6000元的工作补贴（不包括"村改居"后的社区居委会"两委"成员），镇（街道）财政也要配套相应的工作补贴。

总之，社区自治组织的自治职能回归，一是要建立健全适应社会主义民主政治要求的社区组织体系；二是要建立适应社会主义市场经济体制要求的社区管理体系；三是要不断丰富和完善适应人民群众日益增长的物质文化生活需求的社区服务体系。①

表7—1　　　　　　　　　社区服务中心执行力评分表

序号	项 目	分值	评分内容	自评分	镇（街道）评分	综合得分
1	内部管理	1	村（居）党组织书记兼任社区服务中心主任（0.2分）。配备专职社区工作人员，分工明确（0.4分）。中心廉政建设制度、政务公开制度、财务制度、学习制度和岗位考核等管理制度健全（0.4分）。			
2	"一站式"办证服务	1	工作人员对相关法律法规、办证要求、流程等熟悉（0.2分）。在承诺时限内将材料送出办理（0.2分）。有收录材料回执和不受理说明（0.1分）。群众满意无投诉（0.5分，有投诉的每人次扣0.1分，投诉达到或超过5人次的，该项为0分）。			

① 杨义芹：《建设社会主义和谐社区的几个着力点》，《湖北社会科学》2005年第3期。

序号	项 目	分值	评分内容	自评分	镇（街道）评分	综合得分
3	信息、数据统计	1	所掌握的信息、数据准确、齐全（0.5分）。按规范整理归档（0.3分）。存放条件符合档案保存相关要求（0.2分）。			
4	承接政府职能部门任务	4	按时、按质、按量完成任务（4分）（每件任务超时或未达要求扣1分，超时或未达要求的任务达到或超过4件的，此项为0分）。			
5	协助村（居）委会工作	1	按时、按质、按量完成工作任务（1分）（1件任务超时或未达要求扣0.2分，超时或未达要求的任务达到或超过5件的，此项为0分）。			
6	开展形式多样的便民利民服务	2	主动了解社区居民服务需求（0.2分）。全年自发或协助村（居）委会组织活动（每场0.2分，满分1分）。开展便民利民服务项目（每项0.2分，满分0.6分）。对社区居民提出的服务需求及时回应（0.2分）。			
合计		10				

三 "政经分离"："不是消灭矛盾，而是隔离矛盾"

近年来，南海区农村发展取得令人瞩目的成就，而随着城乡统筹融合发展，南海区农村深层次矛盾日益凸显，主要表现为党组织、基层自治组织、集体经济组织高度重叠，集体经济组织由此绑架了党组织和自治组织，这种"体制混淆、职责不清、管理缺位"的农村管理体制难以适应现代管理要求。因此，急需要建立健全一系列管理制度，建立党组织、居民自治组织、集体经济组织等的管理制度，分清各自职责，明晰各自权责，建立各自工作流程，让各组织的工作不越位、不漏位、不错位。

（一）"不能让一粒老鼠屎搞坏一锅汤"

话糙理不糙，"农村的问题说到底就是钱的问题，在南海区具体表现为股份分红的问题，而有股份分红的社员股东仅仅是76万人，不能因为76万人的问题绑架其他200多万人的正常生活。"分红问题是他们股份社内部股权的争议问题，不涉及更大的公共利益。要按正常的股份制公司章程的运作来分红，不把内部矛盾扩展为社会矛盾。但是现在的事实是，由于体制性原因将社员股东和全体居民搅和到一起，管理起来处处掣肘。首先，"政经混合"的治理模式主要体现在领导人的"三位一体"，即村主任、经济组织负责人、党支部书记"一肩挑"，这样的管理模式使社区事务很难得到有效监管，社区服务难以落地，难以实现社会事务专业化管理。而且在这样的治理模式之下村干部势必无心过问社区公共服务，一心扑到经济分红上，一旦村（居）干部在利益分配、资产交易、财务开支等方面出现问题，整个村（居）基层组织便会因此陷入瘫痪。其次，南海区农村的很多费用均是用村集体通过"自筹"的方式解决的，如村容村貌、市政、治安、卫生等，区级财政和镇级财政仅做少量补贴。因此，村、组在服务群众时往往只考虑有股份的股东，很少考虑村中居民、外来务工经商人员。这就形成了资源分配不公、城乡公共服务的客观不均等，弱化了政府社会服务的职能。再者，容易引发内外群体的纷争。2010年新修订的《村民委员会组织法》规定，"户籍不在本村，在本村居住一年以上，本人申请参加选举，并且经村民会议或者村民代表会议同意参加选举的公民，可以参与选举"。《村民委员会组织法》赋予了外地人参与本地选举的合法性权利，而在南海区政经混合体制下，一旦外地人当选，有可能改变已有的利益分配格局，制定有利于外地人利益的分配条款。如此，势必引发本地居民与外来人口之间的矛盾和冲突，为新一轮利益冲突和社会矛盾积累埋下隐患。①

综合来看，村（居）党组织、村（居）委会、经联社职责重叠，村居（书记）兼任主任、社长的"三位一体"组织结构，服务对象只针对社员股东这一群体，负责村（居）所有的党建事务、社会管理事务、集体经济事务以及村（居）其他各项事务。容易衍生出四类问题。其一，村（居）书记身兼数职，难以监管，容易产生"一言堂"、专权等问题；其二，混合管理、职责重叠、角色错位，容易造成经济利益矛盾绑架管理者；其三，社区人口结构剧变，服务缺失，管理不到位，容易激化社会矛盾，容易引发不稳定因素；其四，忽视党的自身建设，服务观念淡薄，工作作风虚浮，容易导致党群干群关系疏远，群众基础薄弱。

（二）"政经分离"的改革实践

"政"与"经"盘根错节、长期混合运行，形成了制度依赖，要想彻底分离，必须在制度设计上做到"五个分离"才能破解体制瓶颈。② 2010 年 12 月以来，南海区按照"城乡统筹、突出核心、政经分离、强化服务"的总体思路，先行先试，制定实施了《关于深化农村体制综合改革的若干意见》以及系列政策措施，从"村改居"入手，强化村（居）党组织的核心领导地位，将 224 个行政村

---

① 向德平、高飞：《南海"政经分离"试验》，《决策》2014 年第 1 期。
② 同上。

党支部全部升格为社区党总支部（探索 4 个社区党总支部设置社区党委）。460 个集体经济组织、村民小组设置了党支部，把党的末梢神经延伸至社区最基层。同时，坚持集体经济组织独立选举，积极推进"政经分离"改革：一是选民分离。村（居）党组织领导成员由所在党组织的全体党员中选举产生；村（居）民委员会领导成员由具有选民资格的村（居）民选举产生；集体经济组织领导成员由具有选举资格的社员股民选举产生。① 二是组织分离。党组织夯实、强化领导、引导和监督职能，自治组织回归社会管理、服务，经济组织回归集体资产经营管理，并利用"两个平台"发展集体经济，既保障了村（居）集体经济组织的运作不受党组织和自治组织换届的影响，同时也保障了基层经济政策的延续性。② 三是干部分离。将集体经济组织领导成员任期年限从 3 年调整为 5 年，与党组织和自治组织任期错开。村（居）党支部书记不能兼任经济组织领导成员，以便其发挥对村（居）委会和集体经济组织的领导和监督作用；村（居）委会领导成员不能再与经济组织成员交叉任职，也不再直接参与集体经济经营活动。③ 各组织有各自的工作架构和人员。分类制定村（居）"两委"班子与集体经济组织领导班子的年度收入及绩效考评办法，对村（居）"两委"成员与集体经济组织领导成员实施考核分离。四是账目分离。开展集体资产确权登记，理顺集体资产产权关系，将非经营性资产确权登记在自治组织名下，将经营性资产确权登记在集体经济组织名下，同时开设行政账与经济账（拟分三套账目），实行资产、账务和核算三分离。④五是议决事分离。出台 9 个南海区村（居）工作细则，厘清村（居）党组织、自治组织、集体经济组织和其他组织的职责任务、

---

① 向德平、高飞：《南海"政经分离"试验》，《决策》2014 年第 1 期。
② 同上。
③ 同上。
④ 同上。

民主议事决策及开支审批权限，确保各个组织按照各自职能规范运作。① 2012 年 5 月中下旬，南海区将出台党组织管理、自治组织议事和经济组织议事细则。

"五个分离"基本上确保了职责清晰化、组织完善化的发展体系，从根本上为"政经分离"提供了制度支持和体制保障。经过 3 年的艰难改革"政经分离"后，较好地理顺了村（居）组织关系，明晰了职责，使自治组织回归社区管理和服务，经济组织回归集体资产经营管理，初步形成了以党组织为核心、自治组织为主体、集体经济组织为支撑、群团组织为辅助、社会组织为补充的共建共享的基层现代公共治理新机制。② "政经分离"从方向上来讲应该是正确的，各类组织职责已经清晰，有利于农村规范化、专业化、精细化管理。但是在实际操作中，由于体制改革是摸着石头过河，将传统农村治理模式变为党总支领导下的自治组织、经济组织分离，难免造成一些不适应，有一个磨合过程，还存在着诸多的困难和阻力。课题组在村居社区调研时，就听到过不少反对的声音。村民 A 坦言道："政经分开不好，这样为领导推卸责任找到了借口，你不管他不管，大家都不管。大家一起搞，一起商量，分开后能力太小。有时候，你说分开，实际上没有分开。"村民 B 认为："村小组经济的管理中，村里动产和不动产一点点的维修也要经过居委会批，领导工作忙，找不到，时间拖延。我认为，小组的问题，由经济社同意就可以了，不必往上面去找了。"

（三）集体经济的转型升级

南海区试图通过推动农村集体经济的转型升级，实现"产权清晰、权责明确、科学发展、管理规范、保护严格、流转顺畅"的现代产权制度的现实。在此思路的指导下，南海区在农村实行了"两

---

① 向德平、高飞：《南海"政经分离"试验》，《决策》2014 年第 1 期。

② 同上。

确权"① 改革，尝试农村集体资产的产权制度相关改革的新方式，以期实现农村集体经济股权固化和市场化，减少农村股权利益争议，解决因农民生生不息导致的股份纠纷不止的问题。具体来说，南海区从以下五个方面进行了探索：

第一，完善农村"两确权"。在农村股权固化前，各集体经济组织按照《广东省农村集体资产管理条例》和佛办发〔2008〕53号文件的有关规定，对权属农村集体经济组织所有的农村农用土地所有权、集体建设用地所有权、宅基地所有权等集体资产重新盘点，清产核资，依法界定资产权属，落实好土地证照问题，做好农村集体资产产权登记、确权和颁证工作。② 同时，在依法落实农村"外嫁女"及其子女权益的基础上，按照《广东省农村集体经济组织管理规定》以及《南海区农村集体经济组织成员资格的界定办法》的有关规定，重新核实人口，依法界定农村集体经济组织成员资格，建立管理台账。对居住在农村的自理粮、读书后回迁等群体人员要尊重民意，妥善作出明确的处理意见。

第二，鼓励农村集体经济组织推进农村"股权固化"。已实行"股权固化到人"的农村集体经济组织要继续完善"股权固化"，着力推进"股权到人"改"股权到户"工作；对未实行"股权固化"的集体经济组织要在总结桂城平南村"股权固化到户"的经验基础上，选择某一时间作为农村"股权固化"的截止时点，以户

---

① 所谓"两确权"指的是集体资产产权登记和集体经济组织成员身份确认。集体资产产权分类登记确认需要三个步骤。首先，将资产进行分类。集体资产一般来讲，分为三类：1. 资源型资产，如耕地、山地、林地、鱼塘、山塘等。2. 经营性资产，如厂房、店铺等。3. 非经营性资产，如办公场所、学校、幼儿园、敬老院、文化、体育等公共设施。其次，盘点造册。将分类好的集体资产进行盘点登记、核实资产，验看账面资产与实际资产是否相符，如相符则登记造册，建立资产管理台账。最后，登记确权。村（居）级集体资产产权为经联社所有，经联社依法对村（居）级集体资产进行经营管理。村小组级集体资产产权确权为经济社所有，经济社依法对村小组集体资产进行经营管理。

② 广东省人大常委：《广东省农村集体资产管理条例》，1996 年 1 月。

为基本单位,将股权一次性固化到家庭;对不实行"股权固化"的集体经济组织要按照区"五同"原则,落实农村"外嫁女"及其子女的合法权益。

第三,规范农村股权流转。农村"股权固化"后,村组集体经济组织要建立健全农村股权管理中心组织机构,严格规范农村股权流转,终止新增人员以无偿配股或出资购股的形式取得农村股权,禁止取消死亡股东的原有股权。"固化到户"的股权实行永久不变,股权允许继承、赠予,但不能转让、抵押、抽资退股,建立健全农村股权流转的新机制及股权分配新制度。

第四,积极引导农村集体经济组织推进农村集体资产市场化。鼓励、支持、引导经济实力强、集体经济组织分配较高的村组,将农村集体资产进行评估、拍卖,公平合理地处理给集体经济组织成员后,集体经济组织成员按照"有投资、有股份"的原则,自愿出资购买农村集体资产的收益权,新组建的股份经济实体按照股东自我发展、自我管理、自负盈亏、风险共担的新型发展模式实施;鼓励、支持、引导基础差、素质低、实力弱、无土地资源的"城中村""园中村"的村组集体经济组织,在尊重农村居民意愿的基础上,将农村集体资产进行评估、拍卖,公平合理地处理给集体经济组织的原属成员,让村民"持币进城",积极推进农村集体资产的市场化。

第五,维护集体经济组织成员的利益。农村集体经济组织从党政组织分离出来之后,农村集体资产的权属关系不改变,即村级集体经济的产权归属于股份合作经济联合社所有;村民小组级集体经济的产权归属于股份合作经济社所有。股东的股权不变,农村集体经济利益分配由农村集体经济组织按股权进行分配。

第二节　组织结构的创生与重构

城市社区公共产品由公共财政提供，归属于"公权"范畴，而农村社区公共物品则由村集体提供，已属"私权"的范畴领域。但是，"公权"与"私权"的划分，在南海区的社区治理中并未得到体现，两种权力通常混淆到一起，社区居委会成为包打天下的"全能战士"，既代管行政事务，又开展社区自治；既提供公共服务，又发展社区经济。这种"混合型"的社区管理体制很难将两种权力进行清晰的界定与厘清。因此，急需要在组织结构上进行制度设计，以此回应多元利益群体不断崛起的挑战，并重塑基层治理模式，以及重构微观社会基础。

一　从"政经混合"到"政经分离"的权力重塑

南海区农村集体经济前所未有地发展，集体经济实力不断强大，与之相关的集体经济分红日益可观，但是由于集体经济本身权属的模糊性，对于集体经济成员身份的确认和由此引发的分红矛盾成为影响农村地区稳定和发展的一大障碍，并且由于农村地区的基层组织管理大部分是"党政经"一肩挑，这种混合型管理的组织架构使得基层组织的大部分精力都集中到集体经济的发展方面，无暇顾及村居自治和社区公共服务，使基层社会矛盾愈发激烈。基层社会发展稳定的关键问题就在于将集体经济的经营管理同社区自治和社区服务分开，而基层组织之间的架构分离又成为"政经分离"的核心关键。

"政经分离"之前，社区采取的是村居党总支部（党委）、村居委会、经济联合社（股份经济合作社）"三位一体"的混合型管理模式。① 这种"三位一体"的管理模式的弊端前面已经进行了详细的阐释，在此不再赘述。"政经分离"之后，村居党总支部（党委）、村居委会、经济联合社（股份经济合作社）三个组织相对独立，职责分明。经济联合社（股份经济合作社）服务全体社员股东，通过建立集体资产交易平台和财务监管平台，规范经济联合社的行为，实行"智慧"管理和"阳光"交易。有效地避免了政经不分引发的矛盾和纠纷。"南海区把握去年换届年的机会，基本上支部书记，村居委员不兼任经济组织领导，自治组织换届完成后经济组织也进行换届，通过修改章程，将经济组织领导的任期年限由 3 年变成了 5 年，把自治组织的成员与经济组织的成员权利的边界划分出来了，不让经济组织绑架了经济组织。"②

"政经分离"的核心是"公权"与"私权"的划分。《中共佛山市南海区委员会佛山市南海区人民政府关于做好 2011 年村（居）集体经济组织选举工作的意见》（南发）2011 年 9 号文明确指出，村（居）党总支书记、村（居）民委员会领导成员不能与集体经济组织成员交叉任职。③ 并从制度上对党组织、经济组织和自治组织的职责进行了清晰的界定：党组织负责基层党建以及对社区事务的监管；自治组织承担社区公共服务；经济组织解决集体经济组织的发展与股东分红事宜。这一制度设计基于两方面的考虑：其一，集体经济组织仅承担集体经济的管理和运作，增大了集体经济保值增值的系数。同时，为村（居）自治让渡空间；其二，村（居）委会充分发挥社区自治功能。

"政经分离"改革实际上就是一次厘清"公权"和"私权"界

---

① 向德平、高飞：《南海"政经分离"试验》，《决策》2014 年第 1 期。

② 时任南海区委书记邓伟根在 2012 年 5 月调研发言。

③ 邓丽霜：《南海农村"政经分离"改革的实践与思考》，《南方农村》2012 年第 12 期。

限的尝试，最终改革目标是社区事务或者公共产品由公共财政进行提供。在此基础上，进一步厘清村（居）党组织、自治组织、集体经济组织领导成员的职责任务、范围及开支审批权限，完善相关工作管理制度，确保3个组织按照各自职能运作。"公权"与"私权"分离之后，与经济社任职不交叉的村居委会继续加强村居工作细则的宣传、教育和培训，提高村（居）、组社干部政策水平，加强村（居）党组织领导核心地位，突出村（居）党组织书记组织协调组社干部和化解农村矛盾的能力。经济组织与自治组织相交叉的村居委会，经济组织负责集体经济组织成员的分红和集体经济的盈利而不干涉村民的自治事宜，而自治组织则专心服务本社区居民，不插手集体经济的运作。同时，经济组织与自治组织统一接受党组织的领导，实现"公权"与"私权"的彻底划分。

二 "关联式动员"的组织结构设计

管理学大师彼得·德鲁克富（Peter. Drucker）有洞见地指出，"我们需要一个不同于传统的社区，它不仅具有自发和自由的特性，还要让社区里的每一个人与社区息息相关，有机会创造成就，做出贡献"[①]。如何才能与社区息息相关？需要在组织结构设计上进行"关联式动员"。"政经分离"改革较好地理顺了村（居）基层组织关系，明晰了职责，使自治组织回归社区管理和服务，经济组织回归集体资产经营管理，形成了以党组织为核心、自治组织为主体、集体经济组织为支撑、群团组织为辅助、社会组织为补充的共建共享的现代基层治理新格局，[②] 推动村（居）基层社区逐步建设成为管理有序、服务完善、文明祥和的社会生活共同体。

---

① 杨敏：《社会学视野中的社区建设与制度创新——"深圳经验"的一种社会学理论感悟》，《哈尔滨工业大学学报》（社会科学版）2012年第1期。

② 向德平、高飞：《南海"政经分离"试验》，《决策》2014年第1期。

(一) 理顺组织关系

"政经分离"细则明确规定,农村党组织领导成员由所在党组织的全体党员选举产生;村民委员会领导成员由具有选民资格的村民选举产生;农村集体经济组织领导成员由具有选举资格的股民选举产生。[①] 提倡村党总支部领导成员与村民委员会领导成员交叉任职。村民委员会领导成员不再与农村集体经济组织领导成员交叉任职。通过不同的选举产生不同组织的领导,党组织统领一切,自治组织和经济组织分离出来,真正厘清了组织关系,在人事上实现了独立。

(二) 明确组织职能

在理顺组织关系,实行人事独立的基础上,南海区又出台了相应的政策,在职能上也做出了相应的划分。农村党组织负责协调全局及各方面事务、组织党员,抓政策性、方向性的事;村民委员会专注于负责社区公共服务、社区自治与管理,不再直接参与集体经济组织的经营活动;农村集体经济组织负责牵头制订农村集体资产发包方案,按照农村集体资产管理交易中心的有关规定,落实农村发包方案民主管理程序,组织监督本级集体资产发包,追收发承包款等经济管理事务。[②] 职能分化从权责关系上厘清了各组织之间的分野,村民委员会与经济组织各司其职、并行不悖,实现了目标清晰、职能明确的发展和进步。

(三) 实现经济自理

经济自理是衡量各组织是否真正独立的一个重要指标。《南海区村(居)民委员会工作细则(试行)》规定:村(居)民委员会财务实行单独设立账户,独立核算。所有的收支应当纳入村(居)

---

① 同上。
② 李棉管:《"村改居":制度变迁与路径依赖——广东省佛山市 N 区的个案研究》,《中国农村观察》2014 年第 1 期。

财务监管中心进行统一核算和监督管理。各村（居）民委员会要按照《会计法》及上级主管部门的有关规定设置账户由会计核算，编制会计报表。对于经联社也进行了相应的约束，《南海区经联社工作细则（试行）》规定经联社的经济账目必须单独设立，所有的资金和财务必须纳入农村财务监管平台进行管理，与社区行政账目彻底分开。并严格按照上级会计核算和财务管理制度的有关要求，设置和使用会计科目，使用统一的系统软件进行会计核算和财务管理。

以上 3 个方面的改革基本上确保了村（居）各组织职责清晰化、组织完善化，从根本上为"政经分离"提供了制度支持和体制保障，从更深层次意义上来说，"政经分离"这场改革的攻坚战最终需要达到两个方面的目标；一方面，重构农村集体经济的秩序，规范集体经济走市场化、社会化之路；另一方面，使自治组织从经济组织中剥离出来，回归其应有的要义，在社区改革、大市政等措施的辅助下，自治组织真正承担起社会管理服务功能，[1] 向"治以自治、断以法尊"的目标努力。

三 "利益群体"与"组织结构"的更新与对应

"政经分离"之前，"三位一体"混合型管理机制，使村居党总支部（党委）、村居委会、经济联合社（股份联合社）3 个组织服务村居民群体（原住民的村民群众），即社员股东和部分回迁的村中居民是一个群体，而大量的外来人口则没有组织职能与之诉求相匹配对应。造成了许多显而易见的问题。首先，混合管理，3 个组织都被经济问题绑架了，一旦出现问题，3 个架构的班子都被摧毁。其次，越来越多的外来人口涌入，本地人与外地人的人数比达

---

① 向德平、高飞：《南海"政经分离"试验》，《决策》2014 年第 1 期。

到了1∶2，管理难度十分大。再次，根据村民委员会组织法，居住满1年可申请参加当地的选举，目标直指村居经济分红或利益。最后，村居书记兼主任、社长，一肩挑，出现问题，难以监管。"政经分离"之后，村居党总支部（党委）、村居委会、经济联合社（股份经济合作社）3个组织相对独立、职责分明。村居党总支部（党委）的服务对象主要包括两个群体：有村居选举权的党员，包括社员股东中的党员和回迁的居民党员；没有村居选举权的党员，包括流动党员支部的党员、"两新"党组织的党员、其他由镇街委托管理的党组织党员。村居委会的服务对象有4种群体，包括社员股东、回迁的村居民、完全没有村居福利的居民、外来人员（在村居辖区范围内长时间居住的人员）；经济联合社（股份经济合作社）的服务对象是全体社员股东。社员股东的事情只和经济组织有关，交由经济组织来打理，经济组织建立资产交易平台和财务监管平台进行监督。外来人口和本地非社员股东的日常事务则由社区服务中心进行承接。

"政经分离"的实施有助于村居基层各类组织的功能定位，进一步明确了各个组织的职责范围，为各类组织在村居基层发挥作用指明了方向。社区党组织是党在村居全部工作和战斗力的基础，是村居各种组织和各项工作的领导核心。[①] "政经分离"后，南海区把原先的村委会党组织转型成为社区党组织。①村居自治组织。"政经分离"后，村居自治组织（村居委会）与经济组织在运行上的彻底分离，为村居自治组织回归其法律属性提供了机会，为村居自治的回归与强化提供了基础条件。村居自治组织接受村居党组织的领导，并监督各村居民小组开展工作，积极配合社区服务中心完成各项村居事务工作。②集体经济组织。南海区集体经济实力雄

---

① 《中国共产党农村基层组织工作条例》，1999年2月13日。

厚，集体经济组织作为村居的经济实体，在发展村居经济、提供村居福利方面具有举足轻重的作用；社区服务中心，其目的在于优化基层服务结构体系，推动社区工作的分类细化，互相合作，互为补充。南海区自2002年率先成立区行政服务中心以后，不断将行政服务向基层延伸，目前已初步形成了区、镇、村居"三级一体"的行政服务体系，在社区行政服务中心的基础上，整合基层社区事务。当前，南海区农村社区服务中心总面积已经达到34万多平方米，平均每村为1500平方米；社区活动中心总面积达160多万平方米，平均每村为7500平方米；整合成集社会治安、外来人口管理、信访维稳于一体的基层综治工作平台（见图7—1）。

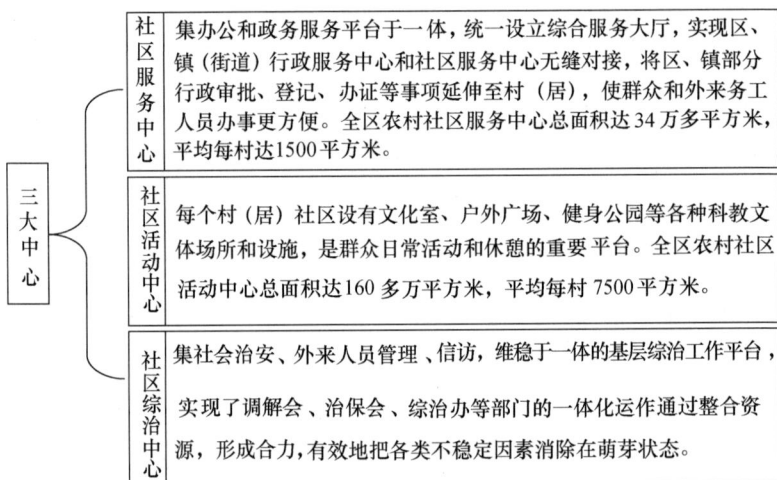

三大中心	社区服务中心	集办公和政务服务平台于一体，统一设立综合服务大厅，实现区、镇(街道)行政服务中心和社区服务中心无缝对接，将区、镇部分行政审批、登记、办证等事项延伸至村（居），使群众和外来务工人员办事更方便。全区农村社区服务中心总面积达34万多平方米，平均每村达1500平方米。
	社区活动中心	每个村（居）社区设有文化室、户外广场、健身公园等各种科教文体场所和设施，是群众日常活动和休憩的重要平台。全区农村社区活动中心总面积达160多万平方米，平均每村7500平方米。
	社区综治中心	集社会治安、外来人员管理、信访，维稳于一体的基层综治工作平台，实现了调解会、治保会、综治办等部门的一体化运作通过整合资源，形成合力，有效地把各类不稳定因素消除在萌芽状态。

图7—1　三大中心职能分类

社区服务中心实行"五统一"的标准，在所有村（居）内建成社区服务中心，通过社区服务中心把政府各项管理服务延伸至村（居）社区。同时，大力完善社区文化活动中心和维稳中心的建设，初步建成"15分钟便民服务圈"，基本实现城乡居民和异地务工人员生活服务、文体活动、医疗保健、矛盾调解"四个不出社区"的目标。社区服务中心的主要职责是：社区公共服务及综合管理事务，以及社会保障、计划生育、流动人口等。社区服务具有行政公益性服务组织的性质，社区服务中心在村居党组织的领导下，接受政府相关职能部门的业务指导和监督，接受村居委会和村居民的监督和评议，与村居委会和其他社会组织一起，共同做好本村居的有关公共事务和公益事业。①社区群团组织。社区群团组织是政府主导下成立的具有官方性质的社会群团，针对不同的服务对象，发挥不同的功能。如工会联合会是针对辖区内的企事业单位的组织、基层团组织服务于青少年的健康发展、妇代会保护妇女的合法权益，培训妇女的工作技能，贯彻计划生育政策。②社区社会组织。作为社区多元参与主体的重要组成部分，在某些政府逐步退出的相关领域，逐渐承担起愈发突出的角色。是未来达到"小政府、大社会"的理想治理格局的必由之路。南海区村居层面，社会组织主要包括社区参理事会、邻里中心等，无论是在管理服务社会化还是协助村居委会开展村居自治都发挥了重要作用。

第三节　从群体对组织的依附到组织为群体服务

群体与组织的关系始终存在一种张力，即处于一种变动之中。从一开始的依附型向重构型转变，当前正处于错位型的过渡阶段。所谓错位型就是指群体与组织并没有对应，群体的分化对组织结构提出了创新的要求，组织却并未予以回应。致使群体对于组织结构不满进而产生纷争。下一阶段的治理中，南海区需要规范经济组织权能行使，划定党组织、村民自治组织、村集体经济组织的权利、职责与义务，推进"政经分离"的乡村治理结构改革，以多元组织结构对应多元利益群体。

一 基层组织职能运作与权力制衡的关系

"政经分离"后，基层党组织，自治组织与社区服务中心"三位一体"，村居书记干什么？归纳起来就是党务、政务、服务、监督，简称"三务一监督"。党务是主业，政务是关键，服务是途径，监督是保障。

（一）党组织："三务一监督"

为了全面提升村（居）基层党组织统揽全局的能力，南海区以强化村（居）党组织领导核心地位、夯实党在农村基层的执政基础为根本目标，着力加强基层组织建设。在桂城街道东平社区、大沥镇河东社区等条件成熟的社区设立党委。经济组织和条件成熟的居民小组，加快建立党支部，把党的神经末梢延伸至村（居）最基层。村（居）党组织领导和支持村（居）民委员会、集体经济组织、社区行政服务中心等组织依法行使职权。完善村（居）党组织领导下的"两委"班子联席会议、民主生活会、述职述廉、民主评议等制度。具体来讲，党组织的任务可以概括为"三务一监督"。党务是指村（居）党组织管方向性、政策性、全局性大事，统筹领导村（居）各种组织依法、依章开展工作，抓好组织优化设置，提升干部队伍战斗力，加强党员队伍的教育管理，夯实党组织领导核心，实现领导能力强、管理能力强、服务能力强、监督能力强、自身能力强的"五强"目标。政务是指村（居）自治组织回归社会管理、服务职能，组织实施基础设施和民房规划建设，依法调解民事纠纷，妥善解决群众反映的问题，维护社会治安等工作，实现有令必行、有禁必止、政令畅通、民风淳朴、和谐共处的新局面。服务是指做实社区服务中心平台，统筹政府公共服务资源向村（居）基层下沉，重点开展民政、人口与计生、就业、卫生、文化、治安等各类公共服务，落实各项惠民措施，实现城乡服务均等化。村（居）党组织加强对经济组织的领导、引导和监督。通过规范运作资产交易平台和村（居）集体经济财务监管平台，规范资产交易行为，实施阳光监督。建立党建联席会议制度，发动广大党员群众开展内部监督，如图7—2所示。

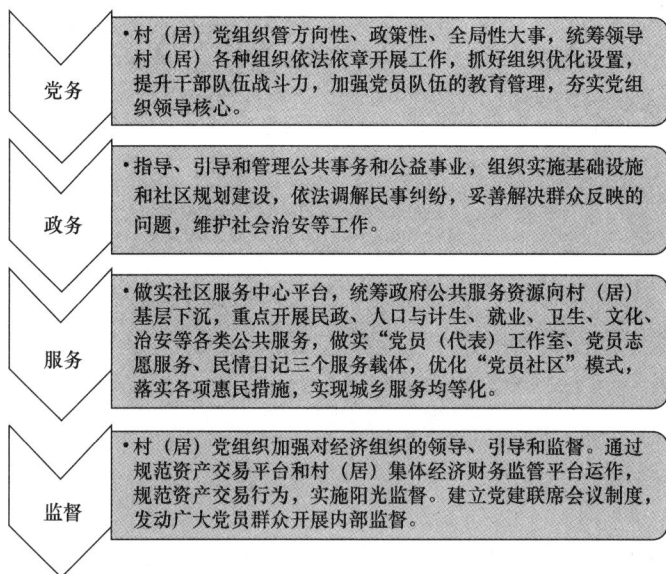

党务
· 村（居）党组织管方向性、政策性、全局性大事，统筹领导村（居）各种组织依法依章开展工作，抓好组织优化设置，提升干部队伍战斗力，加强党员队伍的教育管理，夯实党组织领导核心。

政务
· 指导、引导和管理公共事务和公益事业，组织实施基础设施和社区规划建设，依法调解民事纠纷，妥善解决群众反映的问题，维护社会治安等工作。

服务
· 做实社区服务中心平台，统筹政府公共服务资源向村（居）基层下沉，重点开展民政、人口与计生、就业、卫生、文化、治安等各类公共服务，做实"党员（代表）工作室、党员志愿服务、民情日记三个服务载体，优化"党员社区"模式，落实各项惠民措施，实现城乡服务均等化。

监督
· 村（居）党组织加强对经济组织的领导、引导和监督。通过规范资产交易平台和村（居）集体经济财务监管平台运作，规范资产交易行为，实施阳光监督。建立党建联席会议制度，发动广大党员群众开展内部监督。

图7—2 "政经分离"后党组织的职能

（二）经济组织：一确权，两平台，三发展

加快农村发展，维护社员股东利益，这是南海区推行"政经分离"的目标之一。为此，南海区全面推进集体经济组织的单独换届选举和单列管理，将集体经济组织独立出来，不再与村（居）党组织书记、自治组织领导成员交叉任职，并明确其抓经济和福利的职责和使命。按照规定，集体经济组织领导成员任期年限从3年调整为5年。经济组织独立运作，受村（居）党组织、自治组织以及监事会、股东的监督，此举为集体经济组织走向市场化、社会化、专业化打下坚实基础。引导村（居）社员股东通过表决的方式，开展集体资产确权登记，理顺集体资产产权关系，将非经营性资产确权登记在自治组织名下，将经营性资产确权登记在集体经济组织名下，同时开设行政账与经济账（拟分三套账目）。① 经济组织回归集体资产经营管理职能，利用"资产交易平台和财务监管平台"规范运作，规范资产交易行为，确保农村资产安全。经济组织探索市场化发展道路，实现集体经营性资产保值增值；按照现代产权制度探索集体经济的发展模式（资产评估、资产收益权出让、新型集体经济组织的构建）；按照村（居）基本经营制度的发展方向，积极探索集体资产收益分配和股权多元化管理新模式。

集体经济组织实行以民主选举、民主决策、民主管理、民主监督"四民主"为总则的自治模式。通过成员（股东）大会或成员（股东）代表会议、社委会、监事会（民主理财监督小组）"三会"进行管理。"三会"之间为各司其职、各尽其责、相互制衡的关系。成员（股东）代表会议是集体经济组织的议事决策机构，讨论决定生产经营计划、经济发展规划、年度财务计划、新上马生产经营项目、对外投资，审查、批准收益分配方案。社委会是集体经济组织的执行机构，主要负责牵头起草集体经济发展规划、财务收支计划草案、集体资产经营等日常管理，按预算计划和契约按时向社区划拨公共服务经费，落实和执行成员（股东）大会或成员（股东）代表会议的决定。监事会是集体经济组织的监督机构，主要负责对经营管理活动和财务收支进行审核、监督。列席社委会会议，向社委会提出改进工作的建议（见图7—3）。

---

① 向德平、高飞：《南海"政经分离"试验》，《决策》2014年第1期。

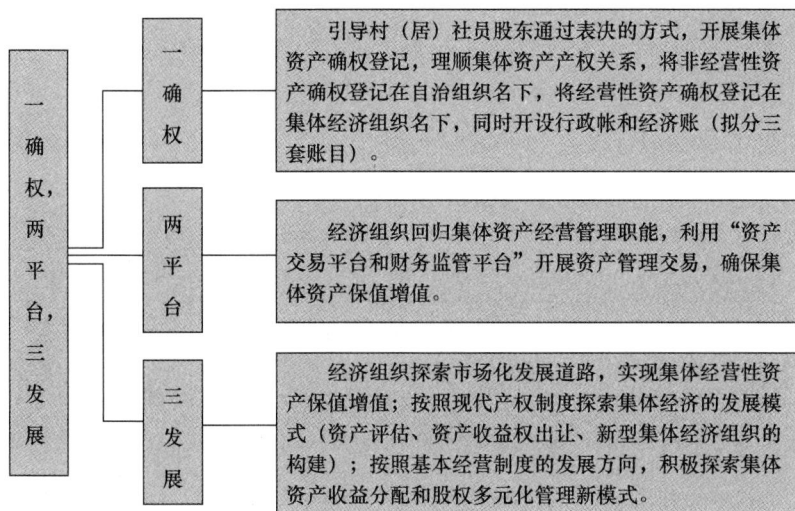

图7—3 "政经分离"后集体经济组织职能

（三）自治组织："三社一提高"

"政经分离"之后，村（居）自治组织主要有4项职能，可以概括为"三社一提高"。"三社"指做实社区、培育社工、培植社会组织："一提高"指提高社区居民幸福感（见图7—4）。社委的领导成员要做到"三管好"。首先，管好人。一是管好自己，二是管好团队，三是管好社员股东，四是管好社员股东外的特性群体。其次，管好物。一是把握农村集体资产确权，进一步摸清集体资产的家底，分类建立翔实的资产台账。二是全面掌握集体资产的经营管理状况，有条件的集体组织要理顺证照，寻找集体资产改造新路径，做大集体经济。三是对于承包期即将到期的集体资产，要精心制定资产发包方案，广泛征求各方面的意见和建议，报村（居）党组织备案审查后，按照民主决策的权限，走程序。四是落实集体资产管理交易平台的相关制度。最后，管好钱。一是集体资产的收益全部要纳入财务监控平台进行监管。二是理顺集体资产的收益分配关系，保障公共服务资金的供给。三是按照资金使用和审批的权限，严格资金的使用。四是落实村务财务公开，自觉接受社员股东的监督。

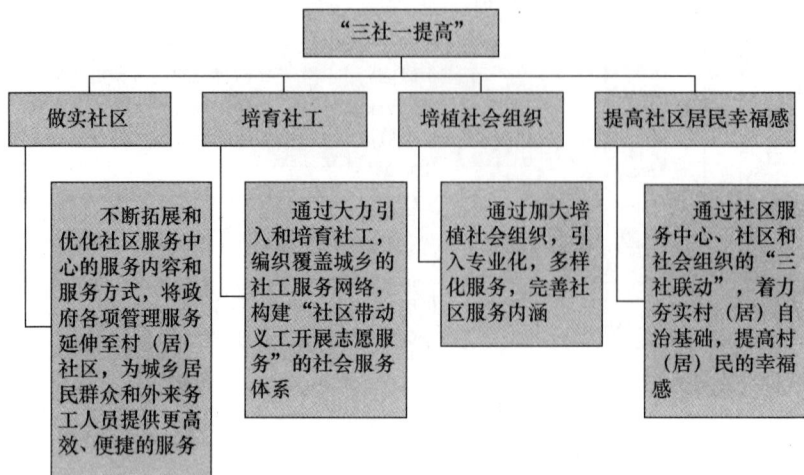

图7—4 "政经分离"后自治组织职能

"政经分离"为今后农村集体经济的发展奠定基础，同时也提出了新的挑战，"政经分离"之后，接下来南海区还必须考虑如何引导这些经济组织按照市场化的规律来经营的问题。① 正所谓"前途光明而道路曲折"，摆在眼前的两个问题不得不去认真思考。一是经济组织的自发展问题。经联社、经济社等经济组织经历了"政经分离"后，走上了独立运作的道路，这样便在经济运作方面对干部的素质有了更高的要求。二是如何保持经济发展的问题。不同于以往，党组织、自治组织和经济组织职能分离之后，各有工作重心，那么在中国政治经济一体运行的强烈传统背景下，缺少以往行政资源扶持的农村集体经济能否继续保持强劲发展的石头是不得不

---

① 向德平、高飞：《南海"政经分离"试验》，《决策》2014年第1期。

考虑的问题。

二 南海区组织结构改革推进的风险

如桑德斯所言，"社区发展是一种组织的、教育的、自助自治的成长"[①]。更深层次意义上来说，'政经分离'这场改革需要从两个方向推进，其一，规范集体经济运行秩序，坚持社会化、市场化之路；其二，剥离自治组织对经济组织的依附关系，回归自治组织服务居民的本质。辅助以大市政、社区改革等措施，使其真正承担起社会服务功能。"政经分离"之后，南海区的理想目标是实现农村事务规范化、专业化和精细化的管理目标，并按照"社长抓经济，主任搞服务，党委总协调"的原则，构建分离型社区治理新模式。

（一）"政经分离"后如何避免党组织被"架空"的宿命？

当课题组成员问到"政经分离"后，党的执政地位如何保证时，一位受访的农民道出了自己的担忧"集体经济是村里最大的问题，是最敏感的问题，村里谁大，谁管经济谁大，制度规定党最大，如果党不管经济的话，是没有人听的"。这样的担忧是普遍的，南海区委组织部的一位领导也表达了类似的想法，"党组织开个会，吃个饭都要向经济组织要钱，可是经济组织说，你们是党组织，不要到这要钱。比如你要个钱，他就要召开村民代表大会讨论来决定。"政经分离"本来是件好事，但是剥离之后，党支部书记不能兼任经联社社长，就不掌握财权。党组织的核心作用，关键体现在人事权和财政权，这样一剥离之后，这两大权力都被剥离了。党员管理也碰到新问题，城市党员和农村党员也是不一样，农村党员有集体经费；外出打工党员的管理也存在问题。选举开会到会率为

---

① 徐震：《社区与社区发展》，正中书局 1981 年版，第 263 页。

4/5才行，很多时候人都到不齐。这是组织法规定的，地方也没办法"。农村自治组织和经济组织逐步分离，为什么分离？分离就是为更好地保障原来经济组织的经济利益，农民的既得利益。遵循"政社分离，服务优先"的原则，建立"两委一站"的社区治理体制。确保基层党组织领导核心作用的发挥，确保社区服务站、社区居委会的行政资源下沉，实现管理重心的下移，解决因原来社区居委会承担行政负担过重的固有顽疾，使自治组织的自治职能回归本位上，更好地为居民群众做好社区服务工作。此前，农村党组织、自治组织和集体经济组织"三驾马车"政经不分，机构繁杂。行政运作成本高，据不完全统计，近年南海区村组集体每年行政支出都超过4亿元。通过"村改居"，加快推进"政经分离"，村委会过渡为社区居委会，主要负责公共服务和社会管理；经济组织独立运作，主要负责集体经济管理和发展；强化党组织的领导核心地位，理顺各种组织关系。"政经分离"之前，农村基层经济组织和自治组织职能交叉重叠，自治组织被经济组织"绑架"，农村一旦出现贪腐问题，村民一般都会认为是党组织出现问题，严重影响了党组织在基层的战斗堡垒作用，污化了党员在基层的形象。"政经分离"后，自治组织与经济组织相分离，经济组织负责集体经济的管理和发展，自治组织负责公共服务和社会管理，两个组织各司其职。然而，丧失了掌管经济的大权之后，党组织如何驾驭经济组织，从而避免党组织被经济组织"架空"的窘境，是"政经分离"之后亟须回答的问题。课题组在大沥镇调研的时候，一位在基层打拼多年的村组干部，就明确地表达了反对的声音，"经济社有一个社长，还有一个村小组长，这两个组织之间的关系和权力如何分配。分离后，社长把原来的会计炒掉，造成整个财务运作停顿，群体对立。听谁的，听村小组长的，还是听社长的。支部在矛盾协调中能起到作用吗？经济社长说，经济是我管，我说了最算。财务的，我炒他，马上炒掉有什么不行。三八妇女节每人发一套衣服跑步，经济社不开支，我没同意。以前找几个社委研究一下就好了，但现在碰到许多的阻碍。现在大部分是小组长兼社长，问题还没有凸显。上面有些说的，我们不听他的，越听矛盾越多。包括经联社，目前由于经联社刚分，以后这方面也是有矛盾的。分得越细越不好。这些真的要慎重"。此外，南海区农村的土地产权归属登记受历史遗留问题的影响，有一些是登记在村委会自治组织，有一些在经济组织和村民小组，也有一部分登记在原来的村办企业，按照"政经分离"方案，势必带来产权主体的变更，国土部门或者税务部门可以认定为产权发生了变更，要收取产权变更登记的税费。据预算，仅南海区西樵镇变更所有的土地产权要归口登记到集体经济组织，就需要花费3.5亿元的税费，这部分资金从哪里支出，这也成为一个问题。

（二）社区合并后城市社区与农村社区如何实现城乡公共服务均等化？

事实上，我们所谈到的城乡公共服务均等化是强调城乡基本公共服务在体制上的统一性，而不是指城市和乡村人口所获得的公共品在数量上完全相等，在城乡公共服务均等化背景下的城市和乡村地区的公共服务可以有差异，不必要求完全均等，农村地区的公共服务综合水平可以高于城市，当然也可以低于城市，还有的公共服务农村不需要或不必要。[①] 没有必要一定要和城镇社区等同起来。从理论上来讲，农村实行的"新型合作医疗"保障应该改造为居民基本医疗保障，并将原城市居民中未纳入医保系统的人员也纳入基本医疗保障系统。在养老保障方面，可使那些已经在非农部门就业的"村改居"人员尽可能参加城市职工养老保障计划，其他收入较少的人员可和原城市非职工人员一起参加社会基本养老保障计划。

---

① 党国英：《转变中的"三农"问题》，《党政干部参考》2011年第6期。

在基础设施服务方面，还是应该处理好"普惠"与"效率"的关系。少量的专业农户适合分散居住，他们只能享受远距离的文化服务设施，一些与规模有关的服务设施也不可能完全享受，政府对他们的排水、垃圾处理方法要放宽限制。但是根据南海区的实际情况，有的社区规模偏小、社区数目偏多、服务对象多元，服务内容繁杂，社区经费及设施建设不足。将那些社区在地域、历史规划、居民认同、管理交错、地域相连、板块特点不明显的社区进行合并。社区合并后（尤其是城镇社区与农村社区合并后）是否可以起到优化社区资源配置、提高社会管理和服务水平、减轻居民负担的作用？合并后的社区如何实现公共服务均等化？如何实现城乡服务均等化和本外地人享受服务均等化"两个均等化"的目标？我们也拭目以待。

（三）如何激发社团、行业组织和社会中介组织的活力？

长期以来，我国社会组织的发展和管理存在着难、散、软、乱的问题。南海区也不例外，不同程度地存在着分散管理、多头管理的问题。如社团组织在登记上属于民政部门，在业务上则归属于多个职能部门；有的社会组织登记是属地管理，业务指导则是垂直管理。在日常的工作中各种关系难以理顺成为社会组织的发展的制度性障碍。还有，许多现行法律法规、配套政策和管理体制的滞后也阻碍了社会组织的发展。因为放宽了社会组织登记的门槛，社会环境、信息披露等机制不健全的弊端开始凸显，社会监督失效，导致了部分社会组织出现了趋利化倾向。正常的发展需求得不到很好满足，已有的社会组织能力不强、服务效率不高，尚未发展的社会组织受到政策的掣肘难以获得准入门票，导致这些问题的根源在于现有管理体制的不完善以及专业人才的缺乏。如何实现对社会组织的培育和引导、发展与规范的双重目标，激发各类社会组织的活力，使得政府让渡过来的公务空间社会组织能够"接的起""做的

（得）好"，保证社会组织在正确的轨道上有序发展，成为社会管理的重要载体和主体，成为摆在南海区党委和政府面前的棘手问题。

小 结

从以前个体对组织的依附关系转变到组织为群体服务的关系，首先，需要明确党支部在农村的核心领导作用。农村党组织在工作中具有承上启下的作用，对上来说承接上级交办的任务，实现对农村的直接领导，对下来讲，总揽全局、协调各方、发挥党员在社区建设中的先进作用。党支部不再直接管理集体经济组织。以党支部成员为主体组成农村议事会，负责农村社会和谐。党支部人员的工资和活动经费可由区党费出，初期可以由区财政出。

其次，推进自治组织与经济组织职能的分离。自治组织的职能是强化社区服务、开展社区活动、实现村民自治、不再直接参与集体经济组织的经营活动，管理事务性、具体性、监管性事情。

最后，建立现代社区公共服务中心，搭建集民政、工商等事务性工作为一体的公共服务窗口，形成政府服务向村（居）延伸的精细化平台。

总之，传统的针对同质性群体的"一元化"治理在结构上发生了瓦解，形成了"多元化"的社会群体，继而产生"多元化"的利益诉求。在南海变现为本地农村户籍人口、本地城市户籍人口、外来人口，三个群体，三分天下。在三个群体内部又可以再分出不同的子集。比如，本地农村户籍人口里边不同的村民之间，同村的不同小组之间，被征地的与未被征地的，本地城市户籍人口里边有不同职业、不同社区之分。外地人有安徽人、江西人等来自五湖四海的人。如何应对这种复杂的局面？唯有在组织结构上进行创新和生长——"政经分离""政社分离"。如此，才能理顺治理体制，制定管理框架。南海区的理想图景很清晰，就是通过"政社分离"与"政经分离"的改革实践，拆解村集体经济与村社区的捆绑关系，也就是通过集体经济的公司化来"剥离"村、社原来承担的诸多社会行政职能，让公司化后的集体经济插上飞翔的翅膀，而且还可以让声誉欠佳的"城中村"流动人口聚居区的社区管理直接置于市政规划与监督之下，直接置于政府相关职能部门的指导与管理之下，以此实现制度变迁的最佳效果。①

---

① 蓝宇蕴：《都市里的村庄——一个"新村社共同体"的实地研究》，生活·读书·新知三联书店 2005 年版，第 94—95 页。

第 八 章

结论与讨论

　　至此，我们已经阐述了南海区在"倒城乡"背景下形成的独特的新经济社会空间——"三元化社区"的治理情境，并采用"利益群体与组织结构"的框架对其形成原因、外部紧张、内在张力、治理策略进行了分析。本书认为个案地区的社区治理场景已经发生了根本性的变化，即从"二元"过渡到"三元"，"三元化社区"的形成必然要求变革基层社会的组织结构，构建一种与传统社区治理模式相区别的全新的社区治理模式。这种新型治理模式的核心在于重构群体与组织的关系，从之前群体依附于组织过渡到组织为群体服务。这一命题的关键是将农民从一种身份转变为一种职业，或可称其为"农人"与"工人"对应，剥离附着在农民身份之上的捆绑性利益，建立分离型社区治理模式。

第一节　结论

一　一元对多元：传统社区治理模式失灵

　　这里所谓的"一元"是指一元化组织结构，"多元"是指多元化利益群体。一元化组织结构的延续有其历史的必然性，多元化利益群体的涌现也是社区发展的必然现象。从 1958—1984 年，人民公社走完了自身 26 年的历史。人民公社时期，计划是乡村社会资源配置的唯一有效手段，农民的一切商业活动都被制止，市场根本无从谈起，农民的收入高度均值，凭工分在年终所获的现金分红大多只够买油、盐、酱、醋，凡有可能造成不平均的劳动所得都被扣上"资本主义尾巴"的帽子。[①] 在这种情况下，社会成员的生活与生产完全依附于人民公社，且这种状况并不是由农民的主观意愿所决定的。如果农民要维持生存，就必须进入国家主导的组织建构，获取人民公社的社员资格。到 1978 年，中国的 7.9 亿农民仍可以用"社员"这个名称来概括，他们都是处在集体经济的"荫蔽"之下，个人在生产、分配、交换和消费上都没有自我选择的空间。在高度统一的政治体系下，农民个体的生存与发展空间被极度压缩，民间潜在权力系统的调节功能消失。[②] 农民的行动具有一致性，表面上来自个人利益的冲突基本没有，生产队长已成为权力系统中的"家长"，公社社员明显具有"社区子民"的特征。公社实行工资制和粮食供给制，并且逐步成为人民公社分配的主要形式。很多公社在当年就不分现粮，实行以人定粮，把粮食统一拨给食堂，给社员发就餐券，实行吃饭不要钱。少数公社已实行衣、食、住、行、生、老、病、死、学、育、婚、乐都由公社包干供给。这被说成是"一有盼头"（共产主义）与"五不操心"（吃、穿、零花钱、孩子、工分）。人民公社作为农村的基层组织，全面掌握着经济、政治、文化、军事、社会的方方面面，个体的农民必须依附公社才能存在。

"三级所有，队为基础"的人民公社制度在实际运作中难以避免地暴露出许多弊端，而在"总体性社会"的大背景下，

---

① 徐国普：《人民公社时期乡村权力结构的特征及其影响》，《江汉论坛》2004 年第 7 期。

② 朱新山、程利民：《略论当代中国农村的社会发展——农村社会体系结构分化和社会文化世俗化分析》，《社会科学研究》1997 年第 1 期。

欲克服这些弊端，最为直接的方式就是超经济的政治化强制，亦即不断地开展阶级和路线斗争等社会化运动，并以此向农民灌输社会主义主体思想。不过，经济并不会长期服从于政治，经济作为一个独立、基础性的系统，它迟早会冲破政治的束缚并表现出不以个人意志为转移的特征；同时，社会也不会持续地受制于不相适应的制度，它也会以人民的集体行动来表达自身的逻辑和诉求。改革开放之后，珠三角得风气之先，广大人民纷纷"洗脚上田"，"村村点火、户户冒烟"，乡镇企业的发展和市场的开放导致流动性增加。村落开放了，小城镇日趋兴旺，乡村的社会结构开始发生变化，最突出的表现就是"多元"利益群体的出现。公社制度失去了存在的理由，乡村社会进入了转型时期。政府减少了对乡村经济、社会和文化的干预。在政治权力渐次退出的地方，社会慢慢地发育起来。大量农民走出村落，进入乡镇企业或参与其他各种经济、社会活动。随着经济体制改革的持续推进，大量的社会事务开始回归社会，再加上城镇化步伐的加快，社区的重要性开始被发觉。随着家庭联产承包责任制的推行和计划经济体制的瓦解，固有的单位组织网络不断弱化，基层社会生活发生了深刻的变革，多种群体涌现，不同需求叠加。这对现有的社会秩序和社区治理模式都造成了巨大的压力。政府对于资源配置享有绝对支配力的政府"全能主义"模式已经过时，仅仅依靠单一的行政手段已经无法满足不同群体的多种需求，亟待采取更有的效治理手段，探寻新的社区治理模式。

随着南海区经济的不断发展，外来人口不断涌入，先是出现了外地人与本地人的对垒，接着本地人之间又出现了区隔，分为有钱分的本地人和没钱分的本地人两类群体。群体在不断分化，而此时的组织结构仍然沿用了人民公社时期"三位一体"混合型社区治理模式（见图 8—1）。受西方发达国家"国家与社会"①理论分析框架的影响，再加上我国社会发育迟缓、弱小等客观情况。对于社区的治理一直以来都是强调"国家中心论"，形成了以国家意志为核心的"强政府—弱社会"模式。该模式认为，政府应该无处不在，是组织与管理经济、政治和社会的唯一形态，行政权力在经济与社会发展中居于主导地位，排斥社会组织的成长和经济力量的发育。社会群体和利益组织被排除在政府经济政策的制定者之外，丧失了参与决策的权力，它们只能是政府决策的被执行者。这种模式的典型特征就是政府"全能主义"，政府一家独大、"君临"一切。在这种理念的指引之下，社区自治空间被迅速侵占，随之而来的是大量的行政事务进入社区，社区行政化色彩浓厚。群体与组织的关系始终存在一种张力，处于一种变动之中。群体的分化对组织结构提出了创新的要求，组织却并未予以回应，致使群体对于组织结构不满进而产生纷争，实质是"多元群体"对于"一元"组织结构的否定，核心是社区治理模式的落后。因为无论是本地居民还是本地市民抑或是外来人口，都是当地居民，都享有组织提供服务的权利，只是提供服务的类型不同而已。社员股东享有分红的权利，本地市民享有社区公共福利的权利，外来人口享有市场就业的权利。而现在的组织结构依然沿用人民公社的体制特征，只为社员股东服务。三类组织服务于同一类群体，社区股东权益得到保障甚至超越其自身应有权益的同时，其他的群体被无视。

从图 8—1 社区治理模型可以看出，传统的混合型社区治理模型整体呈现一个倒三角的形状，不具有稳定性。这种组织的垂直边

① "国家与社会"作为一对经典的分析框架，自社会学诞生以来便被广泛地应用。该理论认为国家（政府）与社会是"二元分离"和"对抗"的关系。国家主要是指国家机构，这里主要是指政府；而社会则是与国家相对应的概念，指独立于国家机构的、不受国家直接控制的非官方的自治领域。分歧焦点在于到底是国家决定社会还是社会决定国家，各国社会治理结构的确立也是以此为基础。

界并不清晰，对市场环境的变化反应迟钝；而边界在横向的混乱容易导致部门间产生为了保卫"小我"的权利和资源而互相争斗、耗散精力，甚至互相仇视；每个部门可能都会以实现自己职能范围内的局部目标为重，而无人重视整个组织的目标。这样会使整个组织产生变异，要么是公共企业性质的人民公社，要么是营利性的公司结构。① 而且容易职责重叠、角色错位，造成经济利益矛盾"绑架"管理者，忽视党的自身建设，服务观念淡薄，服务缺失，也容易滋生村（居）书记身兼数职，难以监管，产生"一言堂"、专权等问题。

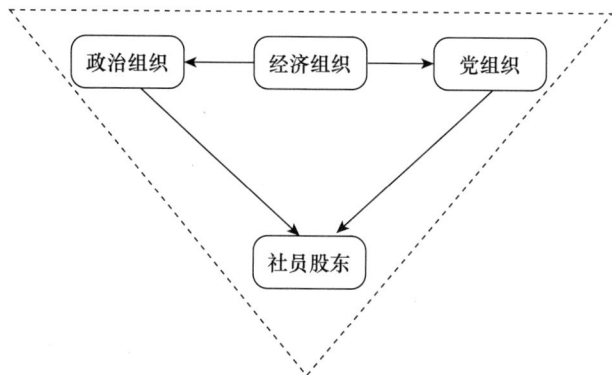

图 8—1　传统混合型社区治理模型

二　多元对多元：分离型社区治理模式重构

从理论上来讲，社区治理大体上需要经历三个阶段，即从政府主导到政府与社区相结合再到社区主导。社区主导是社区治理的最高阶段，也称为自我治理，即自治，它要求社区主体自治组织的成熟与健全，社区居民的积极参与，这也是被西方的经验所证实的模式。20 世纪 70 年代以来，全球的新社会运动此起彼伏，以科层制

① 徐汗国：《中国城乡基层组织体系重构研究》，知识产权出版社 2010 年版，第 36 页。

为主框架的"政府治理"模式受到了极大挑战,"第三条道路"也随之甚嚣尘上,甚至成为福利国家摆脱危机的"准则"。"第三条道路"提出了要建立合作包容型的新社会关系,弥合社会过度原子化的状态,避免国家与社会的对峙,建立政府与社会之间的良好合作,培育公民责任意识,发挥民间组织作用,促使政府向透明、法治、高效、负责的方向转变。20世纪90年代开始,治理成为西方社会科学的流行术语,进入21世纪它也成为中国学术界的重要话语,[①] 甚至成为一种新的范式,言必称治理。

不可否认治理理论有其合理性的一面,但需要注意的是,治理理论是在西方特殊的时代背景、制度背景与具体国情下产生的,治理模式、方式与手段的实施,需要具体的政治体制、制度支撑、体制支撑。因此,需要在西方治理理论与实践的基础上,对其进行全面的审视和反思,找出治理实践内在的规律,从而构造适合中国的治理理论框架。[②] 中国社会和西方社会截然不同的发展路径决定了中国不会像西方国家一样,由乡村社会自然过渡到工业社会,而是走一条"规划的社会变迁"之路,换言之,需要政府在引导变迁的过程中扮演重要角色,发挥主导作用。这一治理的宗旨也是背道而驰的。目前关于治理的论述,多见于对"平等协作、多方参与"治理理念的借鉴,强调将"一元"治理转变为社区各治理主体的多元参与型治理,从而为社区所有成员创造更多的参与机会,让更多的个体可以积极贡献与影响治理的过程,使公民能够平等地分享改革成果。不再是政府或者正式组织的"一元化"与自上而下的单向性,而是发展政府、社区集体、民间组织、社区居民各主体间的多元参与、合作,构建社会、企事业单位、民间组织、社区公众多元主体共同参与的现代社区发展模式。

---

① 俞可平:《中国治理变迁30年》,社会科学文献出版社2008年版,第1页。

② 程又中、张勇:《城乡基层治理研究述评》,《当代世界与社会主义》2010年第5期。

　　目前关于治理的很多研究，宏观把握居多，缺乏对于具体问题的深度分析，且为数不多关于具体问题的研究，多是就治理主体或治理规则发表看法，很少能将两者结合起来。众所周知，单纯依靠政府或者过度依赖政府，都难以形成良好的治理局面。研究基层的社区治理，不仅要研究国家与社会的宏观关系问题，还要研究社区党组织、经济组织和自治组织的关系问题，这更加增添了治理研究的复杂性。现代社区治理必须对此做出更为有效的回应和改善，因为，不同的地区处在不同的发展时段，其治理会面临不同的难题，也会呈现出差异化的模式与特点。本书在借鉴"国家与社会""制度与生活"分析框架的基础上，将分析的层次再次下移，提出"利益群体与组织结构"分析框架试图将治理主体与治理规则联结起来，并对不同主体参与治理的领域与范围、治理功能与作用有清晰的认识与定位，解决主体参与治理的协作及形成合力的问题，重构基层社区的治理新模式。该框架认为，社区治理的场景已经发生了明显的变化，从乡村社区或城市社区由单一群体构成的"一元社区"，过渡到类似于"城中村"由农民群体和市民群体构成的"二元社区"，再到由外来群体、有钱分的本地群体，无钱分的本地群体构成的"三元社区"；社区治理的主体已经从"三位一体"的一元过渡到党组织、自治组织、经济组织分设的三元模式；社区治理的规则已经从以前群体依附于组织过渡到组织为群体服务。基于上述分析，本书尝试建构了"三元化社区"治理的模型——分离型社区治理模式模型（见图8—2）。

　　分离型社区治理模型从整体上看，呈现一个三角形的样式，三角形结构具有超稳定的特性，相比较混合型社区治理模型更有优势。在未来，社区内部可能会分化出更多的利益群体，"三元化"利益群体可能会分化为四元、五元……，组织结构不可能无限制地分化下去，我们所说的利益群体与组织结构的对应，并不是一一对

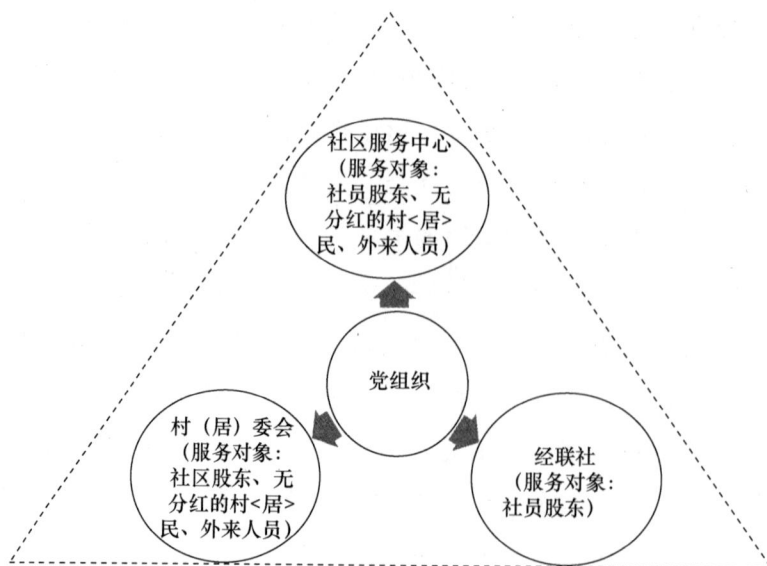

图 8—2　分离型社区治理模型

应的方式①，社区治理的主体可以是多元复合主体共同治理，这并未超越该框架的解释范围。当然，分离型社区治理模式只是笔者尝试建立的一种可能性的理想框架，如何具体运作还需要考虑周全许多技术性问题。如治理的多元主体在不同领域、不同程度上都参与治理，如何使它们之间相互协调、减少摩擦等。不过，这一模型确实为社区治理提供了许多新的思路和启发，如要求社区治理模式主体多元化、权力分散化、利益共享化，充分发挥社会自我管理的机制，发展全社会的社会资本。而在具体的操作层面

---

① 如果一一对应，就会陷入"梅耶陷阱"，即"问题——组织——问题——更多组织"的科层增长循环模型。组织被用于解决问题，随着新问题的产生，新的组织也就形成了。随着时间的流逝，结果是科层制增长了。科层制的增长使得科层制运作变得同科层制试图解决的问题同样复杂。在科层制内部行政职位与监管职位随着组织成长而增加，但在经济衰退时期却降不下来，产生了一种"棘轮"或"千斤顶"效应，管理耗费（监管人员与非监管人员之比）不可避免的增长，产生杜赞奇所言的"内卷化"。

上，重要的措施就是重构组织与群体的关系，从之前群体依附于组织过渡到组织为群体服务。以"多元"组织结构对应"多元"利益群体。规范经济组织权能的行使，划定党组织、村民自治组织、村集体经济组织的权利、职责与义务等。这一点不仅对于类似南海区的发达地区的社区治理是必然的，对于其他地方而言也是有借鉴意义的。

第二节　讨论

一　"三元化社区"是一种结果还是一个阶段?

法国著名的社会人类学家克洛德·列维·施特劳斯在研究主体居民对于外来者的态度时，往往有两种不同的策略：第一种是"吞噬策略"，第二种是所谓的"禁绝策略"。通俗地理解，就是"同化"或者"排斥"，将其禁闭在社区的有形界线内，文化的无形界线之外。周大鸣曾用"二元社区"来概括"城中村"的居住状况，"城中村"本地人和外来人口虽然居住在同一个村里，甚至居住在同一栋房子里，但本地人和外来人只是房东和租客的关系，除了交易，几乎没有别的来往，二者泾渭分明，形成了两个相互隔离的社区。在近十年的快速城镇化过程中，我国城乡关系变化之迅速，超过了大多数人的预期，多数学者也始料未及。原有的城乡"二元结构"出现了未曾预料的深刻变迁，在城市与农村的对立社会结构之间，出现了一个亦城亦乡，非城非乡的模糊地带。城乡社会之间，之前那种二元对应、彼此隔离的关系格局被打破，城市社会与农村社会的区域差别也不再特别明显，两类社会的特质出现了复杂的延伸和转化，成为事实上的"三元化社区"。

事实上，村庄与城市并不是非此即彼、相互对立的两端。城乡关系之中，并不存在一个固化的结构模式，规定这种体制必须城市适用，哪种体制必须在农村施行，两者之间并没有一个泾渭分明的界限，特别是2014年户籍制度改革以后，这种差距将会越来越小。再者，城与乡之间的界限突破与交融是在动态中进行的，体现出来的不仅是城市对于乡村的吸纳与同化，同时也体现在农村对于城市制度的突破。按照理论预设，城乡一体化发展是未来的必然趋势，城乡合治也是未来基层社会的必由之路。那么，未来的社区发展进程是否还会存在"三元化社区"这种过渡性社区？"三元化社区"究竟是一种结果还是一个阶段？值得我们深思。

二　城镇化是一种选择还是一个模式？

在我们国家，无论是20世纪50、60、70年代，还是在改革开放之后的40年，我们建设城市的基本思路还是偏向具有"安格鲁·撒克逊"城市发展特色的思路，就是向大城市发展。时至今日，向大城市集中的资本和人口已经开始逐步显出弊端，例如越来越多的城市病、空心村等。而是在城市与乡村的融合过程中，并不是一个简单的由乡到城的转型过程，在"城与乡"的交汇点上，生成汇合了既有城市要素又有乡土特色的"新社会空间"。这一空间便是当前社会治理的微观基础。无论是城市社区还是农村社区都不是一个独立的概念，都是在城乡关系的连续体中获得自身的规定性。"城与乡"原本就是发展系列中的环节，既具有时间序列的贯通性，也具有空间序列中的相融性，两者在契合面上又具有种种相融性特征。在这种情境下，可适当考虑其他的城镇化模式。比如，在欧洲采用较多的"莱茵模式"，其城市格局就是"走了一村又一村，村村像城市；走了一城又一城，城城像农村"，最终的结果就是"农业进了城，市民下了乡"。南海区的城市发展或可参考"莱茵模式"，中国这样的人口大国，恐怕也很难单靠人口向大城市的集中来解决城镇化的问题。① 国家可否给予类似南海区这种发达地区的政策支持，鼓励其走自主城镇化之路，而不是靠城市的扩张实现"千城一面"的城镇化？

三　农民是一种身份还是一个职业？

传统的中国社会具有典型的身份特性。身份不仅为人们提供了解决日常生活基本问题和秩序生活的行为规则，而且也将规则外化为思维倾向和行为倾向，并被制度化于生活之中。中国是个讲究身份的国度，身份不同决定了配置资源的迥异。② 传统的中国社会是一个"二元社会"，即城市社会一元，农村社会作为另一元的城乡分割状态。"二元社会"并不仅仅是一种文本上的称谓，更是一系列综合制度的体现，包括户籍、住宅、粮食供给、副食品供给、教育、医疗、就业、保险、劳动保护、婚姻、征兵 11 制度。"二元社会"下的市民、农民两大阶层在经济、政治以及社会利益诸方面"都存在着比较尖锐的矛盾"。③ 城乡"二元结构"的核心是僵化的、强制性的分类居民身份制度，即户籍制度。不同的身份享受截然不同的社会待遇，它是由一系列，十几种具体制度构成的，这些制度性的城乡差异，实质上是一种"城市偏好"，将中国农民置于"二等公民"的境地，个人在职业和居住地的选择上其实相对缺乏自由，并带有一定的"移除特性"。

秦晖在《田园诗与狂想曲》一书中也曾提到，农民被认为是处于一种卑贱的社会地位，一种不易摆脱的低下身份。在中国的大多数农村地区，确实是这样。出生在农村的人只有通过上学、参军、外出务工等有限的渠道才能离开村庄，他们想在城市立足，必须要

① 李培林：《社会变迁新态势与社会治理》，《光明日报》2015 年 1 月 12 日。
② 郭玉璟：《身份制与中国人的观念结构》，《哲学动态》2002 年第 8 期。
③ 袁静：《二元结构的解构与中国农民的发展》，《社会科学》2001 年第 3 期。

付出比普通人更多的努力。可是，南海区的农民在自己的身份认同中感到无比的自豪。在南海区，"农民"不仅是个称谓，更是一种身份的象征，用现在流行的俗语称为"土豪"也一点不为过。未来的城镇化是以人为本的城镇化，而这一命题中的关键是，重新辨识农民身份，将社员股东（土地确权或股权确权之成员）与居民村民分离，剥离附带着农民这一"身份"之上的捆绑利益。冲破作为身份的各种约束和权责，使农民成为一种职业，而非一种身份，也可以像工人一样叫"农人"，从 peasant 变为 farmer，农民（peasant）是前现代的落后愚昧的"小农"，而农民（farmer）则是一种中性的、超越时代限制的职业范畴。我们回到开篇时引用秦晖老师关于农民地位的论述，"只有当一个个具体农民摆脱了'共同体的财产'的地位而确立了个人的尊严，从而作为社会群体的农民们在改变了其高贵①的身份之后，农民这一概念的职业意义、经济行为之一方的意义与经营形式意义才会凸显出来"，就像孟德拉斯（Henri Mendras）所言"农民是相对于城市来限定自身的。如果没有城市，就无所谓农民，如果整个社会全部城镇化了，也就没有农民了"②。

---

① 原文是，"低下"的身份，因为个案地区农民身份并不低下，反而因捆绑的较多利益而越显高贵所不愿意摆脱农民这一"低下身份"。

② ［法］孟德拉斯：《农民的终结》，李培林译，社会科学文献出版社 2005 年版，第 6 页。

参 考 文 献

一 著作

［德］诺贝特·埃利亚斯：《文明的进程》，王佩莉译，生活·读书·新知三联书店 1998 年版。

［法］埃米尔·涂尔干：《社会分工论》，渠东译，生活·读书·新知三联书店 2000 年版。

［美］埃莉诺·奥斯特罗姆：《公共事务的治理之道——集体行动制度的演进》，余逊达译，上海三联书店 2000 年版。

［美］查尔斯·蒂利：《身份、边界与社会联系》，谢岳译，上海世纪出版集团 2008 年版。

［美］杜赞奇：《文化、权力与国家：1900—1942 年的华北农村》，王福明译，江苏人民出版社 1993 年版。

［美］黄仁宇：《资本主义与二十一世纪》，生活·读书·新知三联书店 1997 年版。

［美］吉尔伯特·罗兹曼：《中国的现代化》，国家社科基金比较课题组翻译，江苏人民出版社 1995 年版。

［美］卡斯特·罗森茨韦克：《组织与管理：系统与权变的方法》，傅严等译，中国社会科学出版社 1985 年版。

［美］詹姆斯·C. 斯科特：《农民的道义经济学：东南亚的反叛与生存》，程立显、刘建等译，译林出版社 2001 年版。

［美］R. 科斯:《财产权利与制度变迁》，刘守英等译，上海人民出版社 1994 年版。

［美］詹姆斯·C. 斯科特:《国家的视角》，王晓毅译，社会科学文献出版社 2004 年版。

［美］赖特·米尔斯、塔尔考特·帕森斯:《社会学与社会组织》，何维凌等译，浙江人民出版社 1986 年版。

［美］施坚雅:《中国农村的市场和社会结构》，史建云译，中国社会科学出版社 1998 年版。

［美］阎云翔:《私人生活的变革:一个中国村庄里的爱情、家庭与亲密关系（1949—1999）》，龚晓夏译，上海书店出版社 2006 年版。

［英］安东尼·吉登斯:《社会的构成》，李康、李猛译，生活·读书·新知三联书店 1998 年版。

［英］安东尼·吉登斯:《现代性的后果》，田禾译，译林出版社 2003 年版。

［英］雷蒙·威廉斯:《乡村与城市》，韩子满等译，商务印书馆 2013 年版。

［英］齐格蒙特·鲍曼:《被围困的社会》，郇建立译，江苏人民出版社 2005 年版。

［英］齐格蒙特·鲍曼:《个体化社会》，范祥涛译，上海三联书店 2002 年版。

［德］马克斯·韦伯:《儒教与道教》，王容芳译，商务印书馆 2004 年版。

中共中央马克思、恩格斯、列宁、斯大林著作编译局编:《马克思恩格斯选集》第四卷，人民出版社 1972 年版。

曹锦清、陈中亚:《走出"理想"城堡——中国"单位"现象研究》，海天出版社 1997 年版。

曹锦清、张乐天、陈中亚:《当代浙北乡村的社会文化变迁》,上海远东文艺出版社 2001 年版。

曹锦清:《黄河边的中国:一个学者对乡村社会的观察与思考》,上海文艺出版社 2000 年版。

陈伟东:《社区自治:自组织网络与制度设置》,中国社会科学出版社 2004 年版。

陈向明:《质性研究方法与社会科学研究》,教育科学出版社 2000 年版。

费孝通:《江村经济》,商务印书馆 2001 年版。

费孝通:《乡土中国生育制度》,北京大学出版社 1998 年版。

费孝通:《乡土中国》,北京大学出版社 1998 年版。

风笑天:《社会学研究方法》,中国人民大学出版社 2001 年版。

辜胜阻:《非农化及城镇化理论与实践》,武汉大学出版社 1993 年版。

郭伟和:《"身份之争"——转型中的北京社区生活模式和生计策略研究》,北京大学出版社 2010 年版。

何艳玲:《都市街区中的国家与社会:乐街调查》,社会科学出版社 2007 年版。

黄树民:《林村的故事:1949 年后的中国农村变革》,生活·读书·新知三联书店 1998 年版。

黄宗智:《长江三角洲小农家庭与乡村发展》,中华书局 1992 年版。

金观涛、刘青峰:《开放中的变迁:再论中国社会超稳定结构》,法律出版社 2010 年版。

金太军:《村庄治理与权利结构》,广东人民出版社 2012 年版。

[美] 孔飞力:《中华帝国晚期的叛乱和敌人》,谢亮生译,中国社会科学出版社 1990 年版。

蓝宇蕴:《都市里的村庄:一个新"村社共同体"的实地研究》,生活·读书·新知三联书店 2005 年版。

雷洁琼、王思斌:《转型中的城市基层社区组织》,北京大学出版社
　　2003 年版。

李汉林、渠敬东:《中国单位组织变迁过程中的示范效应》,上海人
　　民出版社 2005 年版。

李汉林等:《组织变迁的社会过程——以社会团结为视角》,东方出
　　版中心 2006 年版。

李培林:《村落的终结——羊城村的故事》,中国社会科学出版社
　　2014 年版。

刘军宁等编:《自由与社群》,生活·读书·新知三联书店 1998
　　年版。

刘倩:《南街社会》,学林出版社 2004 年版。

刘一皋、王晓毅、姚洋:《村庄内外》,河北人民出版社 2002 年版。

刘志伟:《边缘的中心——"沙田—民田"格局下的沙湾社区》,
　　《中国乡村研究（第一辑)》,商务印书馆 1995 年版。

陆学艺:《当代中国社会流动》,社会科学文献出版社 2004 年版。

毛丹:《一个村落共同体的变迁》,学苑出版社 2000 年版。

潘晓娟:《中国基层社会重构:社区治理研究》,中国法制出版社
　　2004 年版。

舒泰峰等:《村治之变:中国基层治理南海启示》,北京大学出版社
　　2014 年版。

仝志辉:《选举事件与村庄政治》,中国社会科学出版社 2004 年版。

王春光:《社会流动和社会重构——京城"浙江村"研究》,浙江人
　　民出版社 1995 年版。

王春光:《中国农村社会变迁》,云南人民出版社 1997 年版。

王青山、刘继同:《中国社区建设模式研究》,中国社会科学出版社
　　2004 年版。

王巍:《社区治理结构变迁中的国家与社会》,中国社会科学出版社2009年版。

王振耀、白益华:《街道工作与居民委员会建设》,中国社会科学出版社1996年版。

吴楚材:《城市与乡村——中国城乡矛盾与协调发展研究》,科学出版社1996年版。

吴毅:《村治变迁中的权威与秩序——20世纪川东双村的表达》,中国社会科学出版社2002年版。

吴毅:《小镇喧嚣——一个乡镇政治运作的演绎与阐释》,生活·读书·新知三联书店2007年版。

吴重庆:《无主体熟人社会及社会重建》,社会科学文献出版社2014年版。

夏建中:《中国城市社区治理结构研究》,中国人民大学出版社2011年版。

项飙:《跨越边界的社区——北京"浙江村"的生活史》,生活·读书·新知三联书店2008年版。

项继权:《集体经济背景下的乡村治理——南街、向高和方家泉村村治实证研究》,华中师范大学出版社2002年版。

徐勇:《非均衡的中国政治:城市与乡村比较》,中国广播电视出版社1992年版。

徐勇:《中国农村村民自治》,华中师范大学出版社1997年版。

许烺光:《祖荫下——中国乡村的亲属、人格与社会流动》,南天书局2001年版。

[美]阎云翔:《礼物的流动:一个中国村庄中的互惠原则与社会网络》,上海人民出版社2000年版。

杨方泉:《塘村纠纷:一个南方村落的土地、宗族与社会》,中国社会科学出版社2006年版。

杨懋春:《一个中国村庄：山东台头》，江苏人民出版社 2012 年版。

应星:《大河移民上访的故事——从"讨个说法"到"摆平理顺"》，
生活·读书·新知三联书店 2001 年版。

俞德鹏:《城乡居民身份平等化研究》，中国社会科学出版社 2009
年版。

张厚安:《中国农村基层政权》，四川人民出版社 1992 年版。

张静:《基层政权：乡村制度诸问题》，上海人民出版社 2007 年版。

张静:《法团主义》（修订版），中国社会科学出版社 1998 年版。

张乐天:《告别理想——人民公社制度研究》，东方出版中心 1998
年版。

张鸣:《乡村社会权力和文化结构的变迁》，广西人民出版社 2001
年版。

张晓山:《走向市场：农村的制度变迁与组织创新》，经济管理出版
社 1996 年版。

折晓叶、陈婴婴:《社区的实践——"超级村庄的社会变迁"》，浙
江人民出版社 2001 年版。

周大鸣、郭正林:《中国乡村都市化》，广东人民出版社 1996 年版。

周大鸣:《凤凰村的变迁》，社会科学文献出版社 2006 年版。

周大鸣等:《告别乡土社会——广东农村发展 30 年》，广东人民出版
社 2008 年第 11 期。

周雪光:《组织社会学十讲》，社会科学文献出版社 2003 年版。

二　期刊

陈柏峰:《熟人社会：村庄秩序机制的理想型探究》，《社会》2001
年第 1 期。

陈方南:《中国乡村治理问题研究的方法论考察——"国家—社会"
理论是否适用》，《江海学刊》2011 年第 1 期。

陈光金:《身份化制度区隔：改革前中国社会分化和流动机制的形成及公正性问题》,《江苏社会科学》2004 年第 1 期。

陈家建:《法团主义与当代中国社会研究》,《社会学研究》2010 年第 2 期。

陈琳、陈波:《身份制度与角色冲突》,《湖北社会科学》2010 年第 4 期。

党国英:《非正式制度与社会冲突》,《中国农村观察》2001 年第 2 期。

邓大才:《超越村庄的四种范式：方法论视角——以施坚雅、佛里德曼、黄宗智、杜赞奇为例》,《社会科学研究》2010 年第 2 期。

范翠红:《新中国成立初期国家与社会关系模式初探》,《南京师大学报》（社会科学版）2001 年第 2 期。

顾永红、向德平:《"村改居"社区：治理困境、目标取向与对策》,《社会主义研究》2014 年第 3 期。

何家栋、喻希来:《城乡二元社会是怎样形成的?》,《书屋》2003 年第 5 期。

贺雪峰:《论半熟人社会——理解村委会选举的一个视角》,《政治学研究》2000 年第 3 期。

贺雪峰:《人际关系理论化中的资源因素——对现代化进程中乡土社会传统的一项评述》,《广东社会科学》2001 年第 4 期。

贺雪峰:《新农村建设与中国道路》,《读书》2007 年第 5 期。

胡仙芝、罗林:《社会组织化与社区治理研究》,《中共福建省委党校学报》2007 年第 11 期。

孔德斌、刘祖云；《社区与村民：一种理解乡村治理的新框架》,《农业经济问题》2013 年第 3 期。

蓝宇蕴:《都是村社共同体——有关农民城镇化组织方式与生活方式的个案研究》,《中国社会科学》2005 年第 2 期。

蓝宇蕴:《非农化村庄:一种缺乏社会延展性的社区组织》,《广东社会科学》2001年第6期。

李国庆:《关于中国村落共同体的论战》,《社会学研究》2005年第6期。

李培林:《巨变:村落的终结——都市里的村庄研究》,《中国社会科学》2002年第1期。

李培林:《透视"城中村"——我研究"村落终结"的方法》,《思想战线》2004年第1期。

李友梅:《城市基层社会的深层权力秩序》,《江苏社会科学》2003年第6期。

李友梅:《基层社区组织的实际生活方式——对上海康健社区实地调查的初步认识》,《社会学研究》2002年第4期。

李增元:《乡村社区治理研究:分析范式、分析方法及研究视角的述评》,《甘肃行政学院学报》2012年第4期。

刘杰、向德平:《城镇化推进下的"村落单位化":渊源、条件及社会风险》,《山东社会科学》2014年第6期。

刘玉照:《村落共同体、基层市场共同体与基层生产共同体——中国乡村社会结构及其变迁》,《社会科学战线》2002年第5期。

卢汉龙:《中国城市社区的治理模式》,《上海行政学院学报》2004年第1期。

马西恒:《社区建设:理论的分立与实践的贯通》,《浙江社会科学》2001年第6期。

毛丹:《村落变迁中的单位化》,《浙江社会科学》2000年第4期。

申端峰:《税费改革后乡村组织的职能转变:问题与走向》,《古今农业》2007年第1期。

申静、王汉生:《集体产权在中国乡村生活中的实践逻辑》,《社会学研究》2005年第1期。

孙立平:《"关系"、社会关系与社会结构》,《社会学研究》1996 年第 5 期。

唐灿、冯小双:《河南村流动农民的分化》,《社会学研究》2000 年第 4 期。

童星:《社会转型与人际关系结构的变化——由情感型人际关系结构向理性型人际关系结构的转化》,《江南大学学报》2002 年第 5 期。

王国敏:《城乡统筹:从二元结构向一元结构的转换》,《西南民族大学学报》(人文社会科学版)2004 年第 9 期。

王汉生等:《浙江村——中国农民进入城市的一种独特方式》,《社会学研究》1997 年第 1 期。

王铭铭:《小地方与大社会——中国社会的社区观察》,《社会学研究》2007 年第 1 期。

王颖:《新集体主义与泛家族制度——从南海看中国乡村社会基本单元的重构》,《战略与管理》1994 年第 10 期。

吴毅、贺雪峰、罗兴佐:《村治研究的路径与主体——兼答应星先生的批评》,《开放时代》2005 年第 4 期。

吴毅、李德瑞:《二十年村治研究的演进与转向——兼论一段公共学术运动的兴起与终结》,《开放时代》2007 年第 2 期。

向德平、陈琦:《试论转型时期我国社会利益的分化与协调》,《学习与实践》2006 年第 4 期。

向德平、高飞:《南海"政经分离"实践》,《决策》2014 年第 1 期。

向德平、高飞:《社区参与的困境与出路——以社区参理事会的制度化尝试为例》,《北京社会科学》2013 年第 6 期。

向德平、申可君:《社区自治与基层社会治理模式的重构》,《甘肃社会科学》2013 年第 2 期。

向德平、苏海:《"社会治理"的理论内涵和实践路径》,《新疆师范大学学报》（哲学社会科学版）2014 年第 6 期。

向德平:《社区组织行政化：表现、原因及对策分析》，《学海》2006 年第 3 期。

项继权:《中国农村社区及共同体的转型与重建》，《华中师范大学学报》（人文社会科学版）2009 年第 3 期。

谢志强、姜典航:《城乡关系演变：历史轨迹及其基本特点》，《中共中央党校学报》2011 年第 4 期。

辛章平:《城镇化与城乡二元社会结构的消解》，《宁夏社会科学》2010 年第 1 期。

徐晓军:《内核—外围：传统乡土社会关系结构的变动》，《社会学研究》2009 年第 1 期。

徐勇:《阶级、集体、社区：国家对乡村的社会整合》，《社会科学战线》2012 年第 2 期。

杨善华、侯红蕊:《血缘、姻缘、亲情与利益》，《宁夏社会科学》1999 年第 6 期。

袁静:《二元结构的解构与中国农民的发展》，《社会科学》2001 年第 3 期。

赵树凯:《乡村治理：组织与冲突》，《战略与管理》2003 年第 6 期。

折晓叶:《村庄边界的多元化——经济边界开放与社会边界封闭的冲突与共生》，《中国社会科学》1996 年第 3 期。

折晓叶:《县域政府治理模式的新变化》，《中国社会科学》2014 年第 1 期。

郑卫东:《"国家与社会"框架下的中国乡村研究综述》，《中国农村观察》2005 年第 2 期。

周大鸣:《城乡接合部社区的研究——广州南景村 50 年的变迁》，《社会学的研究》2001 年第 4 期。

周大鸣:《告别乡土社会——广东改革开放 30 年的思考》，《中南民族大学学报》2010 年第 4 期。

周飞舟:《从汲取型政权到悬浮型政权——税费改革对国家与农民关系之影响》,《社会学研究》2006 年第 3 期。

周雪光:《西方社会学关于中国组织与制度变迁研究状况述评》,《社会学研究》1999 年第 4 期。

周怡:《共同体整合的制度环境:惯习与村规民约》,《社会学研究》2005 年第 6 期。

朱宝树:《农村人口城镇化新态势和新问题》,《中国人口科学》1989 年第 6 期。

三　学位论文

狄金华:《被困的治理——一个华中乡镇中的复合治理(1980—2009)》,华中科技大学博士论文,2011 年。

郭圣莉:《城市社会重构与新生国家政权建设:建国初期国家政权建设分析》,复旦大学博士论文,2005 年。

刘杰:《跨体制下的身份诉求与结构化形塑——基于 C 市东村自理口粮户籍群体的案例研究》,吉林大学博士论文,2012 年。

卢晖临:《集体体制的形成》,香港中文大学社会学系博士学位论文,2004 年。

吕方:《单位社会变革与社会基础秩序重构——以东北某超大型国企组织变革为个案》,吉林大学博士论文,2010 年。

徐丙奎:《权力分化与秩序重构:快速城镇化背景下的社区治理研究——以昆山市 S 镇为例》,华东理工大学博士论文,2013 年。

张虎祥:《社区治理与权力秩序的重构:对上海市康健社区的研究》,上海大学博士论文,2003 年。

朱健刚:《在国与家之间:上海五里桥社区组织与运动的民族志》,香港中文大学人类学系博士论文,2002 年。

朱逸:《"新集体化"村庄的行动策略阐释——基于 SH 市 JX 村的实证研究》,华东理工大学博士论文,2014 年。

(三) 外文文献

Charles Taylor. 1995, *Philosophical Arguments*, Harvard University.

Dahl, R., 1961, *Who Governs: Democracy and Power in the American City*, Yale University Press.

Denhardt Janet Vinzant, Robert B. Denhardt. 2011. *The New Public Service: Serving*, Not Steering (3rd ed). M. E. Shape Inc.

Douglas North. 1990. *Institution, Institutional change and Economic Performance*. Cambridge Univ, Press.

Evans, et al. (ed.), 1985, *bringing the state back in*, New York: Cambridge University Press.

Gellner, Ernest. 1994. Conditions *of liberty: Civil society and its rival*, Allen Lane/Penguin Press.

Giddens, Anthony, 1985, *the Nation-state and Violence*, Cambridge: Polity Press.

Helmuth Heisler. 1977, *Foundation of social administration*. Macmillan Press LTD.

Hunter, A. 1975, *The Loss of Community*, American Sociological Review 40 (Oct.).

Hunter, F. 1953, *Community power structure: a study of decision makers*, Chapel Hill: University of North Carolina Press.

Jurgen Habermas. 1991, *The Structural Transformation of the Public Sphere*, First MIT Press paperback edition.

Kenan Patric Jarboe. 1998, *Globalization: one world, two versions, Globalization and social governance in Europe and the United States*, working paper of the European Commission.

Lester M. Salamon. 1995, *Partners in Public service: Government-nonprofit relations in the modern welfare state*, Johns Hopkins University Press.

Mann, Michael, 1988, *States War and Capitalism*, Oxford: Blackwell.

Migdal, Joel S. , 2001, *State in Society: Studying How State and Society Transform and constitute one another*, Cambridge: Cambridge University Press.

Mills, C. Wright. 1956, *the Power Elite*, New York: Oxford University Press, Inc.

Morris Janowitz, 1967, The *Community Press in an Urban Setting*, The University of Chicago Press.

Oi, Jean C. , 1989, *State and Peasant in Contemporary China: the political economy of village government*, Berkeley: University of California Press.

Owen Hughes. 1998, *Public Management and Administration: An Introduction* (2 *ed.*), Macmillan Press LTD. ST Martin Press.

Peter Herrmann, ed. 2007, *Changing Administration, Changing Society: Challenges for Current Social Policy*, Nova Science Publishers, Inc.

Robert B. Denhardt, Janet Vinzant Denhardt. 2000, *The New Public Service: Serving Rather than Steering*, Public Administration Review.

Robert Holzmann, Steen Jorgensen. 2001, *Social Risk Management: A New Conceptual Framework for Social Protection, and Beyond*, International Tax and Public Finance.

Roger A. Lohmann, Nancy Lohmann. 1893, *Social Administration*, Columbia University Press.

Sandra Smith. 1984, *Panpipes for power, panpipes for play: the social management of cultural expression in Kuna society*, University of California, Berkeley.

Shue, Vivienne, 1988, *the reach of the state: sketches of the Chinese body politic*, Stanford, Calif. : Stanford University Press.

Steve Gojeski. 2005, *the Evolution of Social Management*, AuthorHouse.

Wellman, B. , & Leighton, B. 1979, *Networks, neighbourhoods and community: approaches to the study of the community question*, Urban Affairs Quarterly Vol. 14.

Wellman, B. 1979, The *Community Question—the Intimate Networks of East Yorkers*, American Journal of Sociolog, Vol. 84.

Whyte, Martin King. , Parish, William L. , 1984, *urban life in contemporary China*, Chicago: University of Chicago Press.

Wirth, L. 1938, *Urbanism as a Way of Life*, American Journal of Sociology, 44.

Yvonne Fortin, Hugo Van Hassel, ed. 2003, *contracting in the New Public Management: From Economics to Law and Citizenship*, IOS Press.